Karl Ruef   **Felix Kuen – auf den Gipfeln der Welt**

Karl Ruef

Felix Kuen — auf den Gipfeln der Welt

3. Auflage

Leopold Stocker Verlag
Graz und Stuttgart

ISBN 3-7020-0381-9
Alle Rechte, auch das der Übersetzung, vorbehalten.
© Copyright by Leopold Stocker Verlag, Graz 1981
Printed in Austria
Einband und Umschlaggestaltung:
Herbert Schiefer
Druck: Leykam AG, Graz, Austria

Am 23. Jänner 1974 ist Felix Kuen gestorben. Er war im 38. Lebensjahr, in der Blüte des Lebens und voll von Plänen, aber auch zweifelnd, ob er sie in die Tat umsetzen könnte.

Bildlich gesprochen, brach ein Haken aus der Wand, und der Sturz in die Tiefe war unvermeidlich.

Die 3. Auflage seines Buches soll ihn für Bergbegeisterte lebendig erscheinen lassen, seinen Freunden ein Andenken sein.

Karl Ruef

Bergsteigen will — wie alles — gelernt sein. Man trifft heute sehr viele junge Leute mit beachtlichen bergtechnischen Kenntnissen, und die extremen Wände locken zum Abenteuer. Mit der Technik allein ist es aber nicht getan, es muß die Reife dazukommen, der Mut zum Abbrechen der Tour, wenn die Beurteilung der Lage dies erfordert. Dieser Mut ist oft größer als der für den Einstieg. Der Führende muß ihn besitzen. Es sitzt nämlich immer jemand zu Gericht, und wenn es der eigene Ehrgeiz wäre! Dieser darf aber nie die alleinige Triebkraft sein . . .

Bild 1:
Schulmäßiges Klettern im Fels (W
der Kaiser)

Bild 2:
An einer Hakengalerie

Bild 3:
Schulmäßiges Klettern im Eis (Grɔ
glockner-Gebiet)

Bild 4:
Schulmäßiges Klettern im **Fels**
Gebirgssoldaten im Christa-Turm
(Wilder Kaiser)

Das Herz
dieser Burschen
gehört den Bergen

Sind Sie schon einmal bei minus 25 Grad Celsius, in einem Schlafsack steckend und an einem Seil hängend, eine Nacht lang an der Außenwand eines Hauses vom zweiten Stock gebaumelt? Ich schon! Und das trotz der Sticheleien und des Gebrülls meiner Kameraden. Die „lieben" Worte, die sie mir zuriefen, kann ich hier gar nicht wiedergeben. Am nächsten Tag sagte sogar mein Vorgesetzter: „Felix, du bist der gleiche Spinner wie alle extremen Bergsteiger!" Als ich aber den Major fragte, warum er mit der Truppe viele Nächte im Zelt verbringe, anstatt die nahen Scheunen und Häuser zu benutzen, warum er Iglus und Schneehöhlen bauen lasse anstatt fester Unterkünfte, warum er immer wieder erkläre, Frieren brauche man nicht zu lernen, aber wie man sich vor dem Erfrieren schütze, da machte er ein nachdenkliches Gesicht und meinte: „Du hast recht, wenn du schon vor dem Biwak in der Wand erprobst, welche Ausrüstung dir am besten zusagt."

Und dann schrieb er sogar einen Artikel über uns Bergsteiger. Der Titel hieß: „Das Herz dieser Burschen gehört den Bergen!" Ich habe ihn in meine Sammlung aufgenommen und will Ausschnitte davon an die Spitze dieses Buches stellen, weil einige Sätze daraus fast ein Leitmotiv für mich geworden sind:

„Der Berg ist ihr Mittelpunkt, er beherrscht ihr Denken und Handeln.

Natürlich gibt es Menschen, die den Berg hassen. Sie führen

schon Tage vor dem Marsch ins Gebirge einen erbitterten geistigen Kampf mit dem Berg aus. Wahre Alpträume beherrschen diese Menschen, sie erschauern beim Anblick des schweren Rucksacks, bei der Schiausrüstung, beim Gedanken an die Biwaks im Schnee oder in der Felsregion oder an die mehrere 1000 Meter betragenden Höhendifferenzen.

Erst, wenn diese Leute mitten im Geschehen drinnen sind, und wenn sie den ‚inneren Schweinehund‘ zweimal umgebracht haben, sind sie frei. Plötzlich begegnet man einem ganz neuen Menschen, einem entschlackten, möchte ich fast sagen, besser noch: einem willensstarken und fröhlichen. Es sind nur wenige, die diese Wandlung nicht erleben und im Sumpf ihrer Willensschwäche steckenbleiben. Diese allerdings resignieren nicht einmal, sondern möchten aus Haß zum Berg in bestimmten Augenblicken morden. Wie jedoch gesagt, etwa 80 Prozent der jungen Männer machen die Wandlung zur Freiheit mit.

Ich erinnere mich der verblüfften und ratlosen Gesichter, als ich vor einigen Jahren unterhalb der Klammspitze im Februar in die Wächten Biwaklöcher graben ließ und darin die Nacht ohne besondere Ausrüstung zu verbringen befahl. Ein beißender Schneesturm jagte über die Grate und Spitzen. Wir waren auf 2400 m Höhe. Der seelische Zustand war bei den meisten anfangs bei 2400 m Tiefe. Eine einzige Begeisterungswelle durchströmte aber am nächsten Tage diese Männer, als der Schneesturm aufgehört hatte und die Sonne aufging. ‚So etwas hab i no nie gsehn! Dös hat si auszahlt‘, waren die Äußerungen. Es ist nun einmal so im Leben: Wenn etwas hart ist, verflucht man es im Augenblick. Später aber kommt der Stolz über die Leistung dazu.

Natürlich muß diese Leistung, auch wenn sie zur äußersten Grenze vorgetrieben wird, in einer Gemeinschaft auf die Schwächeren abgestimmt werden. Da aber der Berg und vor allem die Witterung oft unvorhergesehene Schwierigkeiten bereiten, das Ziel aber aus reiner Selbsterhaltung erreicht werden muß, geht für den Schwächeren die zumutbare Leistungsfähigkeit oft weit über seine Grenzen. Hier nun erweist sich der Charakter des Stärkeren: Er muß einspringen, doppelte Lasten tragen, Teilstrecken zweimal gehen, den anderen durch humorvolle Worte stärken, sich verleugnen, wenn er selbst schon müde ist. Das ist die Charakterschule des Berges. Das ist die vielzitierte Kameradschaft in den Bergen, nicht die Hüttenabende mit Gesang, nicht die freiere Sprache oberhalb der 2000-m-Grenze, nicht die Erfüllung eines gemeinsamen Ehrgeizes zur Bezwingung einer extremen Wand.

Im Gebirge sind alle viel mehr aufeinander angewiesen als im Flachland, die subjektiven Gefahren sind gleich groß, oft noch größer als die objektiven. Letzteren begegnet man durch Technik und Erfahrung, ersteren durch Schulung des Willens und Charakters, für beide aber ist sittliche Reife notwendig.

Das wilde Bergsteigen führt meistens in die Katastrophe. Bergsteigen will — wie alles — gelernt sein. Man trifft heute sehr viele junge Leute mit beachtlichen bergtechnischen Kenntnissen, und die extremen Wände locken zum Abenteuer. Mit der Technik allein ist es aber nicht getan, es muß die Reife dazukommen, der Mut zum Abbrechen der Tour, wenn die Beurteilung der Lage dies erfordert. Dieser Mut ist oft größer als der für den Einstieg. Der Führende muß ihn besitzen. Es sitzt nämlich immer jemand zu Gericht, und wenn es der eigene Ehrgeiz wäre! Dieser darf aber nie die alleinige Triebkraft sein . . .“

Ich kam in Oberperfuß zur Welt. Das ist ein Dorf in Tirol mit gut tausend Einwohnern, und es liegt auf einer aus der Eiszeit stammenden Seitenmoräne am Eingang ins Sellraintal. Ehemals ein reines Bauerndorf, liebäugelt es heute erfolgreich mit dem Fremdenverkehr. Bekannt aber ist es als Kartographendorf durch Peter Anich (1723—1766), Blasius Hueber (1735—1814) und Anton Kirchebener (gest. 1831) geworden.

Wenn man auf einem Bühel in der Gegend der Oberen Gasse sitzt, dann reizt es, die umliegende Landschaft mit dem Stift festzuhalten: den tiefen Graben der Melach; das gegenüberliegende grüne Wiesenplateau mit den sauberen Dörfern Grinzens, Axams, Birgitz und Götzens — alles uralte Siedlungen mit der Hohen Birga als Mittelpunkt; die Kalkkögel in der Totalen von der Nockspitze bis zum Seejöchl; das Inntal von Kematen bis Kufstein in Schrägaufnahme, die südliche Kette des Karwendel von der Reither-Spitze bis zur Bettelwurfgruppe; im Nordwesten den gewaltigen Klotz der Hohen Munde; im Süden das offene Sellraintal mit dem Lisenser Fernerkogel.

In Tuchfühlung aber ist man mit den Wiesen- und Waldhängen des Schiberges unseres Dorfes: dem Rangger Köpfl, das wegen seiner sanften und runden Formen von spöttischen Innsbrucker Schifahrern auch Damenpopo genannt wird.

Apropos: Eine lustige Namensverwechslung passierte ehemals einem französischen Kartographen. Peter Anich, der im Auftrag der Kaiserin Maria Theresia eine Karte von Tirol erstellte, zeichnete im Blatt Ötztal die Umrisse eines ausgetrockneten Sees ein und bezeichnete ihn als „gewester“ See, also als gewesenen, ehemaligen See. Napoleon verwendete die Anichkarte als Grundlage für seine Feldzüge nach Tirol und ließ die Blätter mit französischen Bezeichnungen nachdrucken. Der Kartograph hielt das Wort „gewester“

für einen Eigennamen, daher benannte er den See als lac gewester . . .

Aber auch in Oberperfuß selbst ist man nicht humorlos. So
lautete eine alte Grabinschrift:

> In diesem Grab liegt Anich Peter,
> Die Frau begrub man hier erst später,
> Man hat sie neben ihm begraben,
> Wird er die ewige Ruh' nun haben?

In diesem Dorfe also wuchs ich auf, besuchte die Volksschule,
fuhr nach Innsbruck in die Hauptschule, und später, weil mein
Vater seinen Beruf als Zimmermann liebte, wurde ich nach Hall in
die Berufsschule für Zimmerer geschickt.

In der Freizeit saß ich oft mit meinem Freund Heinrich auf einem
Bühel, und wir erstiegen mit den Augen die Berge rundum, von
denen es uns einer besonders angetan hatte: die Martinswand! Fast
500 Meter hoch steigt diese Wand vom Tal senkrecht auf, geht
oben in schütteren Lärchenwald des Hechenbergmassivs über, das
zwischen Kranebitten- und Ehnbachklamm wie ein gewaltiger
Klotz dem Kleinen und Großen Solstein vorgelagert ist.

In Tirol kennt jedes Kind die Martinswand. Die Geschichte, daß
sich Kaiser Maximilian, der letzte Ritter, während einer Gemsen-
jagd dort hilflos verstiegen hätte und von einem Engel aus seiner
lebensgefährlichen Lage gerettet worden wäre, gehört zum festen
Bestand des heimischen Geschichtsunterrichtes.

Ich habe erst unlängst in einem Buch über Maximilian gelesen,
daß er damals mit seinen Gemsenjägern mit Eisen an den Füßen
in die Schroffen gestiegen ist; dabei ist mir eingefallen, daß heute
sehr viele Bergsteiger in Wände einsteigen, die vereiste Felspartien
aufweisen — nehmen wir nur die Eiger-Nordwand her —, und daß
ein Großteil davon keine Übung im Felsklettern mit Steigeisen hat.
Das Unglück bleibt meist nicht aus . . .

Aber zurück zur Martinswand.

„Gehn wir sie an?", fragte Heinrich und blinzelte mich von der
Seite an.

„Hast ein Seil?"

„Der Sportverein hat eins; Haggl a! Können wir alles aus-
leihn . . ."

Mehr sagten wir nicht, damit stand unser Entschluß fest. Die
Route hatten wir ja schon hundertmal besprochen. Heinrich besaß
ein zerlesenes Heft der Österreichischen Alpen-Zeitung (ÖAZ), in
dem die Erstbegehung durch den Südwandriß der bekannten Innsbrucker Kletterer Matthias Auckenthaler und Frenademetz beschrieben war. Das genügte uns. Hatten wir doch ebenso hundert-

mal mit den Augen die Route abgesucht und waren sie im Geiste gegangen. Aber nur im Geiste! Unsere bisherige Bergerfahrung hatten wir durch die „Erklimmung" des Rangger-Köpfls und des anschließenden Roßkogels gewonnen, das sind Kuh- und Schafweiden oberhalb der Waldgrenze. Aber sag das einem Buben!

Und wer hätte es uns sagen sollen? Das Kletterseil war ja auch nur mehr ein lumpiger Hanfstrick, mit dem am Sportplatz die Linien vermessen wurden. „Am Sonntag?" — „Ja, am Sonntag!" Damit trennten wir uns ... Und standen am Sonntag tatsächlich mit dem Hanfstrick, einigen verbogenen Haken, einem Hammer und jeder mit zwei Butterbroten in der Tasche an der Straße zwischen Innsbruck und Zirl, wo wir die Fahrräder innseitig unter ein paar Stauden versteckten; dann stiegen wir von der Straße den steilen, wald- und felsdurchsetzten Hang hinauf, kamen bald auf schmale Grasbänder und zu kleineren Wandstellen, die wir verhältnismäßig gut überwanden. Auf einem Bödele am Fuße eines mächtigen Pfeilers legten wir die erste Rast ein. Von hier sah nun alles anders aus. Wir hatten bisher höchstens vom Glockenfenster des Kirchturms, in das wir gestiegen waren, einen freien Blick nach unten gehabt. Aber jetzt! Tief unten, fast zu unseren Füßen, das grüne Wasser des Inn; die Straße sahen wir nur an Krümmungen, die sie, manchmal dem Fuße des Bergmassivs folgend, macht; das Kloster Martinsbühel, ein altes Jagdschloß Maximilians, lag in der Vogelperspektive da — so etwa mußte der Kaiser seinem Gefolge da unten eine Schau geboten haben, wie wir eben da heraufgekraxelt waren; dann der weite Kessel jenseits des Inn, die grünen Wiesen, die Maisfelder, das behäbige Dorf Kematen —, im Mittelgrund die Plateaus links und rechts der Melach mit den vielen Dörfern, endlich die aufragenden Berge mit den tiefeingegrabenen Tälern: Sellrain- und Wipptal.

Wir saßen wie zwei Jungvögel im Adlerhorst, und Heinrich sagte den uralten dummen Witz: „Jetzt weiß i, warum das Dorf dort drüben Kematen heißt: Wie sich der Maximilian verstiegn hat, da hat er dort hin gschaut und viel Leut gsehn und inständig gseufzt: ‚wenns doch bald kemmetn!' Seitdem heißt es Kematen ..." „Heinl, mach jetzt keine deppetn Witz!" Mir war nicht sonderlich wohl. „Schau lieber da links hinauf! Durch dö Rinne und den Kamin gehts weiter. Hoffentlich steckn die Haggl in der Wand, sonst können wir bald umkehrn. I probiers, aber stemm dich gut ab, damit du mich halten kannst, wenn i flieg ..."

„Warum gleich fliegn", grinste der Heinrich. Ich weiß nicht, war er so kaltblütig oder tat er nur so. Wir waren beide das erste Mal in einer Wand, ohne jede Erfahrung und Übung. Und diese Führe ist im Alpenvereinsführer (Auflage 1965) als besonders schwierig, obere Grenze des Schwierigkeitsgrades V+, gekennzeichnet.

Wenn ich heute an dieses Lausbubenstück denke, dann steigen mir — in der Sprache meines Heimatdorfes ausgedrückt — die Grausbirnen auf. Das heißt hochdeutsch: Mir steigen die Haare zu Berge.

Aber vorerst stiegen wir beide zu Berge, und es ging alles gut. Zuerst war ich voraus, ich fand an den kritischen Stellen gutsitzende Haken und konnte einen Karabiner einhängen und mein Seil durchlaufen lassen. Zu unserem Glück war der Hannes aus Hötting in letzter Zeit nicht durch diesen Kamin geklettert, der bald einmal der Rinne folgt, denn ihm sagte man im ganzen Lande nach, daß er keinen Haken zurückließ. „Sollen selber einen einschlagen!" war seine unumstößliche Devise.

Nachdem wir den Kopf des Pfeilers, der bei unserem Rastplatz ansetzt, erreicht hatten, ging Heinrich voraus. Ich sicherte. Wir kamen in sehr schwierigen und brüchigen Fels, mehr als einmal schickte ich ein Stoßgebet zum Himmel. Schon längst brannten die Fingerspitzen, der Heinrich hatte sich den linken Daumen aufgerissen, und er schimpfte wie ein Rohrspatz. Ich schaute nicht mehr nach unten, sondern nur mehr einige Meter vor mich hin in den grauweißen Kalk. Wenn mich heute die steilste und höchste Wand schwindelfrei läßt, damals bekam ich es zeitweise mit der Angst zu tun.

Im mittleren Teil des Südwandrisses muß man von einem Standplatz aus einen Überhang überwinden. „Heinrich", sagte ich, „schlag einen Haken ein, damit du nicht aus dem Stand fliegst. Ich weiß nicht, ob ich da hinaufkomm!" Von nun an wollte ich wieder führen.

Und es war von mir ein guter Gedanke gewesen, denn nach vier Metern — ich hatte gerade in einem alten, wackeligen Haken Karabiner und Seil eingehängt, fand ich für meine Finger keinen Griff mehr. Verzweifelt suchte, tastete ich Zentimeter um Zentimeter ab, mit der Linken, mit der Rechten, oben, seitwärts — nichts! Mir begannen die Wadenmuskeln zu schmerzen, dann die Oberschenkel. Ich verlagerte das Gewicht von den rechten Zehen auf die linken, dann wieder umgekehrt. Plötzlich zitterten die Knie wie ein Perpetuum mobile. „Heinrich!", schrie ich, „paß auf! Ich bekomm die Nähmaschine! Paß auf!".

Und dann passierte es. Ich verlor in der linken Hand die Kraft, es drehte mich um den rechten Arm herum, und ich stürzte einen Meter ins Seil. Dabei riß es den wackeligen alten Haken heraus, ich flog noch fünf Meter hinunter und riß mir Nase und Stirne auf.

Aber der Heinrich, das alte Hanfseil und der untere Haken hatten gehalten!

Vorsichtig gab mein Freund etwas Seil nach, bis ich mit den Füßen den Boden auf dem kleinen Vorsprung neben ihm wieder berührte. Mir schoß das Blut aus der Nase, aber es rann auch von einem Riß in der Stirnhaut über die Nasenwurzel in die Augen und auf die Wangen. Nun war auch dem Heinrich nicht mehr zum Witzereißen zumute. Seine Stimme zitterte: „Hast dir arg weh getan? Mensch, Felix! Lixl... glaubst, du kannst noch weiter-steigen, ha? Mir müssn durchkommen. Abseilen geht nicht, wir habn beide keine Ahnung davon... und da hockn bleibn geht a nit! Was glaubst, was das für einen Wirbel gibt, wenn uns die Inns-brucker aus der Wand holen müssen? Die führn uns daheim im Fasching auf! Wie schauts aus, Lixl, glaubst schon...?"

Ich spuckte einen Mund voll Blut über die Wand hinab, dann wischte ich mit einem bestimmt nicht sterilen Schneuztüchl über Stirne, Augen und Wangen und meinte stockend: „Wenn's aufhört zu bluten, probiern wir den Überhang noch einmal. Steig du voraus! Mußt einen neuen Haggl einschlagen und verpölzen. Hast noch ein Stückl Holz?"

„Ja, zwei Keile hab i mitgnommen und noch nicht gebraucht..."

„Na also!" Jetzt tat ich plötzlich gelassen. Ich weiß nicht, woher ich den Mut nahm, so zu tun. In Wirklichkeit kribbelte es mir unter der Haut, wenn ich an dieses vor uns aufragende letzte Wandstück dachte.

Wir wechselten unsere Plätze, und der Heinrich ging den etwa sieben Meter hohen Überhang an, bestimmt nicht draufgängerisch und ganz sicher etwas blaß im Gesicht. Bald einmal hörte ich den Klang des Hammers ober mir. „Seil nachlassen! Einen Meter!"

„Wie geht's?"

„Es geht. Ich bin bald oben." Dann: „Noch zehn Meter, und ich hab einen Standplatz." Dann: „Nachkommen!"

Das Wunder geschah. Wir brachten nicht nur den Überhang und den darauffolgenden plattigen, teilweise mit Grasbüscheln durch-setzten Fels, sondern auch noch eine kleine Verschneidung und die darüber liegenden, aber schon merklich leichteren Schroffenpartien hinter uns.

„Mensch, Felix!" Der Heinrich schnaufte wie ein Walroß, dann streckte er mir mit großartiger Gebärde seine zerschrundete Rechte hin, in die ich nicht weniger großartig meine blutverschmierte Bubenhand legte.

Weniger großartig war der Empfang bei mir daheim, als ich dort abends mit blutverkrustetem Gesicht, mit zerrissenem Hemd und mit einem von der Hose abstehenden Stoffdreieck eintraf.

Mein Vater tobte, daß die Fenster zitterten.

Merkwürdigerweise hielt die Mutter zu mir. Sie war, so glaubte ich, stolz auf ihren Buben.

Es ist noch gar nicht so lange her, da saß ich mit einigen älteren und sehr erfahrenen Bergsteigern beisammen und hörte ihrem Gespräch zu, das sich um die immer häufiger werdenden Bergunfälle drehte. Jemand von der Runde las einige Stellen aus einem Artikel vor, der in der Zeitung „Der Volksbote" unter der Überschrift „Bergtod — ein notwendiger Tribut?" erschienen war und eine wissenschaftliche Studie des in der Universitätsnervenklinik Graz tätigen Univ.-Doz. Dr. Gerhard S. Barolin zur Grundlage hatte. „Ein Affe", hieß es, „würde im Fels des Hochgebirges wahrscheinlich nur bis zum dritten Schwierigkeitsgrad klettern. Mehr interessiert ihn nicht, mehr braucht er nicht, und mehr ist ihm auch nicht gelegen. Der fünfte und sechste Schwierigkeitsgrad ist etwas typisch Menschliches: Wir suchen unsere Grenze, und die Grenze läuft immer vor uns davon."

„Fest steht aber, daß ein Unfall fast immer aus dem Zusammentreffen verschiedenster Vorbedingungen entsteht, die zum überwiegenden Teil in der Persönlichkeit des Betroffenen selbst zu suchen sind."

„Auch das ‚Aufganserln', das Hänseln, wie es häufig in Jugendgruppen vorkommt, kann in der Folge zu Unfällen führen."

„Gerade im Sport zeigen sich zwei ausgeprägte Unfallsgipfel. Der erste umfaßt Jugendliche, die aus Mangel an Erfahrung und aus Leichtsinn verunglücken. Nach einer gewissen Ausbildungszeit, in der Kenntnisse erworben werden, kommt schließlich der Punkt, wo im Vertrauen auf Routine die Aufmerksamkeit nachläßt und ein neuerliches Ansteigen der Unfälle zu verzeichnen ist."

„Man müßte in der Erziehung den Mut haben, zu sagen, daß der Bergunfall eigentlich ein Versagen ist, eigentlich eine Blamage — selbst wenn man einigen damit unrecht tut. Es ist ehrenhafter, wohlausgerüstet und gut planend heil zurückzukommen, als draußen zu sterben."

Diese zitierten Sätze fanden allgemein Zustimmung, und jeder erzählte anschließend eine Dummheit, die er in seinem Bergsteigerleben selbst gemacht hatte.

„Ihr habt alle mit Entsetzen vom Unglück der jungen Leute droben auf der Innsbrucker Nordkette gelesen", sagte einer der Herren. „Zwei einheimische Burschen und zwei Mädchen aus Schweden sind bei schlechtem Wetter infolge Ermattung im Schneesturm ums Leben gekommen. Ich erzähle euch meine Geschichte, sie spielt auch in dieser Gegend und hätte genauso ausgehen können. Es war im März, Mitte der dreißiger Jahre. Wir wollten eine Schitour machen: Vom Hafelekar hinunter ins Mannl-Tal, über die Mannl-Scharte in die Pfeis und von dort über das Stempeljoch zum Iß-Anger und durch das Halltal wieder in das Inntal. Eine herrliche Frühjahrstour, ihr kennt sie ja. Es war Sonntag. Um 8 Uhr

Schulmäßiges Klettern im Eis

früh trafen wir uns bei der Seilbahnstation Hungerburg: fünf Burschen und zwei Mädchen. Niemand von uns war älter als 18 Jahre, die meisten etwa 15 bis 16.

Das Wetter war trüb, über dem Inntal lag dicker Nebel.

‚Es ist oben hell‘, sagte Konrad. ‚Das Kar liegt bestimmt in der Sonne. Fahren wir hinauf.‘

Also fuhren wir. Niemand glaubte an die Sonne, aber wir fuhren mit der Seilbahn zur Seegrube: Nebel!

‚Ganz oben ist bestimmt Sonne!‘ sagte Konrad. Wir fuhren zur Bergstation: dichter Nebel!

‚Wo wollt ihr hin?‘ fragte der Gondelschaffner.

‚Zum Stempeljoch!‘

‚Fahrt mit mir zurück. Das Wetter wird nicht besser. Ihr kommt nicht einmal bis zur Pfeis-Hütte.‘

‚Wir warten hier‘, sagte Konrad. ‚Vielleicht reißt es auf. Wenn es so bleibt wie jetzt, dann können wir immer noch zur Seegrube abfahren.‘

‚Ich rate euch, die Station nicht zu verlassen‘, war die Meinung des Schaffners.

‚Ja, ja‘, sagten wir und verließen die Gondel.

Als wir vor die Bergstation traten, pfiff uns ein kalter Wind um die Ohren. Es begann zu schneien. Die Sicht war miserabel.

‚Der Wind kommt aus Südosten‘, sagte Meinhard. ‚Die Nordkette verläuft von Ost nach West. Sie hält den Wind ab, und auf der anderen Seite ist das Wetter bestimmt besser.‘

‚Woher weißt du das?‘ fragte ich.

‚Das ist ganz natürlich, weißt du das nicht? Wenn das Wetter drüben aber trotzdem nicht besser ist, dann steigen wir einfach wieder auf und fahren über das Kanonenrohr zur Seegrube ab.‘

Wir stapften die wenigen Meter zum Kamm hinauf, schnallten unsere Eschenbretter an und suchten das nordseitige Tunig-Kar, über das wir quer abrutschten.

Die Sicht im weiten Karkessel des Mannl-Tales war nicht besser, sondern verschlechterte sich von Minute zu Minute. Der Wind steigerte sich zum Schneesturm. Es konnte gar keine Rede mehr davon sein, in die Pfeis zu kommen.

‚Umdrehen!‘ befahl Meinhard, unser Ältester.

Nach kurzer Zeit sahen wir unsere Spur nicht mehr, sie war verweht, oder wir hatten sie verloren.

‚Mehr links halten, zu den Schroffen hin!‘ schrie Konrad. Wir sahen aber keinen Fels, wir sahen überhaupt nichts, alles war weißgrau, sogar die eigenen Schispitzen. Es war unmöglich, den Aufstieg zum Gleirschkar zu finden. Wir bewegten uns in einem undurchsichtigen, wind- und schneedurchtobten Raum, dessen Konturen nicht einmal durch die Erinnerung plastisch wurden. Es nützte auch der auswendig gelernte Satz aus einem Führer nichts: ‚Hier verzweigen sich, streng nördlich der Hafelekarspitze, die Wege; geradeaus östlich zur Mannl-Scharte, südöstlich ins Hafelekar (Gleirschkar); der Weg zur Hafelekar-Bergstation führt rechts ab, südlich ins Tunigkar und aus dessen hinterstem linken Winkel im Zickzack hinauf zur Kammhöhe . . .' Wir wußten bald nicht mehr, wo Norden oder Osten war, wo es aufwärts oder in den Abgrund ging. Wir waren hilflos eingeschlossen, weil wir die Orientierung verloren und festgestellt hatten, daß wir schon einmal im Kreis gelaufen waren. Also blieben wir stehen, warfen die Rucksäcke in den Schnee und setzten uns darauf und warteten auf bessere Sicht. Vielleicht stand uns ein Biwak mit unserer dürftigen Ausrüstung bevor. Kein verlockender Gedanke.

Damals war gerade die Nanga-Parbat-Expedition des Alpenvereins im Gespräch. So sagte Konrad. ‚Stellt euch einfach vor, wir stehen am Ostgrat unterm Silbersattel und müssen umdrehen. Da unten irgendwo liegt die Märchenwiese — wir kommen ganz bestimmt hinunter . . .'

‚Jawohl, Herr Märchenerzähler', spottete ein Mädchen. ‚Es ist nur das — mir wird zu kalt, ich bin am Rücken naß. Ist es nicht besser, wir gehen wieder? Dann frieren wir zumindest nicht!'

‚Niemand geht!' befahl Meinhard. ‚Wir bleiben alle beisammen. Wer allein geht, ist verloren! Wenn wir schon aus Dummheit die Tour unternommen haben — aus Dummheit werden wir nicht sterben. Wir müssen Schneelöcher graben — zum Schutz gegen den Wind . . .'

Es war schon Spätnachmittag geworden, und es begann zu dunkeln, als plötzlich für kurze Zeit die Schneewolken vor uns aufrissen und den Blick freigaben: Da lag ein weiter Kessel, an dessen Ende ein Taleinschnitt zu sehen war. ‚Das Mannl-Tal!' riefen wir alle. ‚Auf! Schnell abfahren. Da geht es hinunter ins Gleirschtal und nach Scharnitz!'

Wir langten tatsächlich bald da unten an. Jetzt gab es keine Gefahr mehr; der Weg über die Amtssäge und den ‚Krapfen' durch das Hinterautal nach Scharnitz konnte nicht mehr verfehlt werden. Um 11 Uhr nachts fielen wir in Scharnitz hundemüde in eine Wirtsstube ein und verlangten heißen Tee. Wir waren über unsere Leistung sehr stolz, aber doch einsichtig genug, daß wir eigentlich von Anfang an sehr dumm und unverantwortlich gehandelt hatten, weil wir der Tatsache, daß das Wetter äußerst schlecht war, die durch nichts begründete Annahme einer Wetterbesserung entgegensetzten. Wir hatten wohl einige Erfahrung, aber viel mehr Glück als Verstand gehabt."

So weit also die Erzählung dieses Herrn. Ich nahm noch einmal die Zeitung zur Hand und las den Schluß des diskutierten Artikels von Leopold Lukschanderl:

„Ausbilder müßten psychologisch besser als bisher geschult werden, und Sportpsychologie sollte in den Lehrprogrammen wesentlich mehr Raum einnehmen. Echte erzieherische Unfallvorbeugung sieht Dozent Barolin in der Bildung von ‚Neigungsgruppen‘ schon im Kindesalter, wo unter Anleitung erfahrener Bergsteiger die ersten tastenden Schritte unternommen werden. Hier können bereits jene lebenswichtigen Grundlagen verankert werden, die sehr schnell ins Unbewußte eindringen und später in bestimmten Extremsituationen im Gebirge automatisch verwertet werden.“

Mir wurde in meiner bergsteigerischen Lehrzeit nichts geschenkt. Nach meiner beruflichen Ausbildung bin ich freiwillig Soldat geworden; das war noch vor Abschluß des österreichischen Staatsvertrages, und damals hieß die militärische Organisation B-Gendarmerie; ich war also, richtig ausgedrückt, nicht Soldat, sondern Gendarm. Letzten Endes kam es aber auf das gleiche heraus — seit 1955 bin ich Soldat (Unteroffizier) im österreichischen Bundesheer, das der B-Gendarmerie folgte.

Der erste „Alpinpapst“ war Oberst Winkler, und ohne ihn gäbe es heute, trotz aller Modernisierung und vielfach neuer Begriffe oder Ausdrücke, bei uns kein Heeresbergführerkorps mit internationalem Ansehen. Winkler lebt nicht mehr, aber seine rastlose Tätigkeit auf alpinem Gebiet lebt nach wie vor in uns weiter, sein Lehrbuch ist die Grundlage für neue Bücher und Vorschriften geworden, die von ihm ausgebildeten Bergführer, -gehilfen oder Hochalpinisten findet man heute im Bundesheer, bei der Gendarmerie, Zollwache oder im zivilen Bereich im Sinne seiner Lehre tätig, und sie bilden immer wieder aufs neue junge Menschen aus: mit Liebe zum Berg, mit Erfahrung und Verantwortung, mit Methodik und menschlichem Einfühlungsvermögen.

Als ich diesen neuen Lebensabschnitt in Uniform begann, hatte ich — wie schon geschildert — außer der Liebe zum Berg kaum Erfahrung und Kenntnisse aufzuweisen, wenn man von der Erfahrung in der Martinswand und einem verirrten Abstieg vom Lisenser Fernerkogel absieht. Ich war im Kreis der renommierten Bergsteiger in Absam einfach eine Null. Zach, Gasser, Raditschnig, Gundolf, um nur einige zu nennen, diese Namen hatten einen Klang, neben denen noch nach Jahren Dutzende besser und bekannter klangen als meiner; sonst hätten mir die lieben Kameraden eines Tages nicht folgenden Streich gespielt: Wir kampierten eine Woche lang am Iß-Anger und betrieben Alpinausbildung mit Jungmännern.

Am vorletzten Tag war die Überschreitung von der Speckkarspitze über den Kleinen zum Großen Bettelwurf angesetzt. Während ich mit 30 Männern auf der Speckkarspitze rastete und wir uns an den nahen Gamsrudeln erfreuten, versicherten drei Bergführergehilfen die schwierigsten Teilstücke im Westgrat des Kleinen Bettelwurfs. Immerhin ist diese Route teilweise sehr schwierig und weist Schwierigkeitsgrade bis IV auf.

Wir brachen auf, ich an der Spitze, ein Führer am Schluß. Bevor man den Gipfelgrat erreicht, muß ein steiler Kamin durchklettert werden. Und hier griff ich in etwas Weiches und Übelriechendes, das mir einer der drei, am Seil von oben gesichert, hinterlegt hatte. Für den Spott brauchte ich nicht zu sorgen. Bergsteigerscherze sind meist so rauh wie der Fels ... Ich war einige Tage lang sehr erbost. Dann hielt ich es mit Wilhelm Busch:

„Früher, als ich unerfahren und bescheidner war als heute, hatten meine höchste Achtung andre Leute. Später traf ich auf der Weide außer mir noch andre Kälber — und so schätz ich, sozusagen, erst mich selber ...“

Der Weg bis zur erfolgreich abgelegten Bergsteigerprüfung war lang, schwierig und steil im wahrsten Sinne des Wortes.

Nicht umsonst haben die Heeresbergführer einen solch guten Ruf erhalten. Folgende Stationen müssen zurückgelegt werden: Nach zwei Kursen von je zwei Wochen im Sommer und Winter erlangt man bei erfolgreicher Prüfung die Bezeichnung „Heeres-Hochalpinist“. Das Lehrziel ist sicheres Gehen im Felsgebiet bis zum Schwierigkeitsgrad III, das richtige Verhalten in lawinengefährdetem Gelände. In diesem Grundkurs werden Seilknoten, Seiltechnik, Lawinenkunde, Rettungsmaßnahmen bei Lawinenunglücken, Erste Hilfe, Wetterkunde gelehrt; auch im Eis und im winterlichen Fels wird geübt. Alles Wissenswerte über Ausrüstung und Bekleidung muß gelernt werden.

Die zweite Stufe der Alpinausbildung führt zum Heeresbergführergehilfen. Hier sind drei Kurse von je zwei Wochen notwendig, einer im Fels und nach einer Woche im Eis, der andere als Wintertourenkurs, der dritte als Bergrettungskurs.

Der Gehilfe muß Touren mit Schwierigkeitsgrad IV führen können, er muß im winterlichen alpinen Gelände sichere Spuren legen, wird in Lawinenkunde, Rettung aus Lawinen, an den behelfs- und planmäßigen Winterrettungsgeräten intensiv geschult; außerdem muß er in einem gesonderten Bergrettungskurs von weiteren zwei Wochen bei einem sehr strengen Ausleseverfahren in Theorie und Praxis alles lernen, was ihn befähigt, bei Bergunfällen sofort eingesetzt zu werden.

Erst jetzt kann der Kandidat zur höchsten Ausbildungsstufe antreten, deren Ziel der Heeresbergführer ist. Dazu sind noch einmal vier Kurse zu je zwei Wochen notwendig: der Wintertourenkurs, der Felskurs, der Eiskurs, der Bergrettungskurs.

Während im Wintertourenkurs sicheres Führen in hochalpinem Gelände, wie bei der Durchquerung der Ötztaler Alpen, verlangt wird, muß im Felskurs vom Schwierigkeitsgrad IV bis V alles makellos vor sich gehen, etwa in der Fleischbank-Ostwand oder in der Südostkante des Christa-Turmes im Wilden Kaiser.

Beim Eiskurs sind Führungstouren beispielshalber über die Nordwestwand des Wiesbachhorns, über die Fuscherkarkopf-Nordwand, durch die Pallavicini-Rinne oder bei der Glockner-Wandüberschreitung vorgesehen.

Im Bergrettungskurs muß sich der Kandidat als perfekter, in allen technischen Belangen und in der Ersten Hilfe beschlagener, mit der Organisierung einer Rettungsaktion versierter Mann zeigen. Er muß vom einfachsten Hilfsmittel über das Stahlseilgerät bis zur Windenbergung mittels Hubschrauber ohne langes Nachdenken sich und seine Mannschaft einsetzen können.

Neun Kurse zu je zwei Wochen sind also notwendig, bis man Bergführer werden kann. Aber nur kann: Nach jedem Kurs wird geprüft! Wer durchfällt, darf zum nächsten Kurs nicht antreten, er muß — wie in der Schule — die Klasse wiederholen. Vom ersten Kurs bis zum letzten braucht man im allgemeinen vier Jahre.

Ich bin seinerzeit mit weiteren 33 Teilnehmern des Bundesheeres zum ersten Lehrgang angetreten — am Schluß waren wir fünf, die ohne Wiederholung das Ziel erreichten: Absolon, Bauer, Beer, Hönigsperger, Kuen . . .

Eine Episode, die uns damals alle sehr traf, muß ich an dieser Stelle berichten. Sie erhärtet den Satz aus vorhin zitiertem Artikel über die wissenschaftliche Abhandlung von Universitätsdozent Dr. Barolin: „ . . . kommt schließlich der Punkt, wo im Vertrauen auf Routine die Aufmerksamkeit nachläßt . . .“

Wir waren im Wilden Kaiser zur Absolvierung des Felskurses und machten die Überschreitung des Predigtstuhles.

Zwischen Mittel- und Hauptgipfel gibt es eine Stelle, an der eine solide und überlegte Sicherung unbedingt erforderlich ist. Aber wir alle befanden uns damals gerade in einem sonderbaren Zustand, der am ehesten mit Übermut verglichen werden kann. Wir hielten uns für unschlagbar, für unverletzlich, ja manchmal sogar für Übermenschen. Uns hatte schon seit geraumer Zeit ein Gefühl übermannt, demzufolge keine Eiswand zu steil, kein Grat zu schmal erschien. So war es sogar vorgekommen, daß mehrere Seilschaften unter Mißachtung aller selbstverständlichen Sicherungen über das Eis der Fuscherkarkopf-Nordwand ein regelrechtes Wettrennen veranstalteten. Wer stürzte, wurde ausgelacht; wer auf dem Gletscher vor Spalten warnte, galt als Witzbold — so kam es häufig vor, daß mehrere Seilschaften seelenruhig, ohne vorherige Untersuchung des Untergrundes, auf Gletschern beisammenstanden und „ratschten". Aber bisher war alles gut ausgegangen, so daß die Gleichgültigkeit wuchs und der Schlendrian uns regierte. Niemand von den Verantwortlichen schien etwas zu merken, bis der Tag auf dem Grat zum Predigtstuhl kam. Wieder war alles, was nach Sicherung im Fels klingt, kleingeschrieben. Wohl gingen wir am Seil, wohl wurde einmal eine Schlinge um ein Köpfl oder einen Zacken gelegt — es war mehr symbolhaft. Wer sollte auch stürzen? Die Wände, Pfeiler, Grate gehörten uns, nicht wir ihnen!

Die Seilschaft Keinleisberger/Prosser passierte die Stelle ober dem Bozon-Kamin. Plötzlich verlor Prosser den Halt und stürzte. Stürzte hinunter in den Kamin. Und riß Keinleinsberger aus dem Stand und ebenfalls in die Tiefe.

Beide waren tot.

Der Sturz Prossers mußte für seinen Seilgefährten vollkommen überraschend gekommen sein, so daß das Seil rasch und ohne Bremswirkung durch seine Hände gelaufen war. Man konnte an ihnen keine Brennspuren feststellen.

Von diesem traurigen Tag an änderte sich alles schlagartig. Der Schlendrian wurde ausgemerzt, und von nun an schrieb man die Sicherheitsmaßnahmen mit Großbuchstaben.

Für mich persönlich gilt seither der Grundsatz: Ein Haken ist keine Sicherung, sondern nur eine Zwischensicherung.

Seitdem lege ich auf einen guten und doppelt gesicherten Standplatz allergrößten Wert. Ich will den Berg bezwingen, aber ich will ihn erleben, und ich will leben!

Matthias Rebitsch hat im Rückblick auf eine mißglückte Durchsteigung der „Direkten Lalidererspitz-Nordwand" im Karwendel im AV-Jahrbuch 1950 sehr ehrliche und beherzigenswerte Sätze geschrieben: „Geschlagen ziehen wir nach Hause . . . Er hatscht auf Latschenkrücken, und ich habe die Hand in einer Schlinge; sie lag den ganzen Herbst in Gips. Und zwei Rucksäcke habe ich am Buckel und eine stille Wut im Bauch. Die Wand, sie wäre so schön trocken jetzt.

Ein sonnenklarer Herbsttag wird's. Wir streifen durch taunasses Moos. In der kühlen Luft liegt der erfrischend säuerliche Gärungsgeruch welkender Blätter und Beeren. Blauverschattet und verschlossen stehn die Wände hinter braunen, warmen Almböden . . . Ich hadere schon nicht mehr mit dem Geschick wegen dieser Wand. Das wird unwichtig, je weiter wir davonhumpeln. Es war einfach ein Abenteuer im Fels gewesen. Ob das wirklich ein Sechser war, das ist mir gleichgültig . . . die Stärke eines Bergerlebnisses ist noch lange nicht durch den Schwierigkeitsgrad definiert . . . Verkrampfter sportlicher Geltungsdrang löst sich, und unser Denken kommt aus dem engen Bannkreis der Nur-Wände, Griffe und Haken heraus, in den man sich oft unbewußt hineinsuggeriert. Und immer stärker empfinden wir dafür das Bild der verlassenen Almen, des sterbenden Hochwaldes, die Farbensymphonie des Karwendels — des Berges!"

Es wäre jetzt, nach so vielen Seiten, an der Zeit, etwas über das Naturerlebnis, über die Schönheit der Bergwelt zu sagen, die herrliche, oft versteckte Blumenpracht, die Wolkenbildung mit den wechselnden Formen, ihre ziehenden Schatten und bizarren Lichtbündeln zu beschreiben; ich sollte über die Färbung der Felsen, das geheimnisvolle Grün und Blau der Gletscherbrüche sprechen, das lautlose, gespenstische Schweben der Dohlen oder das zutrauliche Verhalten einer Gipfelmaus mit Worten nachzeichnen — aber leider fehlt mir die Gabe dazu. Ich könnte wohl ausrufen: „Das ist einmalig, der Ausblick ist sagenhaft schön!", aber damit stellte ich mich in die Reihe der Massentouristen mit ihrem „Ah!" und „Oh!" vor dem Stephansdom, im Louvre, an den Niagara-Wasserfällen, im Kessel von Saas-Fee oder auf der Bergstation der Valluga...

Ich bin vor Jahren vom Patscherkofel in Richtung Glungezer gewandert, allein und nur mit dem Ziel, mich gemütlich auszulaufen.

In der Nähe eines Wegweisers, der die Richtungen zur Sistranser und Tulfeiner Alm anzeigt, setzte ich mich auf eine warme Steinplatte zwischen blühenden Almrosenstauden und ließ meine Augen wandern. Es war ein warmer Frühsommertag, seine eigenartige Stimmung lullte mich ein, und bald hatte ich das Gefühl einer unendlichen Losgelöstheit von aller Schwere.

Ich sah wohl das Tal mit den Städten und Dörfern zu meinen Füßen, ich sah einen Eisenbahnzug, blitzende Autos, Rauchfahnen aus Fabrikskaminen — aber das alles berührte mich nicht. Ich hatte mit der Hast, mit den Sorgen, mit der ganzen Schwere des Lebens da unten nur mehr eine einzige Beziehung, und das war ein blaugrüner Schatten, den meine Augen wahrnahmen. Er drang aber nicht mehr in das Bewußtsein ein. Ich war plötzlich ein anderer Mensch geworden: Die Stille, die Luft, die Sonne, die verkrüppelten Zirben, das Rot der Almrosen, das Blau des Himmels — ich weiß nicht, was alles zusammenspielte —, alles trug dazu bei, mir eine Stunde des Friedens in Freiheit und stillem Frohsinn zu schenken. Ich habe solche Stunden noch oft erlebt.

Als ich zum Wegweiser kam, fiel mir eine Bleistiftkritzelei auf der Tafel auf. Ich begann zu lesen. Es gefiel mir, so lernte ich diese Zeilen auswendig. Später einmal, als ich einige Worte davon zitierte, sagte mir ein literaturkundiger junger Lehrer, das wären die Schlußverse aus einem Gedicht, dem Abendlied vom großen Schweizer Dichter Gottfried Keller:

„Trinkt, o Augen, was die Wimper hält,
von dem goldnen Überfluß der Welt!"

Ich sollte von der Schönheit in den Bergen sprechen — aber ich finde dazu nicht die bescheidenen und doch farbigen Worte. Die Verse Kellers sagen alles! Sie sollen mein Unvermögen der Ausdrucksfähigkeit entschuldigen.

Und ich komme damit zum Ausgangspunkt dieses Kapitels zurück: „Das Herz dieser Burschen gehört den Bergen!"

Wenn man mich fragt, warum ich Bergsteiger bin, kann ich nur mit obenstehendem Satz antworten. Wenn man weiter fragt, könnte ich noch hinzufügen: „ . . . weil ich Sportler bin, weil mich immer wieder das Neue reizt, weil das Abenteuer lockt . . ."

Bild rechts:
Blick auf Laliderer- und Dreizinkenspitze; links unten kleiner Ahornboden; Mitte des linken Bildrand Ladiz-Alm

Bild umseitig:
Lalidererwände

Franz Nieberl, der bekannte Kletterer aus Kufstein, hat einmal gesagt: „... Ich trage glücklicherweise beim Klettern keine Binde vor den Augen und will es immer so halten, um zu verhüten, daß sich die Binde zum Brett wandle, das ich dann vor dem Hirnkasten tragen müßte." Und er meinte damit die Kunst, gleichzeitig mit dem Klettersport die Schönheit der Natur auf sich einwirken zu lassen und zu genießen.

Abenteuer im Karwendel

Das Karwendelgebirge umschließt eine Fläche von rund 100 Quadratkilometern und ist das größte geschlossene unbesiedelte Gebiet Mitteleuropas. Nur eine Siedlung ist ganzjährig bewohnt: Hinterriß am Zusammenfluß des Tor-Baches und der Rontal-Ache mit dem Rißbach.

Ich war schon oft im Karwendel gewesen. Zwischen dem Großen Bettelwurf und der Reitherspitze, im Halltal, Samer-, Hinterau-, Karwendel-, Johannes-, Lalider-, Rißbach-, Baumgarten- und Bächental waren mir viele Routen, Gipfel, Spitzen, auch Kanten und Wände bekannt und vertraut; nicht alle, das wäre zu viel, auch nicht alle schwierigen, dazu war ich doch noch zu jung — aber ich war im Sommer, Herbst, Winter und Frühjahr dort gewesen und hatte mich in diese Gegend verliebt wie viele andere vor mir. Nicht zu Unrecht wird das Karwendel eine romantische Landschaft geheißen. Selten sieht man ein solch smaragdgrünes und klares Wasser, wie es der Karwendelbach oder die Isar über die Kalksteine ihrer Läufe führen, selten steigen aus schmalen Wäldern so jäh die Wände auf, wölben sich riesige Kare wie Hohlgefäße zurück und stechen von dort die Felsen wieder kühn in Form von Graten und Spitzen in den blauen Himmel oder in ziehende Wolken. Und selten erlebt man in einer Landschaft solch kontrastreiche Farben, vom Schwarzblau der Fichten bis zum Gold der Ahorne im Herbst, wie sie der kleine Ahornboden schenkt, oder vom Sienabraun der Alm-

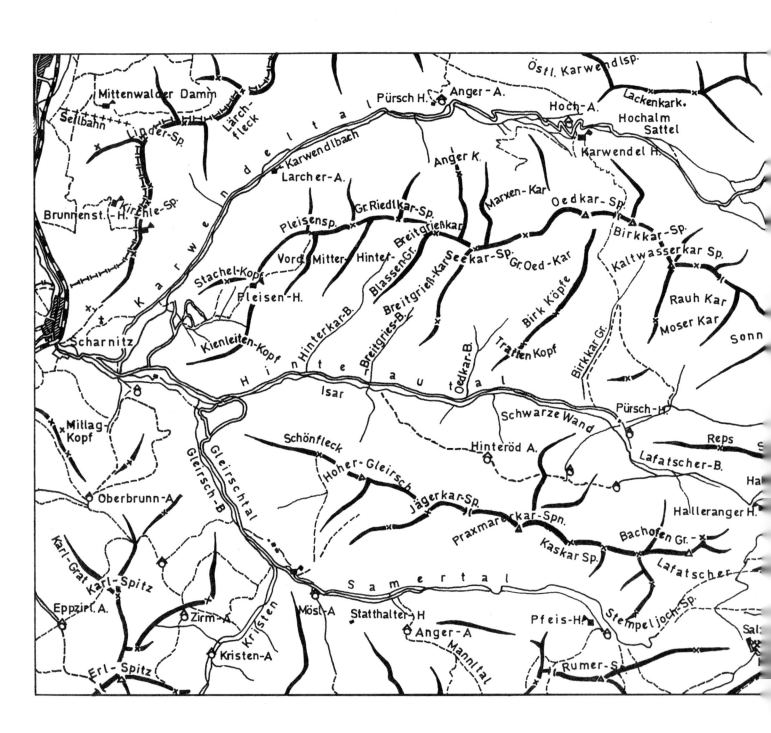

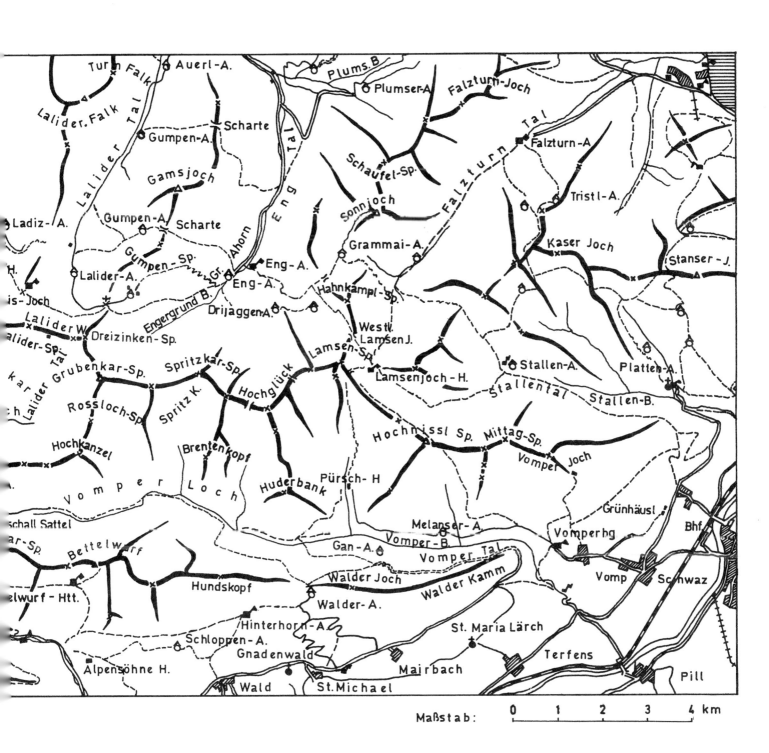

Maßstab: 0 1 2 3 4 km

wiesen über das zarte Weiß der Bergbirken bis zum Graublau des Kalkes, wie sie die Ladiz-Alm verschwendet.

Man könnte im ganzen Karwendel zu allen Jahreszeiten ins Schwärmen kommen, aber das hat vor mir ein J. Staffler, ein Beda Weber, ein Magnus Beyrer, ein Adolf Pichler, ein Leopold Pfaundler oder ein Hermann v. Barth getan; sie und viele andere führte Professor Otto Stolz als Schilderer und für die Öffentlichkeit des 19. Jahrhunderts als Entdecker dieses Gebirges an.

Beim Durchstöbern alter Alpenvereins-Jahrbücher bin ich noch auf andere Enthusiasten gestoßen: Franz Nieberl aus Kufstein, O. P. Maier, Ernst Platz aus München. Diese drei schilderten vornehmlich ihre Erlebnisse von der Vomperkette, der Kunstmaler Platz bereits 1895 unter dem Titel „Studienfahrten im Gebiet der Vomperkette des Karwendelgebirges".

Und in der Vomperkette beginnt mein Erlebnis, kein aufregendes, aber ein Abenteuer im Karwendel, das ich nicht missen möchte.

Begonnen hat es eigentlich während einer Winterdurchquerung auf Schiern. Wir sind damals im März schwer bepackt von Zirl aufgebrochen und sind in drei Tagen von Südwesten nach Nordosten über breite Sättel, durch Quer- und Längstäler gezogen, haben uns an der vollkommen unberührten, von keinem Menschen außer uns begangenen Landschaft berauscht, wir maßen die winterlichen Wände links und rechts von uns, lachten wie Kinder bei der Abfahrt von der Falkenhütte zum Schottersockel der Lalidererwand und durch das Lalidertal, schimpften über den steilen Buckel hinauf zum Grasbergjoch, brachen uns bei der Abfahrt ins Eiskönigbachtal fast Schi und Stöcke und genossen in vollen Zügen die Firnabfahrt vom Gröbner Halsl nach Achenkirch. Wir hatten nur in offenen Ställen oder Almhütten übernachtet, alles, was wir brauchten, steckte im Rucksack. „Für den Schifreund ist nicht viel geeignetes Gelände vorhanden", hatte ich zuvor in einer Abhandlung gelesen — ich möchte sagen: Für den Schiwandertouristen ist es das herrlichste Gelände. Er muß aber ein Tourist sein, der abgehärtet ist und in Kauf nimmt, tagelang weder Gasthaus noch warmen Ofen zu sehen und zu spüren, und der gewärtig sein muß, bei einem Unfall erst nach ein oder zwei Tagen Hilfe zu bekommen — sofern ein Kamerad solche holen kann und es das Wetter zuläßt.

Damals, im Winter, sprachen H. Rietzler und ich von der Sommerüberschreitung des Karwendelhauptkammes. Es war während einer Rast auf dem Hochalm-Sattel, den Hauptkamm vom Hohljoch bis zur Pleißenspitze in seinem gewaltigen Ausmaß vor Augen.

„Was meinst", fragte ich den Hans, „hast du Lust dazu? Anfangen müßten wir beim Vomperjoch und aufhören bei der Pleißenspitze! Soviel i weiß, hat das bis jetzt noch keiner in einem Zug gmacht. Wär a Gschicht! Was meinst, Hans?"

„Nit übel", sagte er, „nit übel." Er war ein sehr wortkarger Oberinntaler, ein Bär von Statur, ausdauernd und hartnäckig im Gehen und Steigen.

Von nun an riß es unsere Blicke immer wieder über die Nordflanken hinauf zu den Spitzen und zum Kamm, begeisternd aber war der Blick vom Grasbergjoch zwischen der Falkengruppe und der Schaufel-Spitze hindurch auf die blaue Kalkbarriere der Dreizinken- und Laliderer-Spitze.

„Felix", sagte der Hans, bevor wir zum ersten Bogen hinunter ins Eiskönigbachtal ansetzten, „dös machn wir. I bin dabei!"

Ein oftmaliges Karten- und Literaturstudium ging dem Unternehmen voraus. Rund 40 Kilometer Länge weist der Grat auf, 38 Gipfel lassen ihn eine scharfe Zackenlinie in den Himmel schneiden. Er besteht durchwegs aus meist sehr brüchigem Kalk, die Schwierigkeitsgrade gehen bis IV+. Es gibt keine Quellen da oben, keine Rasenbänke, keine einzige Alm- oder Schutzhütte in greifbarer Nähe, die Biwakschachtel der Laliderer-Spitze ausgenommen. Diese längste und imponierendste Kette des ganzen Karwendelgebirges hat die höchste Erhebung mit der 2749 Meter hohen Birkkarspitze, bietet nur zwei Übergänge mit dem Schlauchkarsattel und der Lamsenscharte, schickt vor allem im östlichen Teil bedeutende Nebenkämme nach Süden aus, wie den Roßlochkamm, während ihr Mittelstück nach Norden zu mit den Laliderer Wänden die geschlossenste Steilmauer der Nördlichen Kalkalpen präsentiert.

Wie schon gesagt, uns war wohl bekannt, daß Teilstücke dieser Kette bisher in der Längsrichtung überschritten wurden, nicht aber in der Gesamtlänge. Ich konnte damals nicht ahnen, daß zwei Bergsteiger aus Bayern, Toni Kinshofer und Anderl Mannhardt, die im gleichen Jahr unseres Unternehmens vom 26. bis 29. Dezember 1960 die westliche Teilstrecke zwischen Pleißenspitze und Ödkarspitze als erste Winterbegehung durchführten, mir leider nur namentlich zehn Jahre später während einer Expedition viele tausend Kilometer vom Karwendel in Erinnerung kamen: im Rupal-Tal am Südfuß der gewaltigsten Fels- und Eiswand der Erde, der 4500 Meter hohen Rupal-Wand. Kinshofer, Mannhardt und Löw gelang 1963 die Ersteigung des Nanga Parbat; im Abstieg verunglückte Sigi Löw tödlich, Kinshofer erfror sich beide Füße, Mannhardt holte Hilfe — sie kam für Löw zu spät ... Im Jahre 1970 war ich bei der Sigi-Löw-Gedächtnisexpedition dabei. Aber ich bin vorausgeeilt; jetzt, im Frühjahr 1960, galt für Hans Rietzler und mich nur eines: der Hauptkamm.

Es war ein regnerischer und wenig verlockender Tag, als wir in Schwaz die Eisenbahn verließen und schwer bepackt zum Vomperberg und über steile Waldhänge zu einer Alm aufstiegen, die wir als „platschnasse Häuter" erreichten.

In einem zugigen Raum kochten wir auf einem offenen Herd Tee, hingen die naße Oberbekleidung über eine Stange und krochen tief ins Heu.

Der Morgen war keine blaue und sonnenwarme Offenbarung, aber immerhin regenfrei und nicht schwül, gerade recht für den Aufstieg über einen Zickzack-Weg in der Fall-Linie eines steil nach oben führenden Grabens und weiter oben durch ausgedehnten Latschenbestand. Besonders die Wege vom Vomperloch ziehen durchwegs sehr steil, bei warmen Wetter nerventötend und schweißtreibend, hinauf zum Hochnissl oder zur Lamsenscharte. Dafür allerdings entschädigt die sich immer mehr ausdehnende Rundsicht: zuerst ins Vomperloch, auf die Nordseite des Walderkammes, dann ins saftiggrüne Inntal, auf die Tuxer Vorberge, weiter oben in die Stubaier und Zillertaler Gletscher.

Gegen Mittag standen wir auf der Hochnissl-Spitze, stiegen den Grat entlang nach Nordwesten und dann hinauf zur Lamsen-Spitze. Es ist etwas Merkwürdiges, wenn man die alten Schriften aus der Anfangszeit des Alpinismus gelesen und die damaligen, fast unüberwindbaren Schwierigkeiten zur Kenntnis genommen hat und nun plötzlich selbst das erste Mal als moderner Bergsteiger diese Kamine, Risse, Bänder, Terrassen und Grate besteigt oder betritt.

Ich glaube, der Unterschied ist so groß wie zwischen einem Automobil aus dem Jahre 1900 und einer Limousine von heute. Aber man soll nicht geringschätzig die Schultern schupfen, es hat noch nie eine Vervollkommnung oder Höchstleistung ohne Pioniertat gegeben. Ohne Barth, Gsaller, Pock, Siegel, Purtscheller, Nieberl, O. P. Maier, Melzer, Spötl, Grissemann und wie sie die Herren der Pionierzeit — alle hießen, wären wir an diesem Tag nicht um 19 Uhr auf der Barth-Spitze gestanden und hätten uns nach einem brauchbaren Biwakplatz umschauen können.

O. P. Maier hat im Jahre 1914 die Barth-Spitze und das Hochglück wie folgt besungen: „Als ungemein schlankes, nach allen Seiten steilabfallendes Turmgebilde stand die Barth-Spitze vor unseren staunenden Augen; so hatten wir sie uns nicht vorgestellt. Dieser versteckte, wilde Geselle im Herzen der Vomperkette ist wahrlich würdig, den Namen des kühnen Bergsteigers zu tragen ... Die Barth-Spitze ist ein ganz seltsamer Berg; sie paßt eigentlich gar nicht ins Karwendel, am wenigsten in die Vomperkette. Die anderen alle ringsum recken stolz ihre Scheitel in die Luft, nur sie steht bescheiden in einem weltverlassenen Winkel, den ihr die anderen gerade noch übriggelassen haben. Das ist wie bei den Menschen; die einen stellen sich voran, die anderen bleiben, ihres Wertes nicht bewußt, bescheiden zurück, und doch wäre es oft besser umgekehrt. Von den Bergen sind mir die am liebsten, die man suchen muß, wenn man an ihrer stillen Schönheit sich freuen will ...

Gelber Punktierter Enzian (gentiana punctata)

Der Nordostgrat des Hochglücks mag vor Zeiten einmal selbst einen Gipfel getragen haben, aber der liegt jetzt zersplittert im Schafkar unten als ein gewaltiges ‚Memento mori'. Die fürchterlichen gelbroten Abbrüche starrten uns entgegen wie eine Wunde, von Riesenhand geschlagen."

Um nicht von der Dunkelheit überrascht zu werden, aber auch wegen entsprechender körperlicher Müdigkeit, beschlossen wir, auf der Barth-Spitze zu biwakieren. Während ich den nicht idealen Schlafplatz mit einem Seilgeländer absicherte und versuchte, die gröbsten Steine wegzuräumen, seilte sich Hans an der Nordseite ab: Er hatte einen Schneefleck entdeckt. Wir brauchten dringend Wasser für Tee zum Abendessen, für das Frühstück und für den Großteil des morgigen Tages . . .

Das Abendessen aus Konserven, würzigem Brot und heißem Tee schmeckte besser, als hätten wir in einem Grandhotel gegessen. Bald einmal krochen wir in die Schlaf- und Biwaksäcke, die Wärme tat wohl und ließ uns noch nicht einschlafen. Die Sicht hatte sich im Laufe des Tages mit dem Wetter gebessert. Schon blinzelten vereinzelt Sterne durch die Wolken, im Westen schien der Himmel klar zu werden. Tief zu unseren Füßen gähnte — schwarz und nur mehr ein großer Fleck — das Vomperloch; halbrechts, gegenüber von uns, ragte die schotterige Nordwand des Bettelwurfs in die Höhe; über dem Kamm der Walderalm, jenseits des Inn, glänzte verschwommen der Glungezer mit allen Trabanten der Tuxer Vorberge zwischen Volder-, Watten- und Weertal.

Wir schauten, nahmen die unendliche Stille des Abends auf, die Lichtspiele zwischen Tag und Nacht, die Strömung des Windes, das Poltern eines abbrechenden Steines, das Rauschen des eigenen Blutes –– wir versanken letzten Endes in unserer Umgebung und wurden so sehr ein Teil von ihr, daß die Bilder in der Erinnerung geblieben sind und besser hervorgeholt werden können als eine Fotografie.

Franz Nieberl, der bekannte Kletterer aus Kufstein, hat einmal gesagt: „ . . . Ich trage glücklicherweise beim Klettern keine Binde vor den Augen und will es immer so halten, um zu verhüten, daß sich die Binde nicht zum Brett wandle, das ich dann vor dem Hirnkasten tragen müßte." Und er meinte damit die Kunst, gleichzeitig mit dem Klettersport die Schönheit der Natur auf sich einwirken zu lassen und zu genießen.

Gehört schon eine kurze Kammwanderung zu den besonderen Reizen einer Bergtour, so ist das Überwinden einer 40 Kilometer langen, geschlossenen Bergkette auf den Graten und über die Spitzen nicht nur eine enorme körperliche Leistung, sondern auch ein großartiges Erlebnis. Folgende Komponenten prägen ein solches Unternehmen: die immer wieder rasche Beurteilung der Gangbarkeit von kurzen Teilstücken, die Erfahrung aus dem soeben zurückgelegten Weg um einen Turm oder ein brüchiges Wandstück, die Hochachtung vor den Erschließern dieser Bergwelt, die Erinnerung an Gelesenes über die Eigenart dieser Landschaft, die Fernsicht mit immer wechselnden Bildern, die Erweiterung der Erlebniswelt mit ihrer Speicherung für ein späteres Alter, das Vortreiben der körperlichen Spannkraft bis zur scheinbaren Grenze.

Und alle diese Komponenten prägten den zweiten Tag, an dem wir schon sehr früh die Barth-Spitze verließen und am Abend die Kuhkarl-Spitze erreichten.

Zum wohl schönsten Detail der gesamten Strecke gehört das Wegstück zwischen Platten- und Dreizinkenspitze. Hier wechselt immer wieder der Blick vom Grün des weit draußen liegenden Inntales zu den dunklen Kaskaden der Latschenwälder im Vomperloch, von den weißgelben Karen auf der Südseite des Vomperkammes zu dem unwirtlichen Bogen des Roßlochkammes, von den zerbrechlichen Türmen und Zacken des Hauptkammes fast senkrecht hinab in die grüne Eng. Schon Hermann v. Barth hatte feststellen müssen, daß nicht alles erkletterbar ist, was nach Turm aussieht. Wenn Berge geboren werden, leben und wieder sterben — das Sterben ist hier oben sichtbar. Bei manchem Turm meint man, er müsse schon durch das bloße Anschauen in sich zusammenbrechen und in die Tiefe stürzen.

Nicht umsonst liegen zwischen allen Gipfeln an ihrem Aufbau gewaltige Kare — die Friedhöfe einst windumbrauster Kronen, Zacken oder abweisender Wände.

Der Bergsteiger muß im Karwendel sowohl die subjektive Gefahr (Vertrauensseligkeit) wie die objektive (Felsabbruch) doppelt und dreifach beachten. Ich glaube daher, daß vor allem die einsamen Felsfahrten der Karwendelpioniere nicht hoch genug eingeschätzt werden können, und ich glaube, daß diese Unwirtlichkeit, Unzuverläßlichkeit des Felsens, das Fehlen geeigneter Anstiegswege von den wenigen Schutzhütten zu den Gipfeln auch schuld daran ist, daß fast alle Gipfel seit Jahren unbestiegen sind und die einst in Steinmandln hinterlegten Gipfelbücher verfaulen oder schon faul sind. Der Strom der wanderfreudigen Touristen benützt die gemächlichen Pfade von Scharnitz über die Anger-Alm zum Karwendelhaus und über den Hochalmsattel in den Kleinen Ahornboden, von dort zur Falkenhütte und über das Hohljoch in die von Autobussen überflutete Eng oder durch Quertäler ins Rißbachtal, vielleicht durch das Hinterautal bis zum Kasten-Niederleger und von dort noch zum Hallerangerhaus.

Wir hier oben spürten von diesem Getriebe nichts, wir fühlten uns als die Herren des Karwendels, besonders am späten Vormittag, als wir ganz oben auf dem Nordpfeiler der Dreizinkenspitze saßen, genau auf dem obersten Punkt des Winkels, den die Kette hier in südöstlicher und nordwestlicher Richtung bildet. „Dös mueß man gsehn habn! Herrgott, is dös a Gschicht!" murmelte der Hans vor sich hin und kaute langsam ein Stück Speck. Da stürzten zu unserer Rechten die Plattenwände der Grubenkar-, Platten- und Spritzkarspitzen 1000 Meter tief hinab in den Winkel, aus dem der Engbach herausrinnt und den wir in den Grünflächen der Eng verschwinden sahen. Westlich, links von uns, stürzten die Lalidererwände senkrecht ab; auf dem Steig zu unseren Füßen leuchtete das Rot und Gelb der Blusen einer Wandergruppe aus dem Schutt wie Pünktchen herauf, im trogförmigen, sattgrünen Lalidertal weideten die Kühe, von der Falkenhütte zog das Galtvieh gegen die kühne Falkengruppe — vom unteren Rand der Ladiz-Alm rollte wie eine schwarzgrüne Woge der Wald hinaus durch das Johannestal. Drehten wir uns nach Süden, dann blickten wir in einen hufeisenförmigen Kessel, in das urlandschaftliche Roßloch.

Ich zog den Führer aus einer Rucksacktasche und begann zu lesen. Und sinnierte. Von da unten sind sie nach vielen Versuchen, Enttäuschungen und Konkurrenzkämpfen über die glatten, verschnittenen, überhängenden und oft nassen Wände gekommen, da unten hatten viele Todesängste ausgestanden, und ganz unten wurden oft nur mehr zerschmetterte Leichenteile aus dem Kar zusammengetragen, in einen Sack gestopft und talaus zu einer Straße nach Bayern oder Tirol getragen. Dort drüben, auf dem Almhang hinter der Falkenhütte oder in den Latschen davor, sind sie stunden-, tagelang gesessen, haben immer wieder die Wände studiert, zergliedert, im Reißbrett des Gehirns festgehalten, haben mit scheelen Augen unbekannte Gestalten betrachtet, belauert, sie scheinheilig nach ihrem Weg gefragt. Von da unten bis herauf zum Kamm zwischen Dreizinken- und Lalidererspitze sind berühmte Namen mit imaginärer Leuchtschrift angeschrieben: Otto Herzog, Gustav Haber in der Ha-He-Verschneidung, die nach den Anfangssilben der Namen Haber/Herzog gebildete, berühmt-berüchtigte Variante zur Dreizinkenspitze; „Rambo-Kamin" nach dem Klubnamen „Rambo" Otto Herzogs; „Herzog-Kante" nach Otto, Paula und Christian Herzog; Variante Harb/Leitner in der Nordkante der Lalidererspitze; Ludwig Bauer, Georg Gruber mit dem westlichen Durchstieg der Nordwand; Matthias Rebitsch, Seppi Spiegl in der Führe „Gerade Nordwand"; Rolf Walter, Helmuth Wagner als erste Winterbegeher dieser Variante; Kuno Rainer, E. Streng im „Stilreinen Gipfelaufstieg" der „Geraden Lalidererspitznordwand"; Matthias Rebitsch, Franz Lorenz in der „Nordverschneidung"; die Gebrüder Mather als Winterbegeher; Last, Meinetsberger in einer „Aufstiegsvariante"; Ernst Krebs, Toni Schmid in der „Laliderer Wand" und der erste berühmte Durchstieg von Dibona/Mayer.

Wahrhaftig, wir saßen am Beginn des Kammes der berühmtesten Wände der Nördlichen Kalkalpen, die in harten Wettkämpfen zwischen Bayern und Tirolern jahrzehntelang zu erobern versucht, denen immer wieder neue Durchstiegsvarianten abgerungen wurden, die einst zum Symbol der Vollendung, zum Meisterbrief der Kletterer erkoren worden waren.

So schwindelerregend die Nordabstürze zwischen Dreizinken- und Lalidererspitze sind, so harmlos ist der Weg auf ihrer Höhe. Nach Süden fallen diese Berge in Stufen in gewaltige Schuttkare ab, deren ausgedehntestes Bockkar heißt. Der ganze Kessel da unten heißt Roßloch. Mir hat einmal ein alter Bauer aus dem am Fuße des Bettelwurfmassivs liegenden Dorfe Absam erzählt, wie früher das Weidevieh durch das Halltal, über das Lafatscherjoch zum „Kasten" im inneren Hinterautal und von dort ins Roßloch getrieben wurde und welche Schwierigkeiten dabei auftraten. Am schwierigsten wäre es in alten Zeiten gewesen, als die Jagden im Karwendel noch den Landesfürsten gehörten. Damals wäre zugunsten des Wildes nur ein sehr beschränkter Viehauftrieb gestattet worden. Das Roßloch hätte als ein besonders bevorzugter Platz für die Gemsen gegolten.

„Ja, und wenn man einen Wilderer, einen sogenannten Wildpratschützen, erwischte, dann wurde ihm zur Strafe ein Schenkel gelähmt.

Erzherzog Ferdinand II. wollte sogar ein Gesetz erlassen, daß einem Wilderer die Augen auszustechen wären. So streng waren damals die Bräuche", erzählte der Absamer Bauer.

Auf unserer Tour sahen wir rudelweise Gemsen, oft standen sie unter uns in den Karen und zupften das spärliche Gras zwischen den Steinen heraus. Manchmal ertönte ein gellender Pfiff des „wachhabenden Bockes", dann stob in eleganten Sprüngen das Rudel um eine sichtverwehrende Kante.

Leider stießen wir auf keinen Adlerhorst, obwohl wir mehrmals kreisende Großvögel beobachteten. Hannes Gasser hat einmal mit Wissenschaftlern Adlerhorste im Karwendel erstiegen, damit die Jungvögel beringt werden konnten. Dabei wurden mehrere Horste gezählt.

Gemsen und Vögel waren also, von einigen Insekten und Schmetterlingen abgesehen, außer uns das einzig sichtbar sich bewegende Leben da oben — großartige Einsamkeit begleitete uns schon zwei Tage lang seit dem Aufstieg zur Lamsenspitze. Wen wundert es, daß ich beim Auftauchen der Biwakschachtel, die in einer Scharte ostwärts der Lalidererspitze vom alpinen Klub „Karwendler" für Notfälle errichtet worden war, sagte: „Hans, geh schneller! Bestell uns in dem Wirtshaus dort drüben einen saftigen Schweinsbratn und a kalts Bier! Greif aber die Kellnerin nit an . . ." Der

Hans ging aber auf den Witz nicht ein, er sagte nur ein zerquetschtes Wort, das nach „Tepp!" klang.

Also erzeugten wir, soweit es möglich war, Speichel und schickten ihn durch die trockene Kehle. Das Wasser war bis auf einen Notschluck, den wir in der Flasche ließen, zu Ende gegangen.

Der Tag war schwül, kein Luftzug rührte sich, der Himmel lag blaugrau und drückend über dem Gebirge. So unerwünscht uns schlechtes Wetter mit Regen gewesen wäre, so hätten wir doch einen Platzregen für nur zehn Minuten herbeigewünscht — wir hätten in einer Wandrinne das Wasser aufgefangen.

Also stiegen wir ausgedorrt um die Ladiznadel zum östlichen Ladizturm, warfen einen Blick durch die Spindler-Schlucht auf die lockenden Almweiden weit unten in der Ladiz, umgingen den westlichen Turm und nahmen die Bockkarspitze ins Visier. Türme, Nadeln, Zacken waren an diesem Frühnachmittag unsere Begegnungen.

Ich hatte in meiner bisherigen alpinistischen Tätigkeit zusammengenommen noch nie soviel brüchiges Gestein erlebt wie in diesen bisherigen zwei Tagen. 30 bis 40 Meter hohe Türme drohten jeden Augenblick einzustürzen.

Wir folgten den Spuren Hermann v. Barths. Im Jahre 1870 hatte er die aus dem Langen Sattel aufragenden Spitzen erstiegen, sicherlich oft schnell zugreifend, oft lange vorher erkundend. Jetzt sammelten wir die Spitzen und Gipfel im Vorübergehen, ohne jedoch zum Sammler von Gipfeln zu werden, wie es manche tun, als klebten sie Briefmarken in ein Album.

Uns war es um die gesamte Bergkette zu tun, als Ganzes wollten wir sie in unsere Sammlung einreihen.

Dies gibt mir Gelegenheit zu sagen, daß ich auf die Frage, wieviel Berge ich bisher erstiegen hätte, nur antworten kann: „Ich habe sie nicht gezählt, aber es können gegen tausend sein."

Der Übergang von der Bockkar- zur Nördlichen Sonnenspitze brachte Leben in die Gratkletterei. Hier mußten wir zum ersten Mal das Seil verwenden. Beim Abstieg von der Sonnenspitze erfreute uns sogar ein kleines Abseilmanöver. Gegen Abend war die heutige strapazreiche Etappe zu Ende: Wir standen müde und abgekämpft auf der Kühkarlspitze. Und dann erlebten wir ein Wunder: Gar nicht weit unter uns leuchtete aus dem grauweißen Kalk ein saftiggrüner Fleck herauf, der erste Grasboden seit zwei Tagen.

„Wasser!" schoß es durch unsere Köpfe. „Wo es grünt, muß eine Quelle sein!"

Feldflaschen heraus und hinuntergeturnt. Wir fanden zwar kein rieselndes Naß, aber einen dicken Schneestock in einer Mulde oberhalb des „Wiesele", und auch er schenkte uns mit Hilfe des Kochers Wasser, so daß der Abend und der nächste Tag gerettet waren.

Jetzt konnten wir dem ausgelaugten Körper wieder die notwendige Flüssigkeit zuführen, jetzt ärgerte uns der wie ein weißer Faden aus dem Walddunkel vom Süden kilometerweit herüberleuchtende Lafatscherbach und die im Talgrund dahinfließende Isar, die mit diesem Bach identisch ist, nicht mehr. Jetzt fühlten wir dem Tiroler Dichter Josef Leitgeb nach, der in einem Gedichtzyklus über das Karwendel folgende Verse geschrieben hat:

> Nackt und durstig an den Quell gesunken,
> hab ich, Erde, dich hineingetrunken.
> Aus der Tiefe, wo die Tode hausen,
> sah ich deine weißen Quellen brausen.

Und später, als wir in den Schlafsäcken steckten, über das kleine Transistorradio einen guten Wetterbericht für den morgigen Tag gehört hatten und vor dem Einschlafen noch einen Blick in die Runde gleiten hatten lassen, fühlten wir die gleichen Eindrücke, wie sie Josef Leitgeb in strenger lyrischer Form schilderte:

> Welt, du schöne Wildnis! Dich zu grüßen,
> Berg und Wälder und das Tal zu Füßen,
> draußen auch die Fernen, blau verschwommen,
> ist in mir der Abendstern erglommen.

Der letzte Tag war weniger lyrisch, und die Worte, die manchmal über unsere aufgesprungenen Lippen kamen, ähnelten denen eines Götz von Berlichingen, vor allem schon am Morgen, als wir feststellten, daß unsere Ausrüstung vom Tau tropfnaß geworden war. Aber wir ließen uns nicht abhalten, die Kühle des frühen Tages auszunutzen und möglichst schnell über die Moserkar- und Kaltwasserkarspitze die höchste Erhebung, die Birkkarspitze, zu erreichen. Tatsächlich war uns das bereits um 11 Uhr vormittags gelungen. Wir genossen für wenige Augenblicke die herrlichste Rundsicht, die ein Karwendelberg bieten kann: Alle Ketten können von hier mit den Augen abgegangen werden; im Norden liegt blau und dunstig das Alpenvorland; nach Süden reicht der Blick von der Silvretta bis zu den Hohen Tauern. Wir blieben nicht lange. Uns reizte die westlich unterhalb der Spitze liegende Notunterstandshütte, das sogenannte Birkkarhüttl, wo wir unsere noch immer nasse Ausrüstung während einer Essensrast zum Trocknen ausbreiteten.

Von dieser Stunde an blieben die Nordwände der Gleirschtalkette und vor allem der Speckkarspitze in meiner Erinnerung hängen. Diese Bilder bewirkten in der Zukunft, daß ich mit Werner Haim neue Aufstiegsrouten erschloß . . .

Von unserem Rastplatz aus konnten wir in Muse die Landschaft vor uns betrachten, eine von nun an ganz andere Schau.

Jetzt nämlich begleitet den Hauptkamm in der Südsicht dunkler Fichtenwald, der von der Isar in einer gewaltigen Stufe zu Almböden aufwächst, aus denen die großartigen Wandfluchten des Lafatschers, der Backofenspitze, der Kaskarspitze und der Praxmarerkarspitzen 700 bis 800 Meter hoch emporwachsen.

Von dieser Stunde an begann die Zeit, in der wir studienhalber häufig in die Umgebung des Hallerangerhauses pilgerten und an Hand des Führers überlegten, welchen Riß oder welchen Wandteil die Pioniere dieser Kette für uns übriggelassen hätten, damit auch unsere Namen neben den ihren stünden: Frenademetz, Auckenthaler; Diem, Schneider, Schüle, Theato; Schmidhuber, Kuno Rainer, Clement, Öfner, Schösser, Benheser, Delago, O. P. Mayer; Hagspül, Ambach; Gomboz, Vigl — um nur einige wahllos herauszugreifen.

Von dieser Stunde an hatte mich der Ehrgeiz gepackt, zu den Erstbegehern der noch wenigen zur Auswahl vorhandenen Wände zu zählen. Mir war plötzlich der ganze Hauptkamm verleidet, ich begann über das ewige Auf und Ab, über den brüchigen Fels, über den Durst und über das ganze Unternehmen zu fluchen. In eineinhalb Stunden könnten wir, wenn wir möchten, in der Isar unsere heißen und angeschwollenen Füße baden, könnten literweise klares Quellwasser die Gurgel hinunterrinnen lassen, und in weiteren zwei Stunden würde uns der Wirt vom Halleranger eine dampfende Knödelsuppe auf den Tisch stellen!

„Und ein Bett wär auch nicht schlecht!" phantasierte der Hans in meine Überlegungen hinein . . .

„Und der Spott daheim wäre uns auch sicher!" setzte ich laut hinzu. Allein dieser Gedanke riß uns wieder auf und elektrisierte. „Auf, ihr faulen Hunde, es ist nicht mehr weit bis zum bitteren Ende", spotteten wir in einer Art von Galgenhumor. Nun waren wir tatsächlich in eine Krise geraten und mußten sie mit viel Willen und Selbstüberwindung ausmerzen.

Und siehe da, es ging tatsächlich wieder voran.

Sicher trug die nicht mehr so zerrissene Gratbildung dazu bei. Die Scharten sind ab dem Marxenkar breiter und weniger tief eingeschnitten; die Auf- und Abstiege sind mäßig schwierig bis leicht. Wir rochen förmlich das Ende der Bergkette, legten plötzlich an Tempo zu, fast könnte man sagen: Wir traten mit einem „Affenzahn" den Endspurt zur Pleißenspitze an. Und standen um 19 Uhr am Ziel. Wir lachten über das ganze Gesicht: „Wir haben es geschafft, wir haben trotz Krise ein von uns selbst gestecktes Ziel erreicht."

Händedruck: „Gut hast's gmacht!"

Und dann hinab ins Tal und hinaus nach Scharnitz.

Mit zerrissenen Fingern und Hosen, mit aufgeriebenen Füßen, mit tiefliegenden Augen — aber mit einem guten Gefühl, das man Stolz nennen könnte, sitzen wir im Zug und rattern heimwärts. Jetzt steht einem Bad, einem warmen Essen, einem Bett keine Karspitze mehr im Wege. Das Unternehmen im Karwendel, eine menschenleere, öde, wasserlose, verkarstete Bergkette von 40 Kilometer Länge in einem Zuge zu überschreiten, ist vorbei, ist trotz Fehlens von Sensationen ein richtiges Abenteuer gewesen, weil wir ohne Hilfe von außen für uns beide echtes Neuland betreten und heil wieder verlassen haben.

Ich bin fest überzeugt, daß die intensiven geistigen und körperlichen Vorbereitungen schon den halben Erfolg bringen.

Auf den Spuren der Sachsen

Im Jänner 1963 schlugen in der Bergsteigerwelt die Wellen der Streitgespräche hoch wie selten zuvor. Ein Teil der Diskutierer sprach von höchster Leistung, von unüberbietbarem Willen und Mut, der andere von Vergewaltigung des Berges, von Sensationsmache, vom Ende des klassischen Kletterns. Zeitungen, die im allgemeinen kaum Berichte über bergsteigerische Unternehmen schreiben, brachten in Großaufmachung die neuesten Meldungen aus den Dolomiten, wo drei Männer aus Sachsen — Siegert, Kauschke und Uhnert — in 17tägiger Arbeit in der Fall-Linie der Nordwand der Großen Zinne eine Führe eröffneten.

Diese Wand galt bisher in ihrer direkten Linie als unersteigbar. Wohl wurde 1933 durch E. Comici und die Brüder Dimai im rechten Teil der Wand ein Durchstieg eröffnet, der aber den unheimlichen, gelben und überhängenden Abbruch links davon ungeschoren läßt. Aber mit dieser Führe, die 1937 von Comici im Alleingang, 1938 von F. Kasparek und J. Brunhuber das erste Mal im Winter bezwungen wurde, begann erst richtig das Kletterzeitalter des sechsten Grades in den Dolomiten.

Und nun, 1963, begann wieder mit der Großen Zinne das Zeitalter der „Super-Direttissima", der Hakenkletterei, der Materialschlachten in den Wänden, der Auseinandersetzung über die Begriffe „Klassisches Klettern" und „Modernes Klettern".

Waren bisher Basislager, Zwischenlager, Trägermannschaften

und ein mehrere Wochen langer Angriff auf den Gipfel nur für Expeditionen im Himalaja oder in den Anden notwendige und bekannte Begriffe — jetzt traten sie auch in den Alpen in Erscheinung. Man sprach vom Bodenpersonal, vom Bodenseil, von wochenlangen Aufenthalten in der Wand mit Material- und Verpflegsaufzügen, Funkverbindungen, Tagesberichten für die Massenmedien ... Dieses Bild war plötzlich ganz anders, als es noch zur gleichen Zeit die Eiger-Nordwand bot, wo die Mannschaften wohl durch Tausende Ferngläser verfolgt, aber durch niemanden verpflegt, mit frischer Bekleidung versorgt oder durch Funk angesprochen werden konnten und wo den objektiven Gefahren des Steinschlages, der Eislawinen, eines Wettersturzes durch Abseilen nicht auszuweichen war.

Aber dieses Bild des Hakenschlagens in senkrechter Linie, des Löcherbohrens in überhängenden Wandpartien, des akrobatischen Kletterns an der Unterseite von Dächern, des wochenlangen Biwakierens auf Sitzbrettern, dieses Bild des zentimeterweisen Vorwärtskommens, des schweißtreibenden Meißelns, der Steinmetzarbeit war da und nicht mehr wegzuwischen. Es faszinierte trotz aller Gegenargumente, und als nach den Erstbesteigern bald einmal der bekannte Dolomitenkletterer Cesare Maestri die Sachsenroute durchstiegen hatte, war für den Sommer 1963 ein größerer Andrang zu erwarten. Uns juckte es in den Fingern und Beinen. Wir studierten alle erreichbaren Berichte über die Erstdurchsteigung, überprüften Ausrüstung und Bargeld und machten vor allem täglich ein hartes Körpertraining.

Und dann standen wir — Werner Haim, Herbert Zlabinger und ich — eines Tages vor unserem Vorgesetzten und erbaten Urlaub.

Als Generalprobe hatten wir zuvor die Wintererstbesteigung der Riepenostwand in den Kalkkögeln und die Erstbegehung der Speckkar-Gerade-Nordwand erfolgreich bestanden.

Wir hatten uns ausgerechnet, daß wir zur Bewältigung der 560 Meter der Super-Direttissima fünf Tage brauchen würden. Mit Verpflegung für sechs Tage im Rucksack fuhren wir am 30. April nach Misurina und stapften noch am gleichen Tag durch aufgeweichten Schnee, oft bis zur Brust einsinkend, hinauf zur Auronzo-Hütte. Außer dem Wirt aus Bruneck, Ferdinand Mair, war sie menschenleer. Das freute uns sehr. So konnten wir von aller Gafferei ungeschoren an die Verwirklichung unseres Planes herangehen. Dem Wirt waren wir bekannt, wir schätzten ihn sehr und er auch uns.

Bei heißem Tee saßen wir in der Nähe des geheizten Ofens und besprachen immer wieder unser Vorhaben, fragten den Wirt über jede ihm bekannte Einzelheit der „Sachsen" aus und gingen schließlich zu einem gemütlichen Bergsteigertratsch über. Der Ferdinand Mair könnte glattweg ein dickes Anekdotenbuch über Bergsteiger schreiben, so viel Heiteres und Ernstes ist ihm schon begegnet oder bekannt geworden.

Am 2. Mai rückten wir der Nordwand zu Leibe. Ich habe unmittelbar nach unserer Rückkehr und noch unter dem frischen Eindruck der Erlebnisse daheim einen Bericht gegeben, Hans Winkler hat damals mitgeschrieben:

1. Tag (2. Mai)

Es ist 7 Uhr. Wir verlassen nach einem kräftigen Frühstück die Auronzo-Hütte, um die Nordseite der Großen Zinne zu erreichen. Wir müssen diesen Weg mit Schneereifen zurücklegen. Schon eine Stunde später stehen wir in einer Dreierseilschaft angeseilt unter der großen Mauer. Das Wetter ist nicht gerade vielversprechend. Die Wand gliedert sich kaum. In der Mitte das Dach, weiter oben das Ringband. Das ist so ziemlich alles, was man von unten sehen kann.

Um 8.15 Uhr steigen wir ein. Ich klettere zuerst über einen Wandvorbau, der auch schon ziemlich schwierig ist. Bald hole ich Werner nach. Werner sichert mich. Ab jetzt beginnt das hakentechnische Klettern. Noch immer Fichtelhaken. Ich suche vergebens nach den Bohrhaken, von denen so viel berichtet wurde. Doch das macht nichts. Ich hole meine Kameraden ein. Ich klettere weiter, alles wunderbar ausgesetzt, glatt wie eine Mauer, das Auge findet keinen Halt, außer auf den Haken, welche die Sachsen meisterhaft geschlagen haben. Die Hakenabstände sind oft enorm groß, aber wir kommen vorwärts.

Wir müssen schon an unser erstes Biwak denken, denn es beginnt bereits zu dämmern. Meine beiden Seilkameraden sind auf einer Felsschuppe. Dort bereiten sie sich das Nachtlager vor. Ich bin 35 Meter höher und setze mich auf das gut bewährte Sitzbrett. Die Nacht bricht an. Wir essen, trinken, singen, und bald entschlummern wir. Sechs Seillängen hoch hängen wir in der luftigen Wand. Die Sterne glitzern zuviel, kein gutes Zeichen. Es wird wahrscheinlich Schlechtwetter geben.

2. Tag (3. Mai)

Es ist nebelig und es schneit. Wir beginnen zu klettern, nein zu turnen; man kann es aber auch schon als Akrobatik bezeichnen. Es ist nur ein Fortbewegen auf Haken, aber auch das ist schwierig und kraftraubend. Rot „zug!", weiß „zug!", rot „zug!", und so geht es weiter.

Uns macht das Schneetreiben nicht viel aus, denn wir sind ja bald unter einem großen Dach, oder besser gesagt, unter dem großen

Überhang, der aussieht, als wolle er uns den Weiterweg versperren. Ich sehe unter meinen Füßen jemanden zur Einstiegspur wandern. „Es ist der Wirt" (Mair Ferdl), rufe ich meinen Kameraden zu. Er erkundigt sich, wie es uns geht, und wir fragen nach dem Wetterbericht, der leider nichts Gutes voraussagt. Ich finde es nett, daß uns der Wirt besucht! Das gibt uns ein gutes Gefühl, das Gefühl, daß wir nicht allein auf unserer großen Bergfahrt sind. Wir sind gesichert, wenn auch nur optisch und akustisch.

Es fängt an zu dämmern. Wir biwakieren diesmal gemeinsam unter dem großen Überhang in einer Art Verschneidung und sitzen alle auf der „Hollywoodschaukel". Jeder hat etwas für die Füße, das heißt, er hat soviel Platz, daß er seine Füße aufstützen kann. Als Rückenlehne dient uns eine Reepschnur.

Die Verpflegung ist für vier bis sechs Tage ausreichend. Wir essen alles kalt, das ist zwar nicht ganz richtig, hat aber auch seine Vorteile. Die Tourenverpflegung besteht aus Schok-Ovo, Schokolade, Neapolitaner, Speck, Hartwurst, Vollkornbrot, Nestlé-Milch, Tubenmarmelade und als Getränk zwei Liter Sanddornsaft (verdünnt). Wir benützen für das Biwak immer solche Plätze, die bei der ersten Winterbesteigung benützt wurden. Auch diese Nacht verbringen wir ohne größere Strapazen. Um uns herrscht dichter Nebel, und man kann nicht einmal mehr die Einstiegspur im Schnee sehen.

3. Tag (4. Mai)

Schlechtes Wetter, es schneit waagrecht. Wir entschließen uns nur zögernd weiterzuklettern. Die erste Seillänge verlangt allerhand von uns. Es ist ja das „Dach", das wir zu überwinden haben. Nebelreißen begleitet uns auf diesem kühnen Gang. Ich bin einen Meter über dem Dach, plötzlich „segle" ich hinaus. Ich tanze am Seil „nur" 300 Meter ober dem Wandfuß. Das war ein Zwischenspiel für meine Kameraden zwischen Himmel und Erde! Ich habe wieder Stand (Sitzbrettstand) und hole alle ein, damit ja nichts passieren kann. Dann gehts wieder in einer Hakenkür weiter.

Nicht alle dieser Haken sitzen gut. Manche gehen nach dem Verlassen der Trittschlinge wieder heraus und sausen in die Tiefe. Ich finde auf einer Felsenschuppe fünfzig neue Cassinhaken und eine Schachtel Keks. Wir freuen uns über diesen Fund. Allerdings sind uns die Haken zu schwer. Das wird alles die Seilschaft Maestri liegengelassen haben. Nun finden wir auch Bohrhaken, und erst jetzt wurden diese vereinzelt benützt. Bis zum Dach war kein einziger Bohrhaken. Diese Sachsen arbeiteten ganz raffiniert! Der Kalk der Großen Zinne hat ausgefressene Löcher, diese Löcher verkeilten sie mit Holz, und dann folgte ein „klasser" Fichtl- oder Cassinhaken.

Wir beziehen wieder Biwak. Die Tage vergehen wie Stunden, und schon wieder ist es höchste Zeit, daß wir alle Vorbereitungen treffen, die eben auf einer solchen Vogelwarte notwendig sind. Werner und ich verbringen die Nacht auf einem zehn Zentimeter breiten Band. Herbert muß leider dreißig Meter unter uns vorlieb nehmen. Auch diese Nacht verbringen wir, allerdings bei Wind und Kälte, ziemlich gut. Aber wir sind trocken, und da kann nicht viel passieren. Ich döse dahin, plötzlich höre ich Schlagergesang in der Wand. Es ist Herbert; er verbringt tapfer weitersingend die Nacht, wahrscheinlich ist ihm kalt. Solche Nächte dauern lange, sind kräfteraubend und zerren an den Nerven. Aber es beginnt doch wieder ein neuer Tag, der uns auf schönes Wetter hoffen läßt.

4. Tag (5. Mai)

„Burschen, es wird schön!" gellt mein Ruf in den beginnenden Morgen. Tatsächlich wird es auf den fernen Gipfeln sonnig. Wir bekommen wieder Auftrieb. Ich beginne früh zu klettern. Es geht immer vertikal und sehr ausgesetzt. Es gibt auch jetzt außer dem Dach keinen Quergang, keine Verschneidung, nichts, um frei klettern zu können. Aber was nicht ist, kann noch werden. Wir kommen nun wieder rasch vorwärts. Natürlich würde eine Zweierseilschaft wesentlich schneller sein als eine Dreier. Doch uns geht es bestimmt nicht um Zeit, sondern um absolute Sicherheit. Der zweite (Haim) muß auch den dritten (Zlabinger) nachsichern, denn dieser braucht genauso seinen Zug; die zwei Freunde arbeiten wie Artisten am Trapez.

Im Laufe des Nachmittags erreiche ich eine Verschneidung, die in einen Kamin übergeht. Als ich den Kamin erreiche, muß ich mich als Rauchfangkehrer betätigen und den vielen Schnee ausräumen. Nun ist alles schwere Freikletterei.

Ich sehe das Ringband, meiner Schätzung nach sind es noch drei Seillängen bis dorthin. Als ich mich in den Kamin verkralle, höre ich von meinen Gefährten, daß der Wirt uns wieder besucht. Er fragt, wie es uns geht. Auf unser „Gut" verschwindet er bald wieder zwischen der Großen und der Kleinen Zinne in der Scharte.

Inzwischen habe ich Stand. Ich lasse Werner nachkommen. Wir stehen auf einem Klemmblock. Bald darauf erklimme ich einen zweiten. Hier bereiten wir uns für die vierte Nacht vor. Herbert muß leider wieder allein auf dem unteren Klemmblock die Nacht verbringen. Er nimmt es hin, ohne mit der Wimper zu zucken. Allein in der großen Wand zu sitzen, muß sehr schwer sein, denn nur zwei 8-Millimeter-Seile verbinden ihn mit uns.

Wir beginnen die vierte Nacht, die gefährlichste. Immer wieder bekommen wir von oben Rieselschnee. Dadurch werden unsere

Kleider klitschnaß. Alle fünf Minuten genießen Werner und ich eine Dusche. Diesmal ist vom Schlafen oder Dösen keine Rede mehr. Die Nacht wird abgewartet. Es wird gearbeitet, um keine Erfrierungen davonzutragen. Das Wetter ist gut, dafür ist es auch beachtlich kalt. Verhältnisse herrschen wie mitten im Winter. Alle Bänder, Blöcke und Leisten sind voll von Schnee. Unser Biwakplatz ist 30 Meter unter dem Ringband. Leider konnten wir es nicht mehr erreichen.

5. Tag (6. Mai)

Endlich beginnt wieder ein neuer Tag. Wir klettern, und bald stehe ich auf dem Ringband, auf dem viel Schnee liegt. Das Wetter ist ausgezeichnet. Werner ist auch schon da, und Herbert steht in unserem „Schlafzimmer". Es ist 7 Uhr. Ich quere nach links zur Gipfelwand. Unsere Leistungen sind beachtlich gesunken. Ich glaube, wir essen zuviel Schnee; eine alpine Sünde! Da der Sanddornsaft nicht reichte, brauten wir uns selbst das Getränk: Wir sammelten Schnee, füllten diesen in eine Flasche und wärmten sie am Bauch. Sobald der Schnee zu Wasser wurde, mischten wir es mit Tubenmilch, was uns vorzüglich schmeckte. Not kennt kein Gebot!

Ich bin direkt unter der Gipfelwand, die schon alles verlangt. Knotenschlingen und freies Klettern wird hier geübt. Ehre und Respekt: Die Sachsen können bergsteigen, das haben sie bewiesen! Zwei weitere Seillängen, und endlich stehe ich oben, am Ende der Schwierigkeiten. Die Sonne grüßt mich. Ich hole beide Freunde gleichzeitig ein.

Es ist jetzt 10 Uhr, am 6. Mai 1963. Wir stehen auf der Großen Zinne. Wir waren vier Tage und vier Stunden in der Wand. Es war bis jetzt unsere größte Bergfahrt.

Wir reichen uns die Hände — „Berg Heil!" — und lassen uns nieder. Endlich wieder eine Rast ohne Sitzbrett, ohne Sicherung. Wie gut das tut! Zuerst können wir es gar nicht fassen, daß es uns gelungen ist. Erst allmählich kommt das stolze Gefühl in uns auf.

Um 14 Uhr verlassen wir den Gipfel und treten den Abstieg an. Rund um uns leuchten die Dolomiten in der Nachmittagssonne. Auch der Abstieg ist mit Vorsicht zu genießen. Die Kamine und Rinnen sind alle mit Eis ausgefüllt. Wir brauchen noch sieben Stunden, bis wir die Auronzo-Hütte erreichen. Der brave Hüttenwirt rettet uns vor noch einem Freilager, das allerdings mit unserer klitschnassen Kleidung Folgen gezeitigt hätte. Wir wären beinahe zu weit nach unten gestiegen, hätte uns der Wirt nicht mit seinen Rufen eingewiesen.

Als erstes verlangten wir Glühwein. Dann bekamen wir zu essen, und dann plauderten wir über diese verwegene Route.

Die Rotwand (Westliche Dolomi

Eines steht fest: Die Erstbegehung einer solchen ausgesetzten großen Wand ist ohne Bodenstation beziehungsweise Nachschuborganisation unmöglich. Es ist mir auch völlig klar geworden, daß die Sachsen zum „Einspielen" der enormen Kosten ihres Unternehmens einen Manager brauchten; allein hätten sie das Geld wohl nie aufgebracht. Daß sie die Haken wieder herausgezogen hätten, wie der Zweitbegeher Maestri behauptete, entspricht nicht den Tatsachen. Wohl waren die Haken teilweise sehr weit voneinander entfernt, wohl saßen am Dach nicht alle Haken sehr fest, und manche lösten sich vom Fels, aber wir verbrauchten von 120 mitgeführten Bohrhaken nur fünf, von 60 Fichtelhaken zwanzig.

Sehr zum Vorteil gereichte uns das Körpertraining vor dem Unternehmen, das wir in Form von Klimmzügen, Liegestützen, Entlanghanteln an einer hohen Gartenmauer, Seiltraining im Klettergarten usw. absolviert hatten.

Ich bin fest überzeugt, daß die intensiven geistigen und körperlichen Vorbereitungen schon den halben Erfolg bringen.

Wir stammelten Gebetsfetzen in diese Ungeheuer. Wir beteten laut, ohne uns voreinander zu schämen. Wir waren plötzlich ganz nackte, kleine, denkende, stammelnde, ängstliche Würmer. Keine Adler, keine Wändebezwinger, keine Gipfelstürmer mehr, nur noch in die Urangst der Urmenschen Hinabgestoßene!

Gewitter im April

Ein verwöhnter Tänzer sucht auf einem Ball die Partnerinnen nach deren Erscheinung, Flair, Temperament oder Empfehlung hinter vorgehaltener Hand aus. Natürlich macht er als Kavalier zuvor die Pflichttänze. So ähnlich ist es mit der Auswahl der Touren: Nach einer bestimmten Lehr- und Übungszeit wird man wählerisch, man sucht das Versteckte, das nicht Alltägliche, das Genußreiche; wenn es in Europa möglich wäre, könnte man sagen, das Exotische.

Da werden Führer durchblättert, Alpinzeitschriften gekauft, Kameraden ausgefragt. „Kennst du die X-Führe? Umgedreht habt ihr? Das Wetter zu schlecht oder die Schwierigkeit zu groß? Eine Sechser? Was, obere Sechs? ...“ Plötzlich werden die Schweigsamen redselig, beim Fachsimpeln gehen sie aus sich heraus, vielleicht auch nur, um den anderen aus der Reserve zu locken, um mehr zu erfahren, weil man selbst diese bestimmte Route gehen will.

Sie sind ein eigenartiges Volk, diese Extremen. Wir sind ein eigenartiges Volk, muß ich sagen, denn seit einiger Zeit gehören Werner, Herbert und ich auch dazu. Wir haben einfach zuviel Wände mit Schwierigkeitsgrad V und VI gemeinsam bezwungen, neue Führen aufgetan, um noch in die Reihe der Bergtouristen eingereiht werden zu können.

Eines Tages erzählten uns einige Kameraden von der neuen

Führe durch die Rotwand; Cesare Maestri habe sie erschlossen. Es wäre eine Hakenkletterei, sehr luftig, sehr interessant. Für ein gemeinsames Biwak weise dieser Teil der Wand keine Möglichkeit auf, daher brauche man keinen Biwaksack mitzunehmen. Man müsse im Falle eines Biwaks sich es sowieso auf dem Sitzbrett „bequem" machen.

Werner und ich beschlossen, diese Route zu begehen. So saßen wir eines Tages im April im Auto, kurvten zum Brenner und jenseits hinab in Richtung Kardaun bei Bozen, von wo wir durch das teilweise schluchtartige Eggental zwischen roten Porphyrfelsen zum Karerpaß hinauf fuhren. Auf den Schatthängen lag noch viel Schnee. Der auf den Ansichtskarten im Karersee sich spiegelnde Latemar hatte an diesem Abend keinen purpurnen Schimmer, die Gipfel der Rosengartengruppe kratzten blaugraue Wolken.

Keine Spur vom berühmten Dolomitenglühen. Dafür roch das ganze Bergland nach aufbrechender Erde und baldiger Wärme. Es war eben einer jener herben Apriltage, die zwischen Winter und Frühling pendeln.

Noch am Spätnachmittag trugen wir Rucksäcke und Ausrüstung zum Fuß der Wand, wo wir den Einstieg sehr schnell fanden: dort, wo sie am Beginn einer Verschneidung am steilsten nach oben pfeift.

Die Nacht verbrachten wir im Auto; wir mußten sparen, daher erschien uns ein Gasthausbett zu teuer. Das ist oft so bei uns Kletterern. Wir zählen im allgemeinen nicht zur Spitzenklasse der Verdiener und müssen daher unsere Touren nicht nur nach dem bergsteigerischen, sondern auch nach dem finanziellen Können auswählen und einteilen. Nicht nur die Anfahrten, Übernachtungen, Mahlzeiten, auch die sehr oft zu erneuernde Ausrüstung, die Bekleidung, die in den Wänden zurückgelassenen Haken kosten Geld. Kommt noch fleißiges Fotografieren dazu, dann muß man sehr bald einmal jeden Schilling dreimal umdrehen, bevor man ihn aus der Hand gibt.

Also schliefen wir krumm und schlecht in meinem kleinen Vehikel, wachten dafür sehr früh und ohne Wecker auf und stapften vom Karerpaß hinauf zum Fuß der Rotwand.

Dieser Berg gehört zur Rosengartengruppe und ragt aus ihrem südlichen Kamm 2806 Meter in die Höhe. Die Teufelswand, der Fensterl-Turm und der Vajolankopf gehören zu ihrer unmittelbaren Nachbarschaft, während die berühmten Berge, wie Laurinswand und Vajolet-Türme, weiter im Norden stehen.

Wir wußten, daß diese neue Führe in der gelbroten, 400 Meter hohen Wand im Gegensatz zum bisher begangenen und bereits 1908 erschlossenen Durchstieg eine reine Hakenkletterei war, also eine Sache, die wir nicht als reine bergsteigerische Freude betrachten, weil das freie Klettern durch Risse, Kamine, über pfeilerartige Vorbauten, Plattformen und Quergängen viel genußreicher und interessanter, prickelnder und aufregender ist. Die reine Hakenkletterei ist nur eine Frage, wie schnell und fleißig man arbeitet, wie gewissenhaft man bohrt, wieviel Zeit zur Verfügung steht, wieviel Geld man hat, um Haken, eventuell auch Seile und Reepschnüre zurückzulassen. Letzteres gilt hauptsächlich für die Erschließung einer neuen Route.

Wir gehen trotzdem manchmal solche Führen, weil wir einfach unsere Technik erproben und unseren Ehrgeiz befriedigen wollen. Darum sind wir auch einmal im Mai über die „Sachsenroute" auf die Große Zinne gestiegen.

Jetzt also stapften wir vom Rosengarten-Höhenweg ziemlich mühselig durch matschigen Frühlingsschnee zum Einstieg dieser auffälligen und die Gegend beherrschenden Wand und hingen bald einmal an den Haken des Signore Maestri und seiner Nacheiferer. Nachdem wir die erste Verschneidung mit ihren wenigen Freikletterstellen hinter uns hatten, schien uns die senkrecht nach oben ziehende Hakenleiter kein Problem zu bieten. Wir kletterten mit den Rucksäcken am Buckel, um mit ihrem Nachziehen keine Zeit zu verlieren. Auch in der Führung wechselten wir ab; wir wollten heute sehr hoch hinaufkommen — uns gefiel das Wetter nicht. In der Nacht hatte es zuerst geregnet, dann geschneit; am Morgen war alles grau in grau gewesen; jetzt kam Föhn auf und blies die Nebelfetzen talaus: April! Nach Überwinden eines Daches stieg Werner Haim in einer überhängenden und brüchigen Verschneidung langsam aber sicher von Haken zu Haken nach oben, während ich auf meinem Sitzbrett saß und „Stand" hatte. Ich schaute nach oben, sah die sichere Bein- und Handarbeit Werners, verfolgte das rote und weiße Seil: einmal „Zug" = rot, dann „Nachlassen" = weiß. Es ging alles eingespielt und exakt. Nichts, so glaubten wir, könne passieren. Der Föhn hatte inzwischen an Stärke zugenommen und eine eigenartige Wolkenbildung erzeugt. Das, meinte ich, könnte ein schönes Diapositiv werden, und so angelte ich meinen Fotoapparat heraus. In diesem Augenblick brach bei Werner ein kürbisgroßer Stein samt einem 30 Zentimeter langen Haken aus und sauste an mir vorbei in die Tiefe. Aber da war auch schon ein noch größerer Brocken herabgestürzt, und Werner federte am Seil auf und ab und schrie: „Halten!" Trotz dieser Hakengalerie war Werner zwölf Meter tief geflogen, und nur dem Umstand, daß die Wand sehr stark überhängt, ist es zu verdanken, daß der Felsbrocken gut einen Meter außer meinem Stand abstürzte und Werner nicht an die Wand klatschte. Er zog sich lediglich einige Abschürfungen zu. Es wäre jedoch gelogen, wenn ich nun erzählte, Werner hätte gelacht; er war leicht geschockt und sehr blaß. Ich mußte aber ebenfalls blaß geworden sein — ich spürte meine Lippen kalt und starr werden. Als ich Werner, der frei über dem Abgrund baumelte, hereingependelt hatte, ließ ich ihn Stand beziehen, und ich übernahm die Führung.

Wir hatten großes Glück gehabt, und es ließ uns weiterhin nicht im Stich. Irgendwo da oben in dieser brüchigen Verschneidung brach ohne unser Dazutun wieder ein großer Stein ab und sauste in die Tiefe; aber Gott sei Dank wieder weit von uns vorbei. Beim Nachsichern merkte man erst richtig, daß die herunterhängenden Seile zwei bis drei Meter von der Wand entfernt waren, so sehr hing die Wand über. Bald hatten wir uns wieder fest in der Hand und stiegen zuversichtlich und mit der alten Routine Zentimeter um Zentimeter, Meter für Meter nach oben. Nur eine Sorge plagte uns: Der Föhn trieb dunkle und regenträchtige Wolken gegen den Rosengartenkamm, das alles gefiel uns gar nicht und erzeugte eine gewisse Spannung, die sich durch ständig vom Felsen herausfallende Haken erhöhte.

Vor allem war uns schon klar geworden, daß wir ohne Biwak den Scheitel dieser Wand nie betreten würden. Daher staunten wir nicht schlecht, als wir gegen 17.30 Uhr in dieser lotrecht abfallenden, sehr häufig überhängenden Wand einen für diese Verhältnisse wirklich herrlichen Biwakplatz fanden, den einzigen Stand während des gesamten Aufstieges, bei dem wir ohne Seilschlinge sichern konnten. Hier also wäre es glatt möglich gewesen, nebeneinander im Biwaksack die Nacht zu verbringen. Wir waren falsch unterrichtet worden. „Pleampl", sagte Werner, was soviel wie „Teppen" heißt und womit er unsere Kameraden meinte, von denen wir die Route beschrieben erhalten hatten.

„Da bleiben wir! Schöneres Schwalbennest finden wir keines mehr. Wird sowieso bald regnen . . ."

In Daunenjacken und Anoraks gehüllt, saßen wir nebeneinander, gut gesichert und gegen Steinschlag durch ein Dach geschützt. Wir kamen uns wie zwei Adler im Horst vor, allerdings wie flugunfähige Adler. Der Wind trieb uns Tränen in die Augenwinkel, er wurde zunehmend schärfer und kälter. Bald einmal nahmen uns Schneeflocken die ohnehin schwache Sicht in das Eggental oder über die Rosengartenhütte hinüber ins obere Tierser-Tal. Von den Weinhängen und Waldkämmen des Ritten war schon lange nichts mehr zu sehen. Einmal glaubte ich weit draußen im Etschland einen hellen Schein gesehen und ein Grollen gehört zu haben. „Da draußen ist ein Gewitter!" „Jetzt im April? Vielleicht ist es nur ein Schneedonner."

Aber irgendwo war wirklich ein Hochgewitter und rückte näher an uns heran. Wir saßen schon lange in stockfinsterer Nacht. Die „Schlosserei" hatten wir vorsorglich gute fünf Meter von uns entfernt in die Tiefe baumeln lassen, um keinen Blitzableiter abzugeben.

Bild rechts:
Hoch-Iss (Rofangebirge), Direkte Nordwand

Bild umseitig:
Die Nordwand der Speckkarspit (Karwendel) mit der Karl-Binde Gedächtnis-Führe (1), der Kue Haim-Führe (2) und der Direkt Nordwand-Führe

Die ganze Wand war plötzlich in feuchten Nebel gehüllt und auf einmal wurden unsere Augen völlig geblendet. Unmittelbar danach meinten wir, es zerreiße uns die Trommelfelle. Blitz und Knall waren ein einziges Geschehen. Und nun gerieten wir in ein kaum zu schilderndes Naturereignis. Das Gewitter prallte senkrecht auf die Rotwand und die benachbarten Felsfluchten. Blitz auf Blitz entlud sich, Donnerschlag folgte auf Donnerschlag, und Werner und ich hingen mitten in der Wand und mitten im tobenden Hochgewitter. Uns schmerzte der Kopf durch diese fürchterlichen Entladungen; einmal fuhr durch den Körper elektrischer Strom und wirkte wie ein gewaltiger Schock. Wir kamen uns unendlich klein und hilflos vor. Wenn wir die Möglichkeit gehabt hätten, dann hätten wir das Gesicht in ein Felsenloch gepreßt, in eine kleine Spalte, hinter einen Schroffen — aber wir waren hoffnungslos den heranwallenden, elektrisch geladenen und jeden Augenblick explodierenden Wolken preisgegeben. Wir stammelten Gebetsfetzen in diese Ungeheuer. Wir beteten laut, ohne uns voreinander zu schämen. Wir waren plötzlich ganz nackte, kleine, denkende, stammelnde, ängstliche Würmer. Keine Adler, keine Wändebezwinger, keine Gipfelstürmer mehr, nur noch in die Urangst der Urmenschen Hinabgestoßene!

Ich weiß nicht, wie lange das Gewitter uns zermürbte; es schien eine Ewigkeit zu sein. Unser Denken war nur mehr ein schattenhaftes, unklares Durcheinander. Wer sagt, er hätte nie Angst gehabt, lügt oder ist ein Unhold. Ich hatte damals Angst, Werner auch.

Endlich zog das Gewitter in Richtung Marmolata ab und ließ uns ungeschoren in dem nun folgenden Schneefall zurück. Wir nahmen das zwar mit gemischtem, aber immerhin erleichtertem Gefühl hin: lieber Schnee als Blitz und Donner in der Wand! Ich hatte ein solches Gewitter in so ausgesetzter Lage noch nie erlebt und möchte es nie mehr erleben.

Die Nacht dauerte unendlich lange. Wir waren naß, und nun begann die Bekleidung durch die Kälte steif zu werden. Wir froren und zitterten, klopften mit den Schuhen an den Felsen, bewegten unaufhörlich die Zehen, zogen den Kopf tiefer in die Schultern — wir taten alles, was uns wärmen konnte. An Schlaf war nicht zu denken. In solchen Situationen spielt die Phantasie die übelsten Streiche: Sie zeigt das weichste und größte Bett, sie gaukelt Tische mit dampfenden Speisen und wärmenden Getränken vor dich hin, sie malt die buntesten Bilder mit aufreizenden Dingen und Figuren. Sie ist die Verführerin und kratzt den Durchhaltewillen an, und sehr oft findet sie ihre Opfer, treibt sie mitunter in Panik.

Aber auch die längste und kälteste Nacht löst sich einmal in grauweißen Schimmer auf und läßt einen unschönen Tag auf einen schneebedeckten Horst in einer winterlichen Wand blinzeln.

Langsam richteten wir uns von der Sitzstellung auf, schüttelten eine mindestens fünf Zentimeter dicke Schneeschichte von den Anoraks und machten auf unserem Biwaksims Lockerungsübungen. Die Glieder waren steif und schmerzten. Die Eingeweide verlangten heiße Getränke, der Magen knurrte.

Als wir feststellten, daß in der Plastikflasche ein Eisklumpen schepperte, verging die Lust zum Frühstück. Wir hatten keinen Kocher bei uns, und am Fuß der Wand fehlte das Bodenpersonal. Wir zwei waren sehr einsam und von niemandem beobachtet. Bei der Erstdurchsteigung hatte es eine Materialschlacht ähnlich der an der Großen Zinne gegeben, mit Bodenseilen, Material- und Verpflegsaufzügen, mit heißen Getränken, Bohrhaken und allem Drum und Dran.

Als wir um 6 Uhr früh vom Biwakplatz lotrecht emporstiegen, sahen wir bald einmal einen riesigen Überhang, über den man von Haken zu Haken mit Karabinern, mit mehreren Sicherungen und Selbstsicherungen, mit Steigleitern, mit rotem und weißem Seil, mit Reepschnüren, mit einer unerhörten Schlosserei bis zum Expansionshaken sich hinausquälen muß.

Wie sehr die Erstbegeher dieser Route an den Überhängen arbeiteten, sagt Cesare Maestri selbst: „Mein Seilgefährte Claudio Baldessari mußte fast 48 Stunden auf dem einzigen Absätzchen der Roda di Vaél (Rotwand) stillhalten, während ich mich Zentimeter um Zentimeter höherarbeitete. Die Manöver werden dadurch monoton und das Warten wird zum Krampf; die Hände schmerzen vom ständigen Straffhalten des Seiles. Alles dies wirkt sich natürlich nachteilig auf eine gute Sicherung aus. Auf dem Sicherungsplatz haben wir fünf Haken gesetzt, zwei für die Selbstsicherung, zwei für den Gefährten und einen für den Prusik-Knoten. Zugleich führen wir die Seile auch über den Rücken, wie wir es bei einer normalen Schultersicherung gewohnt sind. Die Seile werden jedoch mit dem Prusik-Knoten, der zwischen dem letzten Haken und unserer Schulter eingesetzt wird, zusätzlich gesichert." Acht Tage brauchten Maestri-Baldessari für diesen 350 Meter hohen Wandteil.

Wir froren noch immer an den Händen, ein eisiger Wind strich an der Wand entlang, von oben surrten Steine in die Tiefe und schlugen gut dreißig Meter vom Wandfuß entfernt ins Kar — so sehr hängt die Rotwand über. Das ganze Land da unten hatte bis weit hinaus gegen den Bozner Kessel einen weißen Überzug. Nur allmählich lösten sich die Wolken auf; sollten sie für die Sonne ein Loch freigeben, würden wir erst mittags ihre Strahlen zu spüren bekommen. Wir waren vom Wind und von der Kälte ausgelaugt und erwarteten sehnlichst die Sonne. Trotzdem kamen wir gut vorwärts und erreichten den schon erwähnten Überhang.

Noch nie hatten wir eine so ausgesetzte Wand durchklettert gehabt; ich glaube beurteilen zu können, daß nicht einmal der Sachsenweg in der Großen Zinne so überwältigend ist. Wir hatten auch dort einen plötzlichen Wettersturz mit winterlichen Verhältnissen erlebt.

Und hier kommt einem wieder eindeutig zum Bewußtsein, daß solche Durchsteigungen wohl Kraft und unerhörte Leistungen verlangen, daß man aber unwillkürlich mehr an Artistenarbeit als an Bergsteigen und Sport denken muß. Uns ist es jedenfalls immer wieder so ergangen, wenn wir uns — wie jetzt — verleiten ließen, solche extremen Führen zu machen, denn letzten Endes ist es die gleiche Leistung, wie wenn ich mit Bohrern, Haken und Seilen über die Außenwände des Empire State Building klettere. Der Unterschied besteht im Standort; jenes ist in New York, die Rotwand in den Dolomiten. Auch die Höhe unterscheidet sich noch und die Gewißheit, daß vom Wolkenkratzer keine Steine ausbrechen.

Wenn Maestri in seinem Buch „A scuola di Roccia con Cesare Maestri" schreibt: „Jeder glaubt sich heute berechtigt, an der neuzeitlichen Klettermethode Kritik in positivem oder in negativem Sinne zu üben. Aber wie viele verfügen über die notwendige Sachkenntnis? Ich könnte mindestens hundert Leute mit Namen nennen, die nie eine in den letzten Jahren erschlossene Kletterroute erstiegen haben und es in Zukunft auch nie tun werden, die aber trotzdem das Problem diskutieren, das System kritisieren und das Ganze entweder in den Himmel heben oder in die Hölle verdammen", dann zähle ich mich nicht zu den hundert Namen. Ich kenne diese neue Methode und bleibe als einfacher Mensch bei meiner Beurteilung: Sportlicher, interessanter, erlebnisreicher und genußvoller sind Routen, die freies Klettern zulassen.

Ich behaupte sogar, daß solche Unternehmungen gefährlicher sind als die reine Hakenkletterei durch überhängende Wände, weil man bei letzterer sich weitaus mehr absichert und nie so tief stürzt wie beim freien Klettern.

Aber ich will jetzt kein Streitgespräch führen, die Maestri-Führe forderte einfach einige Gedankengänge heraus.

Vorerst mußten wir über den oberen und letzten Teil der Wand, in dem wir das reinste „Umspannwerk" einrichteten und nur langsam vorwärts kamen. Immer wieder erscholl der Ruf „Zug!", und das betraf das rote Seil. Dann „Nachlassen!" Jetzt betraf es das weiße Seil. Nach dem wohl ausgesetztesten Schlingenstand erreichte Werner den Ausstieg. „Ich bin draußen!" schallte seine erleichterte Stimme zu meinem luftigen Standplatz herab.

„Nachkommen!" Und dann überwand auch ich die letzten 15 Meter. Nach weiteren zwei Seillängen über leichtes Gelände standen wir schnaufend auf dem Gipfel und drückten uns die aufgerissenen Hände.

Sonne, Wolken, Schneetreiben dieses Apriltages waren unsere einzigen Gefährten und Zeugen.

Langsam ließ die nervliche Anspannung nach und wich einer zufriedenen Gelöstheit. Wir hatten diese Super-Direttissima hinter uns, aber nicht sie hätte uns bald den Nerv gezogen, sondern das Ungewitter in der Nacht mit dem nachfolgenden Schneefall.

Den Abstieg absolvierten wir über dem Normalweg nach Osten zur geschlossenen Rotwandhütte (Rifugio Roda di Vaél) und wieder zurück zum Karerpaß.

Den Rekord, im Alleingang durch die roten, überhängenden Felsen auf der Route Brandler-Hasse in sechs Stunden aufgestiegen und über die Route Maestri-Baldessari in neun Stunden abgestiegen zu sein, bewunderten wir, überließen ihn aber neidlos Cesare Maestri.

Uns genügte der Hatscher durch den Neuschnee auf den Altschneehängen zu unserem Auto. Und obwohl bei uns Sparmeister gerade Trumpf war, zählten wir die letzten Lire, leisteten uns beim nächsten Gasthaus eine reichliche Mahlzeit und ein — Bett.

Hier sollte ein moderner olympischer „Gott", heißt er Brundage oder anders, zuschauen, dann käme ihm zum Bewußtsein, wie reine Amateure aussehen und wie sehr nicht nur der Sieg, sondern auch das berühmte „Dabeigewesensein" geschätzt und geehrt wird . . .

Mit Schi und Rucksack

Bergsteigen ist keine ausschließliche Sommerangelegenheit. Im Winter nähert man sich auf Schi dem Wand- oder Gipfelaufbau, um die eigentliche Tour anpacken zu können — oder man ersteigt abseits der Pisten, Lifte und Seilbahnen die Jöcher, Kuppen und Gipfel, zieht die Spur durch den unberührten Schnee und durchquert ganze Gebirgszüge als Hochtourist. Wir Bergsteiger bleiben auch im Winter trotz berauschender Abfahrten in stäubendem Pulver- oder schmierigem Firnschnee Bergsteiger.

Ich selbst habe zwar eine Zeit lang geglaubt, als Abfahrts-Rennfahrer zu glänzen, ich bin aber bald zur Einsicht gelangt, daß der Schi für mich nur ein sehr günstiges und oft freudespendendes Fortbewegungsmittel auf und über den Berg ist.

Allerdings betrachte ich heute noch den Langlaufschi als ein hervorragendes Trainingsmittel zur Erhaltung der Fitneß, zum Durcharbeiten aller Muskelpartien des Körpers, besonders der Beine und Arme, und zum Auslüften der Bronchien. Ich gehörte sogar einige Jahre hindurch einer Rennmannschaft an, trainierte und kämpfte mit vielen bekannten Läufern, die alle einmal in der Nationalmannschaft waren; ich muß aber gestehen, daß ich in dieser Sportart über eine gewisse Grenze nicht hinwegkam. Irgendwo war ein Schranken, den ich nicht überspringen konnte. Meistens rangierte ich an 6. oder 7. Stelle, bei schweren internationalen 15-Kilometer-Läufen ab dem 30. Platz.

Trotzdem denke ich noch oft mit großer Freude an jene Jahre zurück, besonders an die hochalpinen Konkurrenzen von Bergamo, dem Trofeo Parravicini, an den Schi-Alpinistischen Rauschberglauf in Ruhpolding und an den Geier-Lauf in der Wattner Lizum. Gerade diese letztgenannten Veranstaltungen waren jedesmal Treffpunkt jener Langläufer, die wirklich im Gebirge daheim sind und ohne Loipe auch bei schlechtesten Verhältnissen unerhörte Leistungen vollbringen.

Diese Läufe sind oder waren Konkurrenzen für Zweier- oder Dreiermannschaften mit gemeinsamem Start der Mannschaft und mit Passieren des Zieles der Läufer innerhalb von 30 Sekunden. Der Letzte wird gewertet. Die Strecke beträgt zwischen 20 und 25 Kilometer und weist große Höhenunterschiede auf: beim Trofeo Parravicini 2500 Meter auf 20 Kilometer; dazwischen liegen sechs Gipfel, der höchste mit 3364 Meter Höhe. Aus Sicherheitsgründen müssen die Wettkämpfer an bestimmten Stellen die Schi ablegen und am Seil gesichert den Auf- und Abstieg mit Hilfe des ebenfalls vorgeschriebenen Pickels durchführen.

Dann geht es wieder auf andere Gipfel mit Hilfe der Schi hinauf und hinab. Stockreiten ist erlaubt. Trotzdem gibt es im weichen Frühlingsschnee oft akrobatische Stürze. Die Zeiten sind sehenswert: 1 Stunde, 38 Minuten, 16 Sekunden hieß 1961 die Siegeszeit der Franzosen Mercier-Mercier; 2 Stunden, 6 Minuten, 29 Sekunden benötigten mein Freund Wilfried Vettori und ich, womit wir am zwölften Platz landeten.

Wir hatten beim Abstieg vom Monte Pradella wegen meines Sicherheitsfanatismus Zeit verloren.

„Noch langsamer wärn wir gwesn", schimpfte Vettori, „wenn i dich nit über die Rinne hinabgrissn hätt!"

„A so? Hin hättn wir sein können!"

Er war in dieser Beziehung immer viel draufgängerischer gewesen als ich, viel ehrgeiziger und härter.

Einmal ist er beim Rauschberglauf mit einer Gehirnerschütterung durch das Ziel gekommen. Um die Strecke abzukürzen, schoß er über einen Steilhang, wollte unter einem gewaltigen Baumast durchschlüpfen, verschätzte aber dessen Höhe und bumste mit dem Schädel dagegen. „Wie i ins Ziel kemmen bin, woaß i nimmer", hatte er hernach gesagt.

Ein andermal ist er auf der halbaperen Glungezer-Abfahrt so unglücklich gestürzt, daß ihm eine Kriechwurzel das Fleisch der rechten Hüfte durchstieß und knapp vor der Wirbelsäule sich wieder herausbohrte.

Seinen Kameraden war nichts anderes übriggeblieben, als die 30 Zentimeter lange Wurzel abzuhacken und Wilfried ins Krankenhaus zu bringen, wo ihm das „Holzscheit" herausoperiert wurde.

Auf dem Weg zur Dufourspit
Bildmitte: Matterhorn-Ostwand

Kaum hatte er nach der Narkose die Augen aufgeschlagen, wollte er aufstehen: „Das Rennen geht weiter!" war sein erster Satz. Der Arzt lachte ihn nur aus. Aber nach drei Wochen sprang Wilfried wieder über eine 60-Meter-Schanze.

Mit diesem Lauf-Fanatiker habe ich also beim Trofeo Parravicini, beim Drei-Hütten-Lauf von Mondovi (30-Kilometer-Strecke mit 3000 Meter Höhendifferenz) und am Rauschberg mitgemacht. In Ruhpolding waren wir mit Alfons Weingartner einmal sogar besser als die Mannschaft des berühmten Walter Demel gewesen, was aber nicht besagt, daß wir Asse waren. Manchmal bringt ein Tag eben so etwas mit sich.

Im Jahre 1965 haben wir selbst einen solchen Lauf versuchsweise ausgeschrieben: den Geier-Lauf in der Wattner Lizum. Wir suchten eine Strecke von 25 Kilometern mit 1500 Höhenmeter-Aufstieg und 1500 Höhenmeter-Abfahrt über drei Gipfel und drei Jöcher aus. Start und Ziel lagen genau auf 2000 Meter Seehöhe. Sechzehn Zweiermannschaften gingen damals ins Rennen. Vier Jahre später waren es bereits über sechzig Mannschaften aus Österreich, der Bundesrepublik, aus Frankreich, Italien, Jugoslawien und der Tschechoslowakei. Die Masse startete in der Tourenklasse, der älteste Teilnehmer war über fünfzig Jahre alt, der größte Idealist ging mit einem amputierten Arm in diesen hochalpinen Lauf. Die Zeiten schwankten zwischen 2 Stunden, 5 Minuten und 38 Sekunden (Sécretant-Bourgeois) und knapp vier Stunden.

Mit unseren 2 Stunden und 44 Minuten waren Adolf Rupprechter und ich auch zufrieden.

Das Schönste an all diesen Veranstaltungen aber ist neben der sportlichen Leistung das Zusammentreffen so vieler bergbegeisterter Menschen abseits der Pistenmoden, der Hotels, des motorisierten Verkehrs und der bloßen Adabeis. Die Zuschauer müssen selbst mehrere Stunden lang zu Fuß zum Startplatz gehen, für sie ist dieser Anmarsch eine spätwinterliche Bergtour im April (wegen verringerter Lawinengefahr werden solche Veranstaltungen so spät durchgeführt) — und allein das Fehlen von bequemen Aufstiegshilfen wirkt bereits als Ausleseverfahren unter den Zuschauern. Die Bequemen, die Gaspedaltreter, die Après-Ski-Anhänger, die Großmauligen bleiben aus. Dafür kommt die Harmonie zwischen den Alten und Jungen. Wenn es wahr ist, daß in alten Zeiten die Götter auf den Bergen wohnten, dann wohnt während eines solchen hochalpinen Laufes unser Gott auf diesen Bergen und schüttet Freude an der Sonne, am Wind, am Firnschnee über das Land, er spornt die Läufer zum Siegeswillen und zum Kämpfen an, er verbannt den Geschäfts- und anders benannten Ungeist. Hier sollte ein moderner olympischer „Gott", heißt er Brundage oder anders, zuschauen, dann käme ihm zum Bewußtsein, wie reine Amateure aussehen und wie sehr nicht nur der Sieg, sondern auch das berühmte „Dabeigewesensein" geschätzt und geehrt wird . . .

Wie schon gesagt, ich liebe solche Veranstaltungen ebenso wie gemütliche Touren auf einen winterlichen Berg oder wie Durchquerungen ganzer Gruppen und Ketten.

Zwei berühmte Touren habe ich absolviert: die große Ötztaler Durchquerung und die Haute-Route.

Über die große Ötztaler Runde (Durchquerung oder „Similaun-Expreß") steht im „Schiführer durch die Ötztaler Alpen" (H. Prochaska, Rudolf-Rother-Verlag): „Die große Durchquerung der Ötztaler Alpen — von der Hochwilde über Schalfkogel, Hintere Schwärze, Similaun, Fineilspitze, Weißkugel, Fluchtkogel, Hochvernagtspitze, Wildspitze, Sölden — gehört zu den größten Unternehmungen dieser Art . . .

Großartige Schibegehung der schönsten Ötztaler Ferner in Verbindung mit den Besteigungen der bedeutendsten Gipfel des Gebietes. Dauer sechs bis acht Tage."

Eines Tages beschloß ich, diese Tour zu gehen. Allein und möglichst in einem Zug, also ohne Nächtigung. Es war mir klar, daß ich nicht alle Gipfel besteigen konnte, aber ich überließ es den Verhältnissen des Wetters, des Schnees und meines Körpers, welche Abstecher in Frage kämen. Am 30. März 1968 startete ich um 4 Uhr früh in Obergurgl und zog zur Schönwieshütte bergauf, als wäre ich zu einem hochalpinen Lauf in Mondovi oder in der Lizum gestartet. Die Langtalereck-Hütte und das Hochwildehaus streifend, schnaufte ich über die steilen Hänge zum Schalfkogeljoch, bestieg den 3540 Meter hohen Schalfkogel und genoß anschließend die herrliche Abfahrt zur Martin-Busch-Hütte. „Wenn schon nicht den Similaun, so doch die Similaun-Hütte", dachte ich mir und spurtete auf das Niederjoch an der Staatsgrenze, von dort nach Westen auf das Hauslabjoch. Bereits zu Mittag gehörte die 3516 Meter hohe Fineilspitze mir. Im Westen lockte die Weißkugel, aber sie war im heutigen Programm nicht drinnen; also zog ich über den bereits aufgefirnten Hochjochferner meine Spur und ließ das Hochjoch-Hospiz trotz verlockender Knödelsuppe rechts liegen. Erst die Vernagt-Hütte lockte mir eine kurze Rast zu einem Trunk ab, zuvor war jedoch die über 3000 Meter hohe Mittlere Guslarspitze zu überwinden gewesen. Vor mir lag das Brochkogeljoch und mit ihren 3448 Meter Höhe die Petersenspitze. Die Wildspitze mußte ich streichen, der Tag schien zu kurz zu sein. Über das Mittelberg- und Rettenbachjoch fuhr ich, so weit der Schnee reichte, talab nach Sölden.

Um 21 Uhr war das Ziel erreicht. Siebzehn Stunden lang hatten Gehirn, Herz, Lunge, Arme und Beine sich abstrapaziert. Ich war über mich selbst erstaunt. Wie eine Präzisionsmaschine hatte mein Körper funktioniert. Er hat an diesem Tag auf einer 54 Kilometer langen Strecke 4900 Höhenmeter im Aufstieg und 5500 Höhenmeter in der Abfahrt bezwungen.

Wozu das gut ist? Was ich davon hatte? Ob ich die Schönheit der Gipfel und des Spätwinters genossen habe? Ob das gesund ist?

Man kann hundert Fragen stellen, man kann eine solche Gewalttour als idiotisch hinstellen; jeder hat das Recht dazu.

Für mich war es nichts anderes als eine Überprüfung der Spannkraft und Leistungsfähigkeit. Ich wollte meine Grenze kennenlernen. Ich hätte ohne Gefahr die Tour abbrechen können, weil ich eine Reihe von Schutzhütten berührte, aber ich spürte keine Lust dazu. Meine einzige, wenn auch manchmal qualvolle Lust bestand darin, noch am gleichen Abend in Sölden einzutreffen und die Route zu beenden. Natürlich ist das auch Ehrgeiz! Solange dieser Ehrgeiz niemanden in Gefahr bringt oder anderweitig schädigt, soll man nicht gehässig über Leistungen reden, wie es zum Beispiel Robert Kittl und seiner Mannschaft passierte, als er auf Schiern 1971 die Alpen vom Wienerwald bis nach Nizza in ihrer Gesamtausdehnung durchquerte. Walter Bonatti wurde seinerzeit viel Lob gespendet, als er 1956 mit vier hervorragenden italienischen Bergsteigern die Alpen von der italienisch-jugoslawischen Grenze über die Dolomiten bis in die Westalpen ebenfalls auf Schiern durchquert hatte. Noch heute rühmt man in Kreisen der italienischen Alpini diese Leistung, und erst 1971 wurde anläßlich einer internationalen Sportveranstaltung der CISM in Sterzing in einem Symposium über Langlauf und Schitourismus die Marschtabelle Bonattis besprochen. Vielleicht, weil die Italiener einen militärischen Sinn darin sehen? Ich glaube eher, daß es nationaler Stolz ist.

Was wollten Kittl und seine Mannschaft? Nur 1917 Kilometer Distanz mit über 80.000 Aufstiegshöhenmeter in 415 Marschstunden zurücklegen und in der Presse Schlagzeilen machen?

Sie wollten eine Leistung erbringen und einen neuen Schi erproben. Ihre alpinistische und konditionsmäßige Leistung war mit kommerziellen Dingen verflochten, wobei kommerziell für sie selbst nur bedeutete, daß das Unternehmen finanziert wurde, aber sonst keinen persönlichen Vorteil eintrug.

Ich will damit nur zum Ausdruck bringen, daß eine Tour eine Sache für sich ist und sportlich wie bergsteigerisch das Normale, das Erstrebenswerte, das Bleibende sein soll, daß aber Durchquerungen, wie der Similaun-Expreß oder die Haute-Route über die Gletscher der Westalpen von Argentière bis Saas Fee, eine andere Sache sind, nämlich bergsteigerisches und schifahrerisches Können, verbunden mit höchster Kondition. Und daß expeditionsmäßige Durchquerungen in der Art von Bonatti und Kittl die Kritik herausfordern wie Erstdurchsteigungen mit Bodenstationen, aber immerhin sportliche Leistungen sind.

Es wird also auch hier zu einer Scheidung der Geister kommen: Hochalpine Läufe, ja! Haute-Route, ja! 40tägige Expeditionen, nein? Deshalb nein, weil nur wenige Kondition, Zeit und Sponsoren haben? Oder kommt ein Reisebüro und bietet, wie im Himalaja Sechstausender, in den Alpen 30.000 Höhenabfahrtsmeter mit Schi und 20.000 Aufstiegshöhenmeter mittels Hubschrauber an? Dann gehe ich lieber allein durch die Ötztaler oder mache mit einem Freund den berühmten Sellrainer Expreß vom Roten Kogel bis nach Innsbruck, genauso wie ich das Freiklettern der Hakentour vorziehe. Oder ich mache genießerische Touren abseits der wie Mondlandschaften aussehenden Pisten.

Wenn ich bisher nur von schweren Begehungen gesprochen habe, dann nur deshalb, weil sie außer dem Alltäglichen liegen und bemerkenswert erscheinen. In meinen Tourenbüchern stehen jedoch eine Unzahl Namen verzeichnet, die vielleicht mehr Freude und Genuß in sich haben als berühmte Namen. Ein Gilfert schämt sich nicht, einige Seiten nach einem Fenêtre du Chamois zu stehen, ein Riemann-Haus nach einer Britannia-Hütte, und die Wattner Lizum klingt nach Zermatt oder Saas Fee auch nach Talschluß, Kessel oder Bergkulisse.

Da alles relativ ist, ist auch die Aufnahme- und Begeisterungsfähigkeit des einzelnen Bergfreundes je nach seiner Art relativ. Eine Schiwandertour auf eine 1500 Meter hohe Kuppe kann die gleiche Genugtuung auslösen wie die Ersteigung der Dufourspitze mit ihren 4638 Metern.

Von der Kuppe aus kann in ein weites Land geschaut, von der Dufourspitze können bei klarem Wetter die gesamten West- und ein Teil der Ostalpen im Umkreis von 360 Grad gesehen werden. Beide Anblicke sind bleibende Erlebnisse. Beide Bilder erzeugen Freude, Dankbarkeit und Ehrfurcht. Die niedrige Kuppe, die hohe Dufourspitze sind Berge, verschieden in ihrer Art.

Aber beide ziehen Menschen an, Bergwanderer und Bergsteiger, verschieden in ihrer Art. Ihr Erlebnis ist letzten Endes gleich: die Freude an der eigenen Leistung, der Blick ins Land, die Entspannung vom zivilisatorischen Krampf.

Werner begann zu singen. Ich fiel mit meiner rauhen Stimme in den Gesang ein. Wir waren fröhlich, weil wir nicht anders konnten. Die Lust des einfachen, kargen, harten Lebens, des Lebens in voller Natürlichkeit und Echtheit hatte uns gepackt.

Trotz aller Zivilisation und Technik, trotz aller Verweichlichung, trotz tausendfacher Degenerationserscheinungen hatten wir einen Weg gefunden, naturverbunden zu bleiben und mit der Natur wie Entdecker zu raufen und letztlich voller Respekt mit ihr auf „Du und Du" zu stehen.

Neue Wege

Ein bekannter Kolumnist einer Wiener Zeitung hat einmal, als er erfuhr, daß Leo Schlömmer und ich im Yosemite Valley (Kalifornien) die 1000-Meter-Wand des El Capitan durchklettern wollten, eine Glosse geschrieben. Unter anderem hieß es darin, er habe bisher etwas Falsches geglaubt, nämlich, daß Österreich ein Bergland wäre. „Meine Ansicht", schrieb er, „ging in naiver Weise dahin, daß wir allenthalben im Westen unserer Republik Berge und Kraxelwände genug haben. Und daß somit der logischen Konsequenz der alten Redensart ,Bleibe im Land und nähre dich redlich' auch für unsere Heeresbergführer nichts im Wege stünde . . .“

„Schickt unser Militär die beiden Heeresbergführer vielleicht nur deswegen so hoch auf den El-Capitan-Pfeiler hinauf, damit die wackeren Kraxelsoldaten von dort oben aus schön nach Amerika hinunterspionieren können? Ist hier vielleicht gar der gefürchtete österreichische Nachrichten- und Intelligenzdienst am Werk?" Mit solchen unfreundlichen Sätzen begleitet, sind wir einer Einladung nordamerikanischer Bergfreunde gefolgt. Was in einigen Kreisen in Wien Aufsehen und Bissigkeit weckte, war die uns genehmigte Dienstfreistellung. Es gab weder Geld noch sonstige Vorteile. Alles war unsere eigene Angelegenheit: Unser persönlicher Drang in andere Bergwelten; das Verlangen, die Amerikaner im Training und in den schwierigsten Granitwänden der Welt zu sehen und uns mit ihnen zu messen; ihre Ausrüstung mit der unsrigen zu vergleichen;

eine Bergfreundschaft zu vertiefen — kurzum, Leo und ich hatten von den heimischen Bergen bestimmt nicht genug, sie hingen uns noch lange nicht zum Halse hinaus, wir hatten sicherlich daheim noch eine große Auswahl an Wänden, Kanten und Pfeilern, aber die Einladung lockte, und wir nahmen sie an, zumal uns der weltbekannte amerikanische Felsgeher Royal Robbins erklärt hatte, die von ihm mit Harrlin als erste begangene Petit-Dru-West-Direkte wäre im Vergleich zu dem abgeschliffenen Granit im Yosemite Valley eine Genußtour.

Als wir mit unseren Freunden im Auto im Nationalpark unter riesigen Bäumen hindurchfuhren, die eindrucksvollen Wasserfälle sahen, als wir an den überall herumliegenden Felsblöcken Kletterer trainieren sahen und wir selbst über den rundgeschliffenen Fels im Klettergarten keinen Meter hinaufkamen, da wußten wir, daß dies eine neue und mit alpenländischen Maßstäben nicht zu vergleichende Welt wäre.

Die Berge bilden im allgemeinen kein Gipfelpanorama: Vom Waldboden weg schießen die Wände 400, 500, 1000 Meter hinauf und sind mit Bäumen gekrönt. Die Klettertour geht also vom Wald aus und endet im Wald. Andere Berge wieder waren einmal riesige Granitkuppen, die infolge Temperaturschwankungen aufplatzten und irgendeinmal durch Abbruch der Granitdecken eine senkrechte Wand auf der einen Seite und eine Halbkuppe mit gewölbtem Felshang auf der anderen erhielten.

Der Half Dome ist ein typisches Beispiel dafür. Die Felsstürze wurden von Gletschern weggetragen und liegen nun allenthalben als rundgeschliffene Relikte dieser Urzeiten in der Landschaft, genauso wie die U-förmigen Hochtäler von der Schleifarbeit der Gletscher Zeugnis ablegen und heute die durch diese Täler rinnenden Flüsse über plötzliche Wandabstürze Hunderte Meter senkrecht fallen und in weiße Wassernebel zerstäuben. „Brautschleierfall" heißt einer dieser Wasserfälle, und sofort fielen mir bei diesem Namen die „Schleierfälle" im Tuxertal ein, obwohl sie in der Größe und Wucht überhaupt nicht vergleichbar sind. Auch der Stuibenfall im Ötztal oder die Krimmler Fälle sind kein Maßstab.

Aber zurück zu unseren Freunden. Sie führten im Auto die notwendige Campingausrüstung mit. Überall im Tal gibt es inmitten der Wälder Lagerplätze. Das Leben ist hier selbst für amerikanische Verhältnisse billig.

Damals, als wir den Capitan angehen wollten, lag so viel Schnee über dem Land, daß Einheimische erklärten, das wäre seit fünfzehn Jahren nicht mehr der Fall gewesen. Man erzählte uns, im nicht allzu weit entfernten Olympic Valley sei der Schnee 15 Meter hoch. Wir wären einen Monat zu früh daran. So kam es, daß wir nach Anpassung an diesen schwierigen Granit den ursprünglichen Plan

Bild rechts:
Westliche Zinne, Franzosenweg; v
dem Abschlußdach

Bild umseitig:
Winterklettern in der Speckkarspitz
Direkte Nordwand

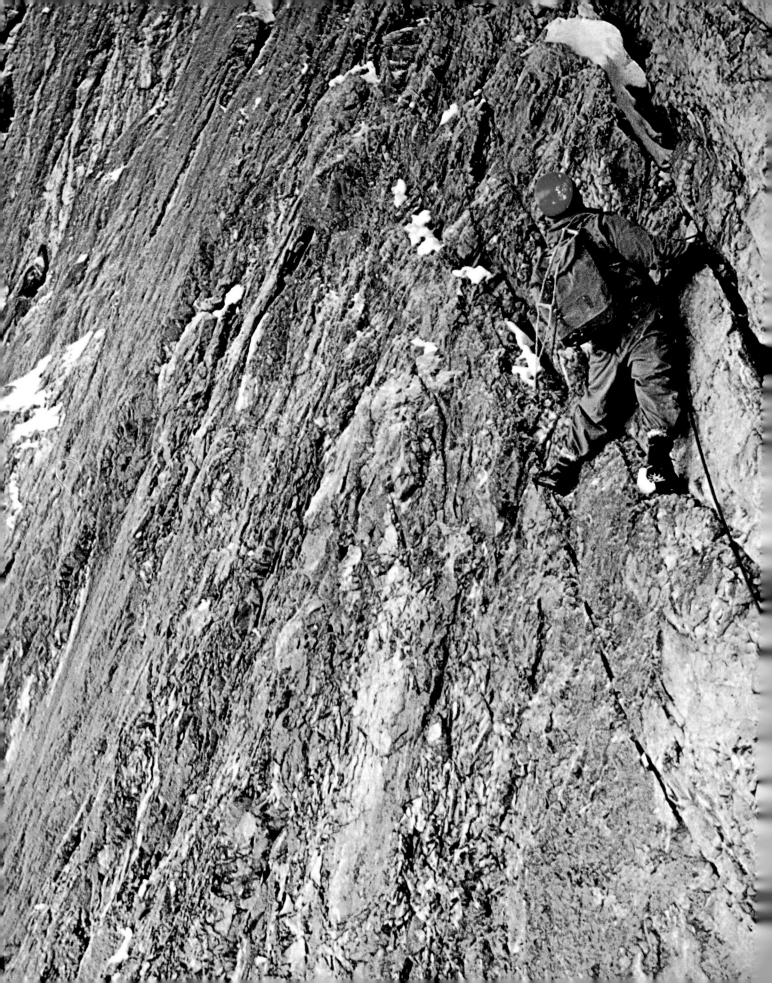

nicht verwirklichen konnten: Der Schnee begann auf den Höhen zu schmelzen, und die über den El-Capitan-Pfeiler herabstürzenden Wasserfälle hätten uns in die Tiefe geschleudert. Um so liebenswürdiger waren die Amerikaner. Unablässig trainierten sie mit uns im Klettergarten auf den Blöcken und in kleineren Wänden. Sie legen auf Sicherung den allergrößten Wert, auch verbessern sie laufend die Ausrüstung. Wir stellten fest, daß damals die Schlauchbänder, Knoten- und Hakenschlingen weit mehr Bruchdehnung aufwiesen als unsere Reepschnüre. Die Amerikaner schlagen auch nach jeder Begehung einer Route die Haken heraus, die aus bestem Stahl hergestellt sind.

Weiters besitzen sie hervorragendes Rettungsmaterial für Bergungen aus extremen Wänden. Allerdings haben wir während des dreiwöchigen Aufenthaltes im Yosemite Valley keinen einzigen Absturz erlebt oder von einem solchen gehört. Das spricht für die bergsteigerische Ausbildung und Überlegenheit der Amerikaner in den Wänden.

Es muß jedoch ausdrücklich festgestellt werden, daß es sich hier um reine Sportkletterei handelt, die mit unserem Alpinismus sehr wenig zu tun hat. Man darf sich aber die ganze Sache nicht als ausschließliche hakentechnische Kletterei vorstellen. Es sind kräftige und große Burschen, für das Rißklettern bestens vorbereitet. Sie klettern auch frei ganz ausgezeichnet.

Wie gesagt, als wir uns auf die technischen und felsmäßigen Eigenschaften umgestellt, als wir die Trittschlingen geändert und die Schuhe mit Patschen vertauscht hatten, konnten wir mit den Amerikanern mithalten und einige Wände gemeinsam durchsteigen. Darunter war die 600 Meter hohe Washington-Collon-Direkte-Süd mit Schwierigkeitsgrad VI+. Hier gab es einige Freikletterstellen, wie wir sie in den Alpen selten angetroffen hatten. Aber nach Überwinden dieser Wände kommt kein richtiges Glücksgefühl auf, die Bäume auf dem Plateau oberhalb der Wand stören. Man hat nie das Gefühl der Höhe, der freien Sicht, des Gipfelsieges. Trotz sportlichem Ehrgeiz will man die Freiheit spüren, die jeden durchströmt, wenn er mit dem Berg Bruderschaft macht und die Weite einatmet. So herrlich der Wald sonst ist, von der höchsten Erhebung aus will man ihn zu Füßen sehen.

Aber sonst bot der Wald außer den Granitwänden, den Mammutbäumen, der reichen Pflanzenwelt eine uns ganz unbekannte Variante seines Reichtums: die Braunbärenfamilien. Zuerst hielten wir die vielen Erzählungen über ihre Streiche für Aufschneiderei oder für einen heimlichen Spaß unserer Freunde. Als wir aber vom Camp 4 ins Camp 12 übersiedelten, war „der Bär los".

Wie üblich hatten wir die Verpflegung in einer großen Schachtel 10 Meter hoch auf einem Baum mittels eines Seilaufzuges deponiert.

Dann waren wir in die Zelte gekrochen. Die Lagerfeuer glosten nur mehr unter der Asche. Uns fielen die Augen zu. Nun war für die Familie Petz die Luft rein. Schon lange mußte sie hinter den zur Gewohnheit gewordenen Cadillacs in Bereitstellung gegangen sein. Ein Familienmitglied erstieg den Baum; ohne Seil, ohne Haken, ganz in gelerntem Freikletterstil. Oben angelangt, hämmerte Mister oder Missis Petz mit einer Pranke auf die Lebensmittelschachtel, bis sie platzte und wirklich alles Gute von oben auf die hungrige Gesellschaft kam. Noch bevor wir uns aus den Schlafsäcken geschält hatten, war alles geraubt. Hier nützten auch Fußtritte und Schreien nichts mehr. Langsam trollten sich die stinkenden Gesellen davon. Und auch Leo und ich mußten bald einmal das Camp verlassen. Royal Robbins, Lyoid Prince, Dick Dorworth und viele andere Freunde drückten uns freundschaftlich die Hände: „Kommt wieder. Ihr seid unsere Gäste. Das nächste Mal fällt auch der Capitan!"

Leo hat ihn ein Jahr später durchstiegen. Ich blieb in Europa; hier fand ich noch viele unbekannte Wände: damit hatte der Staberl in seiner Glosse zweifellos recht; aber nur damit. Und ich will nun von einigen solchen Durchstiegen erzählen.

Durch die Fallbachkartürme-Nordwand

Für viele Bergfreunde sind die Fallbachkartürme vielleicht genauso unbekannt wie der „El Capitan" im Yosemite-Tal. Obwohl ich schon viele Jahre im alten Bergknappen- und kleinbäuerlichen Dorf Absam, der Heimat des berühmten und im Unglück gestorbenen Geigenbauers Jakob Steiner wohnte, obwohl ich schon dutzendmale über das Lafatscherjoch zum Halleranger-Haus gewandert war, obwohl ich das Fallbachkar zwischen Großem Bettelwurf und Hoher Fürleg von der südlichen Ansicht kannte — ich wußte trotzdem nicht, daß da hinten in der Gleirsch-Halltalkette noch eine unerstiegene 1100 Meter hohe Nordwand auf die Erstbegeher wartete.

Ich habe sie das erste Mal während einer Bergwanderung vom Halleranger zum Überschallsattel und durch das Vomperloch gesehen. Man geht an den Isarquellen (Lafatscherbach) vorbei, genießt die grünen Almwiesen, erfreut sich besonders an einem ganz einsam am Überschallsattel stehenden knorrigen Zirbenbaum, läßt sich von der schotterigen und düsteren Nordflanke des Großen Bettelwurfs beeindrucken, schreckt ein Gamsrudel auf und ist so einsam wie der erste Mensch.

Schon längst ist man abseits von den Touristenwegen; der Steig durch das Vomperloch ist für die meisten zu mühsam, Kletterwege sind hier nicht gefragt. Nicht mehr gefragt, obwohl in den Nord-

und Nordwestwänden und -kanten zwischen der Speckkarspitze und der Walderkampspitze Männer namens Gomboz-Vigl, Sanderer-Prätorius, Schramek-Hammerle, Streng-Purtscheller-Pertl, Spitzenstätter-Schoisswohl, Pittracher-Buratti, Buhl-Vigl, Clement, Stoll-Koch, Melzer-Peer als Erstbegeher aufscheinen.

Die Nordwand der Fallbachkartürme wurde übersehen! „Gott sei Dank", dachte ich mir; „so ist die Unbekannte und Vergessene zu einem stillen Liebeswerben für Werner und mich gerade zur rechten Zeit am richtigen Ort."

Das Gebiet rund um das Halleranger-Haus im südlichen Karwendel war schon seit geraumer Zeit unsere bergsteigerische Heimat. Kaum verlassen wir die Haustüre, so öffnet sich das wildromantische Halltall zwischen dem Großen Zunderkopf und dem Bettelwurfmassiv. Allein die Wanderung auf dem Schottersträßchen ist ein Erlebnis. Zuerst stehen dunkle Fichten und schüttere Föhrenwälder beiderseits des Weges, aber bald einmal lösen die harzigen, schwarzgrünen Zundern den Hochwuchs ab. Und welch Wunder: Am Bettelwurfeck steht wie eine einsame Insel eine uralte, mächtige Buchengruppe, bisher von keiner Frühjahrslawine angekratzt.

Weiter oben hat sich wieder ein Fichtenbestand bis zu den Herrenhäusern und den höchsten Salzstollen des Bergwerkes am Iß-Jöchl dank forstbehördlicher Schutzmaßnahmen entwickeln können. Ab Iß-Anger aber beherrschen nur mehr die Kaskaden der Latschen die Hänge gegen Stempel- und Lafatscherjoch.

Im Herbst leuchten da und dort die roten Beeren einiger sich bis hier hinauf verirrter Faulbeerbäume gleichsam als Blickfang aus dem schwarzgrünen Meer.

Der Aufstieg zum Lafatscherjoch bietet den Lungen ein aromatisches Latschenkieferöl-Bad, während die Augen neue Haltepunkte in Karen, Spitzen und auf Graten des sich immer mehr weitenden Kessels und Tales finden, je höher man kommt.

Die Welt südlich und nördlich des Lafatscherjoches ist gleich schön und großartig. Und einsam. Schon zwei oder drei Stunden nach Verlassen des Dorfes ist man mitten drinnen in der Wildnis des Karwendel, nach einer weiteren Stunde liegt man in einer weichen Grasmulde des Hallerangers und glaubt, nie etwas von den Sorgen des Alltags gespürt zu haben. Wer Augen hat, wer den Schlüssel kennt, für den steht das Paradies auch heute noch offen.

Werner Haim und ich hatten eben einige Tage des uns gesetzlich zustehenden Urlaubs genommen und — während andere sich in San Remo oder in Miramare im heißen Sand und in den Fluten des Mittelmeeres oder der Adria erholten, glaubten wir in der Nordwand der Westlichen Zinne ein Ferienziel zu sehen. Der „Franzosenweg" lockte uns mehr als der Monte Solare auf Capri oder der Epomeo auf Ischia. „Franzosenweg" klingt harmlos und ge-

nüßlich, etwa wie eine Promenade namens Tappeinerweg oberhalb der Kurstadt Meran. Namen können aber oft ohne besonderen
Inhalt sein oder zu einem Begriff schlechthin werden. Für den Kenner bedeutet der Franzosenweg die oberste Grenze der Hakenkletterei, man kann an einigen Stellen den umstrittenen Begriff A 4
gelten lassen.

Diese Führe, auch „Jean-Couzy-Gedächtnisführe" genannt, ist
durch den gelben Wandausbruch gezogen, überwindet diesen an
seiner höchsten Stelle und kommt der Fall-Linie am nächsten
(500 Meter Wandhöhe). Insgesamt hängt die Wand vom Fuß bis
zum Scheitel 48 Meter über die Lotrechte hinaus; mit den vielen
Dächern sieht sie wie eine umgekehrte Riesentreppe aus. Wer hier
einsteigt, kann nach der vierten Seillänge durch Abseilen nicht
mehr zurück, er kann ebenso erst nach Überwinden des letzten
großen Daches von oben herausgeholt werden, an allen übrigen
Stellen erreicht ein abgeseilter Rettungsmann infolge der Über-
hänge die Wand nicht mehr. Viele überschätzen ihre Kondition
und Technik.

Nicht alle bleiben beim Ehrgeiz und steigen allen inneren und
äußeren Warnungen zum Trotz weiter, sondern drehen rechtzeitig um. Und nicht alle, die das tun, saufen die Drei-Zinnen-Hütte
leer. Der Wirt erzählte uns folgende nette und wahre Geschichte:
„Ja mei, dö Gschicht mit die Zinnen isch nit so einfach. Jeder
meint, er kann so ohne weiters alle Routen machn. Da, schauts
den Kachelofen an, was der für Abschürfungen, Risse und Bruch-
stellen hat. Und dö Lädierungen kemmen von einer Wette her . . .
Da sind amal a paar ehemals berühmte Kletterer kemmen, alles
Mannder aus Innsbruck und München. ‚Wo geht's hin?' hab i sie
gfragt. ‚Ja', habn sie gmeint, sie machn eine Altherrentour, den
Franzosenweg in der Westlichen Zinne. ‚A woll', hab i gsagt, ‚a Altherrentour! Da wett i meinen Weinkeller, daß da nit hinaufkommts
— sonst zahlts ihr!' Einverstandn warn s' und sind auf und davon. Nach vier Stundn sein sie alle wieder zruckkommen und habn
die ganzn Gäst von der Hüttn freighaltn und meinen Weinkeller
ausgsoffn. Lieber zahln, als ein Begräbnis habn! Mensch, ist das
aufgangen an dem Tag! Die Überhäng müssn weg, habn sie gschrien
und habn vom Ofen die vorstehenden Kacheln abgschlagn.

So war das . . ., aber mit euch tat i nit wettn", meinte der Wirt.

Diese Nordwand der Westlichen Zinne hatten Werner und ich
also glücklich durchstiegen und waren zur Erholung von unserer
„Erholung" ins Karwendel übersiedelt, wo wir für die vom Dolomitenkalk und von der Hakenkletterei wundgescheuerten Finger
einen wohltuenderen Fels anzutreffen erhofften.

Wie zwei routinierte Hüttenträger bepackt, hatten wir alles Notwendige über das Lafatscherjoch und drüben durch den Durch-

schlag zum Halleranger und weiter nach Osten zum Fuß der jung-
fräulichen Nordwand der Fallbachkartürme gebuckelt: 80 Felshaken, zwei 40-Meter-Seile, Knotenschlingen, Fiffi, Karabiner,
Reepschnüre, Steinschlaghelme, Taschenlampen, Stirnlampen, Verbandszeug, Biwaksack, Luftkissen, Handschuhe, Kopfschutz, Fotoapparat, Schreibzeug ... Verpflegung für zwei Tage ... Die Ausrüstung für eine Erstbegehung muß überlegt, das ganze Unternehmen soll geplant sein und nicht einer augenblicklichen Laune
entspringen. Trotzdem kann eine solche Erstbegehung scheitern,
aber was tut's? Nach anfänglich schlechter Laune ist man letzten
Endes doch froh, wenn man gesund und mit heilen Gliedern wieder
normalen Boden betreten darf. Ich denke mir immer wieder, daß
schon weitaus bessere Kletterer einen Rückzug angetreten haben,
weil der Verstand ihnen eine klare Beurteilung gegeben und eben
dieser Verstand über falschen Ehrgeiz gesiegt hat. Männer wie
Bonatti haben sich nie geschämt, wegen zur Zeit unüberwindlich
scheinender Verhältnisse das Unternehmen abzubrechen.

Da standen wir also am Einstieg in unsere Wand und bereiteten
uns für die ersten Seillängen vor. An diesem Tag wollten wir nicht
allzu hoch steigen, sondern planten durch mehrmaliges Abseilen an
den Fuß der Wand zurückzukehren.

Nach Durchsteigen eines Kamins fand ich einen guten Standplatz, und schon begann unter den Hammerschlägen der erste
Haken zu singen, bald darauf der zweite. Werner konnte nachkommen und die vor uns liegende Rampe in Angriff nehmen. Sie
hat den Schwierigkeitsgrad IV. Werner bereitete den zweiten
Stand vor. Wieder wurden zwei Haken in den Fels getrieben und
eine Reepschnur für das Abseilmanöver angebracht.

Vielleicht hält mancher diese Maßnahmen für übertrieben und
Werner und mich für ängstlich. Es steht ja auch in keinem Lehrbuch, daß ein Stand aus zwei Haken bestehen soll. Ja, es gibt sogar
berühmte und hochgeachtete Kletterer, die ein solches Vorgehen
ablehnen. Für sie gelten 50 Prozent Sicherheit, die anderen 50 Prozent sind einkalkuliertes Risiko. Ich jedenfalls bin auf Grund meiner Erfahrung in den Alpen, in den Anden und in der Sierra Ne-
vada zu der Ansicht gelangt, daß sicheres Standmachen die erste
Voraussetzung ist, um als Bergsteiger möglichst lange tätig sein
zu können.

Die dritte Seillänge wurde kritischer und ausgesetzter. Der Fels
war nicht mehr so fest und griffig wie bisher; viele brüchige Stellen mußten vorsichtig überwunden werden. Für alle Fälle machten
wir eine Zwischensicherung, damit schien uns ein „Rutscher"
risikoloser zu sein. Wir stiegen durch vollkommen unbekannte Platten und bald zu einer Verschneidung. Hier war ich wieder dran, und
ich überwand sie nach einigen Versuchen, ohne Fiffi. Das war für

diesen Tag die letzte Seillänge. Inzwischen hatte sich der Himmel verfärbt, aus dem Hinterautal schoben sich gelbliche Wolken herein. Der erste Donner hallte zwischen den Praxmarerkarspitzen und der Birkkarspitze wider, und mitten in das Abseilmanöver zuckten die Blitze bereits über dem Vomperloch. Schon rann der Regen über den Kalk unserer Wand, aber da hatten wir den Einstieg wieder erreicht, ließen die gesamte Ausrüstung für den nächsten Tag zurück und stapften hinauf zum Überschall-Sattel, die ausgedehnten Nordwände zur Linken.

„Da oben", ich zeigte in die Wand des Großen Bettelwurfs, „hat's im Jänner 1958 den Ott Poldl erwischt. Geh a bissl langsamer, wir sind sowieso schon naß. I erzähl dir die Geschichte: Der Hannes Gasser hatte schon lange die Winterdurchsteigung der Nordwand des Großen Bettelwurfs geplant und einen Seilgefährten gesucht. Leopold Ott machte mit. Am 3. Jänner haben sie im Winterraum des Hallangerhauses übernachtet und sind am Vormittag des nächsten Tages in die Wand eingestiegen. Sie war stark vereist; trotz der geringen Schneelage machte ihnen der Schnee in den Schluchten und auf den Bändern zu schaffen. Außerdem hinderten die Rucksäcke — es waren zwei bis drei Biwaks vorgeplant —, ihr Nachziehen mit dem zweiten Seil forderte Zeit.

Das erste Biwak richten sie in 400 Meter Wandhöhe ein. Sie schlafen kaum, die Spannung über das Abenteuer am nächsten Tag verläßt sie nicht.

Der Vollmond steht groß am Himmel und leuchtet in die Südwände der Hochkanzelgruppe — trotzdem bringt der neue Tag Schnee und nicht vorhergesehene Schwierigkeiten in einem total vereisten und brüchigen Wandteil, nur mehr 200 Meter unter dem Gipfel. Sie bringen keinen Haken in den Felsen hinein. Die 15 Meter hohe Wandstelle scheint eine unüberwindliche Barriere zu sein. Sie entschließen sich zum Umdrehen, zumal das Wetter von Stunde zu Stunde schlechter geworden war und in den Schluchten schon gut ein halber Meter Neuschnee lag. Also abseilen! Aber das Seil läßt sich aus dem Ringhaken nicht ausziehen, es hat sich in einem Riß verklemmt. Gasser muß mittels Prusikknoten und drei Reepschnüren mit enormem Kraftaufwand noch einmal 40 Meter hinauf. Durch den Zeitverlust richten sie das zweite Biwak noch hoch in der Wand ein. Der Wind hat sich inzwischen zum Schneesturm gewandelt. Als armselige Menschlein kleben sie in einer Rinne, vom Sturm durchpeitscht, von Steinschlag und Lawinen gefährdet, von Zweifeln und Ängsten geplagt.

Bereits um 4 Uhr früh beginnen sie wieder mit dem Abseilmanöver. Poldl Ott läßt sich als erster hinunter, und gerade in dem Augenblick, als Gasser das Seil ausziehen will, donnert eine Lawine auf sie hernieder und reißt Ott mit. Gasser ist starr vor Schrecken.

Krampfhaft klammert er sich ans Seil. Er schreit in den Sturm hinein und die Wand hinunter. Glaubt Antwort zu hören. Er zerrt am Seil, es läßt sich nicht ausziehen. Schließlich hackt er es ab und erreicht frei kletternd eine Schneerinne, in der Ott trotz eines 100-Meter-Sturzes wie durch ein Wunder nur leicht verletzt liegt. Einer zweiten Lawine entgehen beide mit knapper Not, aber die Rucksäcke sind weg.

Sie haben noch 35 Meter Seil, klettern weiter nach unten, und da stürzt Ott noch einmal 30 Meter ins Seil und zieht sich eine Gehirnerschütterung zu. Gasser gelingt es, den verletzten Kameraden trotz Sturm, Lawinen, Steinschlag und vereister Platten aus der Wand und hinunter zur Auhütte ins Vomperloch zu bringen, wo er ihn zumindest in einem windgeschützten Raum unterbringen kann. Dann stolpert er bei Dunkelheit und Sturm noch über zwei Stunden lang durch das steinige Tal hinaus zum ersten erreichbaren Weiler, weckt einen Bauern, der ins Dorf rast und die Bergrettung in Innsbruck alarmiert. Noch in der Nacht trifft die Rettung in der Auhütte ein, und Dr. Flora kann Ott durch Infusion von Plasmalösungen und Einspritzen von Kreislaufmitteln transportfähig machen. Hannes Gassers Erfrierungen sind leichter Natur . . .“

„Allerhand Leistung vom Hannes“, sagte Werner.

„Ja, diese Gschicht damals muß haarig gewesen sein!“

Übrigens: Die erste Winterbegehung ist der Seilschaft Knapp-Larcher-Wagner im März 1961 gelungen.

Inzwischen waren wir bei der Schutzhütte angelangt. Der Regen trommelte auf das Dach, aber darunter war es warm; der Hüttenwirt kannte uns seit langer Zeit und war uns wohlgesinnt. „A Suppn?“ fragte er schon an der Tür.

„Alles was hast! Und a Bier! I hab an Bärnhunger und an Mordsdurst“, stöhnte Werner.

Es war schön in der sauberen Schutzhütte. Trotzdem verließen wir sie am nächsten Tag in Richtung Absam: Das Gewitter war in einen Landregen übergegangen.

Der Wetterbericht ist für den Bergsteiger die begehrteste Nachricht im Radio. „. . . Kommt ein Zwischenhoch im Westen des Bundesgebietes . . .“ Auf geht’s! Wir kennen jeden Stein, jedes Eck, heute hatten wir keine Zeit zum Schauen; wir machten nicht einmal auf dem Lafatscherjoch Rast, um uns an der Landschaft zu erfreuen, die durch die sich auflösenden Wolkenfetzen kaleidoskopartig aufleuchtete. Die Funken stoben von den Steinen, so rasten wir hinab zum Halleranger-Haus.

„Karl! An Tee, gschwind!“

Der Wirt kratzte sich den Bart. „Wo geht’s hin?“

„Fallbachkarturm-Nordwand.“

„Teifl! Riskant! Tuts aufpassen!"

„Tun wir."

Bereits um 9 Uhr hatten wir den Einstieg erreicht, nach eineinhalb Stunden die vor Tagen vorbereiteten fünf Seillängen überwunden und die Reepschnüre an den Ständen abgezogen. Wir kamen gut vorwärts, überwanden einen senkrechten Aufschwung und standen nach weiteren zwei Seillängen vor einem Plattenriegel.

Nun wurde die Sache ernst. Bis jetzt war uns noch keine Stelle mit Schwierigkeitsgrad VI begegnet, aber jetzt galt es eine Kante zu überwinden, die als Schlüsselstelle bezeichnet werden kann. Werner hatte einen guten Stand, fünf Zwischenhaken konnte ich anbringen, aber den sechsten und wichtigsten wies der glatte und rißlose Fels ab. Ich riskierte, frei über die Kante zu klettern — es war kein Klettern mehr, viel eher ein Hinaufschwindeln. Ich hatte das Gefühl, schon stundenlang an dieser Kante zu arbeiten. Meine Lippen wurden kalt, ich spürte direkt, daß das Gesicht sich weiß verfärbte.

Auch Werner meinte später, obwohl er durch mich von oben gesichert war, daß diese Stelle äußerst schwierig wäre und auch bei Wiederholungsversuchen nicht viel leichter sein dürfte.

Nach etwas leichterem Gelände mußten wir mit einem brüchigen Stand vorliebnehmen. Vier Haken sollten ausreichen. Zur Vorsicht trieben wir einen 25 Zentimeter langen Eishaken ins Gestein. Das war gut, denn plötzlich schrie Werner: „I fliag!"

Die zwei Zwischenhaken hielten, Werner blieb unverletzt, ja, der „Knabe" war nicht einmal benommen oder seelisch angeknaxt. „Wir müssn weiter nach rechts", war sein einziger Kommentar, und schon begann er einen 40 Meter langen Quergang vorzubereiten. Er benötigte nur wenig Haken, dieser Teil bietet eine wirklich genußreiche Freikletterei. Vom Quergang gelangten wir in ein Riß-System. Durch einen Kamin ging es in eine Verschneidung.

Die Wand ist schön gegliedert, der Fels ist meistens gut und scharf. Achtzehn Seillängen ohne Bohrhaken, ohne Fiffi, Schwierigkeiten bis VI +. Weitere 400 bis 500 Meter über schroffes Gelände bis zu den Türmen im Nordteil der Fallbachkarscharte, das ist die Nordwand. Sie fordert Kondition, technisches Können, Erfahrung, aber sie bietet von der landschaftlichen Schönheit bis zur totalen Einsamkeit alle Skalen des Bergerlebens. Uns freute diese Tour nach der Hakenkletterei in der Westlichen Zinne ganz besonders. Hier wurde die Erfindungsgabe, das Mannhafte, die Kraftprobe abseits neugieriger Augen stündlich herausgefordert.

Bei Einbruch der Dunkelheit erreichten wir die Türme. Werner schlug ein Biwak vor. Ich überredete ihn, weiterzugehen. Das Zwischenhoch schien einem neuen Tief zu weichen.

Das Matterhorn

Noch hatten aufziehende Wolken den Mond nicht verdeckt. Die Sicht war gut.

Gut gesichert stiegen wir über den Ostgrat zum Großen Bettelwurf, und über den ungefährlichen Steig gelangten wir um 21 Uhr zur Bettelwurf-Hütte, zwölf Stunden nach dem Einstieg in die Wand.

In der Hütte herrschte noch die Fröhlichkeit der Touristen. Ein paar Einheimische sangen saftige Gstanzln und liebeswerbende Tiroler Lieder. Obwohl wir die Heiterkeit lieben, besonders Werner, war uns nicht zumute, an den Späßen teilzunehmen: Wir waren noch ganz im Banne der Wand. Es mußte zumindest diese Nacht vergehen, ehe wir — seelisch gelöst — uns an den Kleinigkeiten des Alltags wieder erfreuen oder ärgern konnten und bis die Risse, Kamine, Plattenfluchten anderen Vokabeln im Gehirn Platz machten.

Die letzten Tage des Jahres

Der berühmte französische Bergsteiger Gaston Rébuffat schrieb in seinem Buch „Sterne und Stürme (Étoiles et Tempêtes)" folgende Sätze: „Sicher, man kann biwakieren, um zu biwakieren, wie man klettern kann, um zu klettern, aber das scheint mir nicht unsere Berufung zu sein. Uns genügt es nicht, Zuschauer oder Klettermaschine zu sein. Ich kann im Angesicht der Nacht und des Berges nicht nur den Beobachter spielen. Die Sterne am Himmel flimmern. Der Bergsteiger kann sie betrachten, aber vor allem, sie leben und sie sind ihm verwandt. Von ihnen hängt sein Schicksal ab. Wenn sie glänzen, ist er glücklich.

Wenn sie zu hart glitzern, fürchtet er, daß ein Unwetter kommen wird. Wenn sie in den Wolken ertrinken, wird es in der Morgendämmerung schneien.

Während unten im Tal das elektrische Licht sie endgultig verdrängt hat, sind die flimmernden goldenen Lichter da oben auch ein wenig sein eigen."

Diesen Sternen wollten Werner und ich in der vorletzten Nacht des Jahres nahe sein. Es war ein gutes Jahr gewesen, ein Jahr großer persönlicher Erfolge auf den klassischen Routen der Alpen, nun wollten wir es mit einer Winterbegehung durch die Gerade Nordwand des Kleinen Solsteins im südwestlichen Karwendel abschließen. Die Gerade Nordwand mit ihren 600 Metern bis zur Terrasse und die anschließende 400 Meter hohe Gipfelwand hatten es uns angetan.

Bereits um 3 Uhr früh wanderten wir von Hochzirl taleinwärts nach Norden. Es lag nicht allzuviel Schnee, der eigentliche Winter stand noch vor der Tür; mochte er mit seinen Schneestürmen noch warten, drei Tage vielleicht, uns würde er damit nur einen großen Gefallen erweisen. Mit solchen Gedanken setzten wir Fuß vor Fuß; die Rucksackriemen schnitten in die Schultern ein, fast 20 Kilogramm schwer lastete der Sack auf dem Rücken.

Ich schwitzte bald wie im Hochsommer, vielleicht hatte ich über die Weihnachtsfeiertage zuviel Speck angesetzt. Besonders über den Steilhang zur Soln-Alm ging der Atem pfeifend wie ein Blasbalg.

Am obersten Waldrand, knapp bevor die Almwiesen beginnen, erstarrten wir plötzlich zu Salzsäulen: „Halt! Stehenbleiben. Keiner rührt sich!" Hinter den Baumstämmen lehnten mehrere Gestalten, ich glaubte Gewehre zu erkennen.

„Seid's blöd gwordn", schrie Werner hinauf. Seine Stimme klang heiser. „Wer seid ihr? Was wollt ihr?"

„Wenn's a Geld suchts, bei uns habt ihr die falsche Adresse!" setzte ich hinzu.

„Wir wollen wissen, wer ihr seid!" scholl es zurück. „Wir sind Jäger."

„Und wir Bergsteiger!"

„Haha! Bergsteiger! Am 30. Dezember um fünf Uhr früh! Haltet ihr uns für blöd? Wilderer seid ihr. A Gams wollt's schießen!"

„Ös seid's Teppn!" grollte der Werner. „Um diese Zeit schießt man keine Gams! Traut's euch hinter die Bäum heraus und schaut's unsere Rucksäck an. Oder seid's Wegelagerer? Lang wart i nimmer, dann mach i an Sturmlauf!"

Die Männer kamen nun tatsächlich auf uns zu, und bald hatte sich der Irrtum aufgeklärt.

„Mensch", meinte einer, „solche Spinner wie euch muß man suchn. Wolln im Winter durch die Solstein-Nordwand. Kehrt's um, Mannder, morgen ist Silvester. Sauft's euch lieber an Rausch an! Da, trinkt's zum Vorschuß an Schnaps!"

Wir winkten ab, sagten „Pfiat enk" und stapften hinauf zur Alm und über einen langen Schräghang nach rechts zum Solsteinhaus auf dem Erl-Sattel. Der Winterraum war verschlossen, also rasteten wir vor der Tür. Mein Blick ging talauswärts, direkt auf mein Heimatdorf, in dem einige Lichter blinzelten. Dort waren die Bauern wohl gerade dabei, das Vieh zu füttern, den Stall auszumisten und zu melken. Ich roch geradezu die Wärme. Ich sah meine Mutter in der Küche den Kaffee aufstellen, und plötzlich gefiel es mir an der kalten Wand der Schutzhütte gar nicht mehr. Auch das Wetter schien sich nicht zum besten zu entwickeln.

„Bist grantig?" fragte Werner.

„Was?" Ich schreckte aus meinen verführerischen Gedanken auf.

„Warum schaust so finster drein?"

„Tu i das? I wüßt nit, warum. Steigen wir in die Wilde Iß ab?"
„Ja! Auf! Mannder, es isch Zeit!" spottete mein Freund.

Wahrscheinlich war auch er in Gedanken weit weg gewesen, bei seiner Frau daheim. Wir sind beide verheiratet, und wenn wir es auch nie laut sagen, wir wissen genau, daß unsere Frauen mit uns Bergnarren viel Nachsicht und Geduld üben und das Alleinsein und die stillen Ängste tapfer ertragen müssen.

Der Kleine Solstein trägt seinen Namen zu Unrecht, er ist immerhin der höchste Gipfel der Inntalkette des Karwendelgebirges, 2641 Meter hoch. Daß die nur 2540 Meter hohe, westlich gelegene mächtige Felskuppe Großer Solstein heißt, hat den Grund darin: Sie ist das freistehende westliche Eck der Kette; die südlich vorgelagerten bewaldeten Felsriegel und Höhenplateaus sind wesentlich niedriger und lassen den nackten Solstein weitum als den Großen erscheinen. Bei den Bergen ist es wie bei den Menschen: Die niedrige Umgebung läßt jemand Gewöhnlichen groß erscheinen, obwohl in der Masse oft viel größere stehen, aber durch die Entfernung und die vielen Nachbarn nivelliert und — eingekeilt — darin zur Masse werden. Es kommt eben für den Normalseher immer darauf an, wo und wie man steht . . .

Die Wilde Iß ist ein Kar am Fuße der Nordwand des Kleinen Solsteins. In der Mitte des oberen Kares steigt ein etwas vorgebauter Wandpfeiler auf, dessen Kopf man nach zwei Seillängen gerade empor erreicht. Die Route wurde 1950 vom gebürtigen Zirler Doktor Heinrich Klier mit Dr. Henriette Prochaska erstmals begangen und ist von ihm im Karwendelführer des Alpenvereins genau beschrieben. Diese Route bis zur sogenannten und sich schräg nach oben ziehenden Terrasse und die hier anschließende Gipfelwand-Alte Nordwand (K. Grissemann, E. Spöttl 1899) gingen wir um 10.30 Uhr und bei bereits sich wesentlich gebessertem Wetter an.

Die Rucksäcke behielten wir am Buckel; solange es möglich wäre, wollten wir mit ihrem Nachziehen mittels eines zweiten Seiles keine Zeit verlieren. Man muß nur vorsichtiger und überlegter gehen und das Gewicht richtig ausbalancieren.

Einige Quergänge zwangen uns wegen starker Vereisung zu besonderer Aufmerksamkeit. Die Hammerschläge auf die Zwischenhaken zerrissen die Stille dieses Karwendeleckes, in dem zu dieser Jahreszeit sonst kein menschlicher Schritt eindringt und die totale Einsamkeit regiert: Auch das Wild ist zu den Futterkrippen der Aufsichtsjäger weiter hinaus ins Gleirschtal gezogen.

Wir kamen bestens voran. Kaum ein Haken saß in der Wand. Der kalte Fels war fest und griffig. Nur selten stießen wir auf brüchige Partien. Hier war es eine Lust, im Freikletterstil zu gehen; auch die Temperatur mit etwa minus fünf Grad Celsius war ideal.

Einzig die überhängende Wand unterhalb des heutigen Tageszieles, der Terrasse, lag uns im Magen. Wir sahen sie schon von weit unten. „Die grinst uns an", sagte Werner einmal, als er kurz verschnaufte und den Blick nach oben gehen ließ.

„Ach was! Grins zurück!"

Wir reden während der Tour nicht viel. „Stand! Nachkommen!", sind die häufigsten Sätze. Manchmal ein fragendes „Links? Rechts?" Vielleicht ein Knurren, wenn eine Stelle schwer zu überwinden ist.

Das Steigen hier ging rhythmisch vor sich. Selten haben wir eine Routenbeschreibung gelesen, die so stimmt wie für diese Wand. Ihren Aufbau hatten wir gut studiert und wie ein Rollenbuch im Kopf.

Nur der viele Schnee überraschte uns. In den Nischen und Wasserlöchern, auf den Bändern und Standplätzen lag mehr Schnee als unten im Kar. Bei früheren Winterbegehungen hatten wir damit viel weniger Schwierigkeiten gehabt.

Aber dies hier war eine reine Nordwand, erfahrungsgemäß liegt im Norden viel mehr Schnee, sei es, daß die Sonne nicht dazukommt, sei es, daß der Südwind ihn von den Gipfeln herunterbläst, wo er auf allen vorspringenden Felsteilen oder in vertieften Wandstellen meist pulverig liegenbleibt. So ist es verständlich, daß wir oft bis zur Brust im Schnee steckten oder wie Straßenkehrer die Simsln und Köpfln mit den Schuhen freifegen mußten. Endlich hatten wir den überhängenden Wandteil erreicht. Werner hatte lange genug zu ihm hinaufgeschaut gehabt, nun zuckte um seinen Mund ein Grinsen, und ohne lange zu fackeln und ohne den Rucksack abzulegen, ging er den Überhang an.

Frech, als wäre es ein Kinderspiel, stieg er hinauf, fand einen Haken, einen zweiten, den dritten trieb er selbst in den Felsen — dann stand er und rief: „Nachkommen!" Er grinste tatsächlich die Wand an. Meinen Spaß hatte er ernstgenommen.

Es war 17 Uhr. Die 600 Meter der Geraden Nordwand lagen unter uns und die Terrasse lud zu einem luxuriösen Biwak ein.

Wir hatten zum Vorbereiten des Biwaks genügend Zeit. Eine große Steinmulde war bald vom Schnee gesäubert, sie war so günstig gehöhlt, daß ein bequemes Doppelbett daraus entstand und auch für die Rucksäcke und Ausrüstung genügend Raum vorhanden war. Wir konnten sogar auf eine Sicherung verzichten.

Werner setzte den Kocher in Betrieb, schmolz Schnee, schüttete ein Suppenpaket in das kochende Wasser, und bald begannen wir genießerisch zu schnuppern: Die Suppe schmeckte hervorragend und wärmte besser als ein heißer Ziegelstein.

Noch bevor die Sonne in der Gegend der Zugspitze vom blaugrauen Himmel herabsank, steckten wir mit ausgestreckten Füßen in den Biwaksäcken und waren glücklich wie selten. Das wird vielleicht nicht jedermann verstehen; er stellt sich ganz bestimmt schönere Situationen als ein hartes Lager in einer Felsmulde auf einer Terrasse zwischen zwei Steilwänden vor; er kann sich ein angenehmes Biwak unter Palmen am azurblauen Meer in warmen Zonen, braungebrannte, sich in den Hüften wiegende Gestalten, Gitarrenmusik und eichenfässergefärbten Whisky in der Phantasie ausmalen — nicht aber unser Glück in der winterlichen 1000-Meter-Wand. Und doch war es so!

Die Sonne leckte mit ihren letzten Strahlen die Spitzen des Eppzirler Kessels und der Gleirschtalkette ab, bald aber stiegen die tiefblauen Schatten der einsamen Täler bis hinauf zu den zerhackten Felsgraten, und dann begann der Himmel sich vom durchsichtigen Blau und Grün in dunklen Samt zu verfärben.

Wind kam auf und zerrte an den Biwaksäcken. Er störte uns nicht. Unsere Augen wanderten den Kranz der nahen und fernen Gipfel und Jöcher ab, gingen über den Himmel, der uns Gutes versprach. Keine Wolke, kein Schleier war zu sehen. Die Sterne glänzten, ohne zu flimmern oder zu zucken. Morgen würde der Tag schön bleiben, morgen würden wir ohne Schlechtwettergefahr unser Vorhaben weiterführen können.

Werner begann zu singen. Ich fiel mit meiner rauhen Stimme in den Gesang ein. Wir waren fröhlich, weil wir nicht anders konnten. Die Lust des einfachen, kargen, harten Lebens, des Lebens in voller Natürlichkeit und Echtheit hatte uns gepackt.

Trotz aller Zivilisation und Technik, trotz aller Verweichlichung, trotz tausendfacher Degenerationserscheinungen hatten wir einen Weg gefunden, naturverbunden zu bleiben und mit der Natur wie Entdecker zu raufen und letztlich voller Respekt mit ihr auf „Du und Du" zu stehen.

Dann kam bald einmal die Zeit zwischen Wachsein und Schlaf: Der Körper verlangte sein Recht, sich von den Mühen des Tages auszuruhen, der Geist aber gaukelte Bilder des abgelaufenen Tages in bunter Folge vor das innere Auge. Plötzlich brach Werner diesen Wach-Schlafzustand: „Wenn ich so zurückdenk, dann habn wir in diesem Jahr allerhand gmacht . . ."

Ich richtete mich etwas auf: „Laß mi nachdenkn! Angfangt hat's mit der Wintererstbegehung durch die Riepenwand-Ostkante. Dann . . ."

Wir waren plötzlich wieder hellwach und zogen, wie es sich am Jahresende gehört, Bilanz. Bilanz eines Bergsteigerjahres: für kein Finanzamt, für keine Presseaussendung, für keine Vereinsstatistik, einfach so für uns beide.

Die Skala der Berge reichte vom Mugl des Ranggerköpfels bis zum Südwestpfeiler (Bonattipfeiler) des Petit Dru.

Oft sind wir an einem Samstagnachmittag über einen normalen

Touristenweg auf einen unbedeutenden Berg gestiegen, oft haben wir nur eine Tour mit Schwierigkeitsgrad III gemacht, oft schnellte die Wertung auf VI der Welzenbach-Skala, und manchmal galt auch für die Klassifizierung der Aufstiege A 3 (= Hakenklettern; die Haken können nur mit größter Schwierigkeit geschlagen werden).

Da lagen wir nun redend, erzählend, harte und wunderschöne Tage dieses vergehenden Jahres aufwärmend, heikle Situationen nachzeichnend; da lagen wir also auf einer Felsenterrasse zwischen Himmel und Erde, spürten weder Wind noch Kälte, weil die gemeinsamen Erlebnisse in der Erinnerung wie Champagner aufperlten und das Blut schneller durch die Adern jagte.

Manchmal, während einer Gesprächspause, hingen die Augen am Himmel, tasteten Sternbilder ab, etwa den Großen Wagen, trugen seine Hinterachse wie mit einem Zirkel auf dem Reißbrett fünfmal auf und blieben am hellglänzenden Polarstern hängen.

Unser dritter Seilkamerad, Herbert Zlabinger, war heute nicht mit von der Partie, aber in der Nordwand der Großen Zinne (Sachsenweg), über den SW-(Bonatti-)Pfeiler des Petit-Dru, bei der ersten Winterbegehung über die Ostkante der Riepenwand in den Kalkkögeln war er als immer verläßlicher und heiterer Gefährte dabei gewesen, während Werner Haim und ich schon seit langem ein aufeinander eingespieltes Gespann sind. Noch viele berühmte Führennamen klangen auf. Auch sie gehörten zur Ernte dieses Jahres: Ortler-Nordwand (in viereinhalb Stunden); Schüsselkar-Südwand-Knapproute und Südost-Wand; Spindlerturm, ebenfalls im Wettersteingebirge; Scharnitzspitze Südwest, Strengführe; Christa-Turm-Südostkante; Fleischbank Südostwand; die Wintererstbegehung durch die Nordwand der Speckkarspitze und noch viele andere.

Als wir endlich einschliefen, war der Große Wagen um ein beträchtliches Stück weitergefahren. Silvester stand vor der Tür.

Der Tag brach in strahlender Laune an und nahm uns mit seiner Schönheit bald den Schlaf aus den Augen. Werner setzte den Kocher in Betrieb, ich stellte die „Packordnung" wieder her, und dann ließen wir uns die heiße Ovomaltine zu knackendem Zwieback schmecken.

Um 9 Uhr gingen wir die 400 Meter hohe Gipfelwand an, nachdem wir uns durch den tiefen Schnee gewühlt hatten, der auf der 50 bis 70 Meter breiten Schrägterrasse lag.

Die überhängenden Wandstellen waren stark vereist.

Weit und breit steckte kein Haken — bisher hatten wir überhaupt nur vier vorgefunden: ein Beweis, daß die Wand kaum begangen wird. Die Sicherungsmöglichkeiten waren äußerst schlecht, man konnte kaum einen neuen Haken einschlagen. Der Fels war glatt, bot Standplätze, die nur mehr ein Kleben zuließen.

Hier durfte keiner die Nerven verlieren oder gar stürzen: Das Seil war nur mehr eine rein optische Sicherung.

Nach dem Überhang galt es, mit Fingerspitzengefühl einen Quergang zu meistern, der stark an den „Götterquergang" in der Eiger-Nordwand erinnerte. Nicht die technischen Schwierigkeiten machten uns zu schaffen, die starke Vereisung und die geringen Sicherungsmöglichkeiten lagen uns im Magen. Ich schimpfte: „Dös mag i gar nit!", als ich sah, daß die wenigen Haken, die ich in den Fels schlagen konnte, von Werner im Vorbeigehen mit der bloßen Hand wieder herausgezogen werden konnten. „Scheibenhonig!" knurrte Werner, als er an meinem Stand, der keiner war, vorbeischlich, vorsichtig weitertastete, rastete, wieder einige Meter sich nach oben schwindelte und mit den Füßen ausrutschte. Mir blieb fast das Herz stehen. Nur mit den Fingern in eine Leiste gekrallt, hing er da, hob langsam einen Fuß und suchte einen Stand. Wenn er jetzt stürzt, ist alles aus! Dann steht unsere Bilanz in der roten Zahl, der letzten!

Die Sekunden wurden zu Minuten, die Minuten zu Stunden. Aber Werner schaffte es. Und als ich bald einmal einen Haken singen hörte, war dies für mich himmlische Musik.

Um 14.30 Uhr standen wir auf dem Gipfel.

Werner strahlte: „Dös ist ein Silvester. Saggra! Jetzt werdn's da unten im Tal sich schon schniegeln und striegeln, die ersten Räusch werdn gliefert, und jeder glaubt, ab morgen wird alles besser und schöner.

Komm, Felix, steign wir ab, machn wir halt a ein bißl mit. So ein helles Bier tät mir gar nit schadn. Und i sitz ganz gern wieder einmal mit die Leut beieinander.

I bin ja nit gschamig. Ist ja ganz nett, wenn die Kellnerin dich stupft und fragt: Werner magst no a Halbe? Und i schau ihr treuherzig in die Augen und auf die Busen und sag: Ja mei, bring halt no eine!"

Zum Gedenken eines Bergkameraden

Als wir nach der Nanga-Parbat-Expedition 1970 in Rawalpindi eintrafen, erreichte uns Post von daheim. Darunter war die Todesnachricht über Karl Binder.

Er war nicht nur Werner, Herbert und mir, sondern Dutzenden anderen einer der liebens- und schätzenswertesten Bergkameraden gewesen. Der Niederösterreicher, aus bescheidenen Verhältnissen kommend, hatte sich in Tirol angesiedelt und war bald einmal ein begeisterter Bergtourist geworden. Man sah ihn zu allen Jahreszeiten mit Schi, Pickel oder Seil und Haken unterwegs in den Alpen. Seine Grenze lag zwischen Schwierigkeitsgrad III bis V.

Mehr wollte er nicht, mehr machte er nicht. Neidlos gönnte er anderen größere Erfolge. Aber wenn man ihn brauchte, war er da: etwa bei einem Rettungsunternehmen, bei einer Schikonkurrenz als Torrichter und als Kontrollposten oder beim Loipenkommando eines nordischen Wettbewerbes.

Alle nannten ihn „Tscharli", allen war er der Freund „Tscharli". Auf einer Tour zum Olperer rutschte er im Abstieg über den Südostgrat aus und fiel über den Grat 20 Meter tief so unglücklich ins Seil, daß auch eine in kürzester Zeit organisierte und trotz eines aufgekommenen Hochgewitters durchgeführte Windenbergung aus einem Hubschrauber zu spät kam. Freund Tscharli war tot.

Als Werner und ich wieder daheim waren und uns von den Strapazen am Nanga Parbat erholt hatten, zog es uns in der Freizeit wieder in das Karwendel, vor allem zum Halleranger.

Wir probierten die Nordwand des großen Lafatschers, strolchten am Fuße der Wandfluchten der Speckkarspitze herum und suchten neue Aufstiegsmöglichkeiten; drei neue Führen hatten wir schon erschlossen, und zwar die Speckkarspitze-Nordwand-Östl. Durchstieg (VI —), die Speckkarspitze-Nordwand-Östl. Teil-Direkte (VI) und die „Kuen-Haim-Dobrovs-Führe". Dazu war noch die erste Winterbegehung der Speckkarspitze-Gerade Nordwand (V +, VI) gekommen.

Und nun probierten wir wieder im östlichen Teil dieser gewaltigen Wandflucht herum und entdeckten eine neue Aufstiegsmöglichkeit. Über ausgesetzte Kanten und einige nette Quergänge gewannen wir an Höhe. Der Fels war, was im Karwendel eine Seltenheit ist, gut und griffig. Das ausgesetzte Klettern erinnerte an den Christa-Turm im Wilden Kaiser. Uns jedenfalls gefiel der Aufstieg immer besser, wir begeisterten uns am Freiklettern, und als wir über leichteres Gelände dem Gipfel zustrebten, überlegten wir die Namensgebung dieser neuen Führe.

„I hab eine Idee", sagte ich zu Werner.

„Ja?"

„Vor einem Jahr ist der Karl Binder abgestürzt. Geben wir ihr seinen Namen!"

„A guete Idee! Tragen wir die neue Route im Halleranger-Haus als Karl-Binder-Gedächtnisführe ein!"

Das war unser bescheidener Nachruf für „Tscharli".

Ich könnte noch eine Reihe von Erstbegehungen anführen, aber ich glaube, mit diesen Beispielen einen kleinen Eindruck vom Beschreiten neuer Wege vermittelt zu haben.

Als Abschluß dieses Kapitels setze ich zur Erhärtung meiner hier schon mehrfach geäußerten Meinung, daß zwischen der Hakenkletterei und dem Freikletterstil ein himmelhoher Unterschied besteht, einen von mir bereits veröffentlichten Artikel.

Bild rechts:
Matterhorn-Nordwand, Querung z
Riesenverschneidung

Bild umseitig:
Eiger-Nordwand, 2. Eisfeld

Vieles ist gar nicht so utopisch, wie es heute klingt! Alles entwickelt sich weiter, wird verbessert, bekommt ein neues Gesicht; was früher seinen Zweck erfüllte, entspricht heute nicht mehr, und morgen wird es durch etwas Neues ersetzt. Warum soll gerade das Bergsteigen von dieser Wandlung ausgenommen sein? Schon heute dient es doch in vielen Fällen dazu, Neues zu erproben, das morgen allen zur Verfügung stehen wird. Freilich: Der Grund, warum der Mensch auf Berge steigt, weshalb er seine Hand an den Fels legt und seine Steigeisen in die Gletscherflanke schlägt, wird auch im Jahre 2000 derselbe sein wie heute.

Es gibt zwei Kategorien von Bergsteigern, die auch in zwei verschiedene Richtungen „ziehen". Zur ersten Kategorie zählen die Idealisten, die nach meiner Ansicht die wirklichen Bergsteiger sind. Als Vorbild darf ich — einen für viele — Gaston Rébuffat nennen. Bergsteigen soll nicht nur Sport und Körperertüchtigung sein, sondern vor allem Erlebnis und Abenteuer. Wer keine Freude mehr an einem III. Schwierigkeitsgrad findet, zählt nicht zur ersten Kategorie. Bei diesen Bergsteigern wird sich auch nach 30 Jahren nichts Wesentliches ändern.

Natürlich besitzen sie eine bessere Ausrüstung als heute, wie z. B. batteriegeheizte Schuhe oder Handschuhe, so daß man sich keine Hände mehr erfrieren kann. Auch hier wird die heutige Astronautenverpflegung das ideale Essen darstellen. Aber sonst werden sie das gleiche empfinden wie wir heute. Der Sonnenaufgang wird genau der gleiche sein auf dem Grat, und die Stürme werden sie genauso begleiten wie uns heute. Auch sie werden im Biwak noch immer nach dem Wetter sehen; ob die Sterne funkeln oder ob sie ruhig sind. Im Jahre 2000 wird die Rettung mit Hubschraubern oder anderen Luftfahrzeugen aus gegliederten Wänden möglich sein. Daher wird das Risiko nicht mehr so groß sein. Auf Grund dessen können und werden aber auch die Unfälle ansteigen. Die Ehrfurcht vor dem Berg wird immer kleiner, und das bringt Gefahren mit sich.

Dazu kommt, daß das Gebirge immer mehr durch Straßen und Seilbahnen erschlossen wird. Die Hütten werden zu Hotels umgebaut sein.

Die zweite Kategorie Bergsteiger sieht nur das Steileis und die senkrechte Wand des VI. Schwierigkeitsgrades.

Wie wird man nun im Jahre 2000 in den Alpen klettern?

Das Klettern wird zu einer Arbeit gestempelt, denn man wird alles auf direktem Weg bezwingen wollen. Also muß viel gebohrt werden. Es kommt tatsächlich zum Batteriebohrer oder Motorbohrer. Man wird am Wandfuß ein Lager errichten, um den Nach-

ld umseitig:
tterhorn-Nordwand im oberen ittel; Mittelgrund oben: Touten auf dem Normalweg (Hörnligrat)

ld links:
tit-Dru-Westwand mit Bonatti-eiler; der Schneefleck im oberen ittel ist die Eisnische in der Nord-nd

schub nach oben mittels Seilbahn zu besorgen. Es wird mit Winde und Stahlseil alles Notwendige „nachgefahren". Unsere junge Generation wird auch die sichersten Routen mit der Stoppuhr angehen. Es könnten ohne weiteres Rennen stattfinden. Es gäbe dafür schon einige solcher Touren. Jedoch wird es im Jahre 2000 meines Erachtens noch keine Europa- oder Weltmeisterschaften geben. Im Eis wird sich nicht so viel ändern.

Ein Abgeschnittensein von der Außenwelt gibt es nicht mehr. Moderne Funkgeräte geben den Zukunftsalpinisten ein beruhigendes Gefühl. Vielleicht bringt eine Klebstoffirma den „Klebehaken" auf den Markt; damit könnten so ziemlich alle Felsprobleme gelöst werden. Auch zum Einstieg kommt man schnell mit dem Hubschrauber, der auch heute schon bei Winterbegehungen benützt worden ist. Das werden dann die „Superdirettissima-Alpinisten" vom Jahre 2000 der zweiten Kategorie sein.

Nun soll aber doch zum Abschluß dieser utopischen Zeilen gesagt werden, daß der Bergsteiger des Jahres 2000 auch noch einsame und unerschlossene Ziele finden wird. Wenn man bedenkt, daß es im Karwendel eine Wandflucht gibt, die zwei Kilometer lang ist und fast keine begangene Route aufweist, so darf man hoffen, daß es noch Abenteuer, Bergerlebnisse und Bergsteiger im klassischen „Rebitsch-Stil" geben wird. Das heißt, daß man nicht nur wie ein Affe von Haken zu Haken wird hüpfen müssen. Und wer schreibt uns Alpinisten überhaupt vor, was richtig ist und wie es gemacht werden soll?

Nach meiner Ansicht ist das Klettern dort ideal, wo der Haken nur als Sicherung dient. Heute wie in 30 Jahren!

Es gibt schöne Berge, es gibt trostlose Berge, es gibt mordende Berge. Es gibt heimtückische Berge. Wir selbst treffen unter ihnen die Auswahl für unsere Touren. Und wählen soll man das, wofür man glaubt geschaffen zu sein.

In den
großen Wänden
der Westalpen

Eiger-Nordwand

Es gibt schöne Berge, es gibt trostlose Berge, es gibt mordende Berge. Alle aber haben seit Beginn des Alpinismus eines gemeinsam: Sie fordern den Menschen heraus, sie zu besteigen. Sind sie bezwungen, zeigen sie Varianten des Aufstieges, lassen kühne Pfeiler, Kanten und Wände in den Augen der Bergsteiger widerspiegeln, brennen sich in den Gehirnen ein und reizen so lange den menschlichen Urtrieb des Eroberns, des Inbesitznehmens, des Sich-stärker-Fühlens, bis Hände und Füße den abweisenden Felsen berühren und ein sich immer wiederholendes Abenteuer beginnt. Je stärker die Kunde in die Welt dringt, daß eine Wand eines Berges noch unerstiegen ist oder immer wieder Opfer fordert, um so mehr Menschen kommen zu dieser Wand, studieren sie, steigen ein und fordern sie zum Zweikampf heraus.

Ein typisches Beispiel dafür ist die Eiger-Nordwand. Jahrzehntelang war sie das Sinnbild des mordenden Berges; das ging so weit, daß man nicht mehr von der Nordwand, sondern von der Mordwand sprach. Heinrich Harrer betitelte sein Buch über die Geschichte der Eiger-Nordwand „Die weiße Spinne“; Toni Hiebeler gab seinem Buch über die gleiche Wand den Untertitel „Der Tod klettert mit“. Für Harrer ist die weiße Spinne das Symbol des lauernden Todes mit seiner Vielfalt in der Wand: Steinschlag, Lawinen, Eisstürze, Ermattung, Erfrieren, Sturz, menschliche Unzulänglichkeit, Opfermut ...

Die Geschichte dieser Wand hat es verdient, festgehalten und fern aller Sensation den kommenden Bergsteigergenerationen präsentiert zu werden.

Der 3970 Meter hohe Gipfel des Eigers wurde im August 1858 vom Iren Barrington und den Grindelwalder Bergführern Christian Almer und Peter Bohrer erstmals über den Nordwestgrat erstiegen. Es muß betont werden, daß für die Engländer damals das Bergsteigen als eine sportliche Angelegenheit gewertet wurde. Aus diesem Motiv heraus strebten immer wieder englische Sportler auf die Gipfel der Alpen und später des Himalajas, und sie spielen daher in der Geschichte des Alpinismus eine große Rolle.

Im Laufe der Jahrzehnte erschloß man immer neue Routen, auch auf den Eiger. Nur die Nordwand galt als nicht durchsteigbar. Den ersten Versuch wagten zwei Münchner, Max Sedlmayr und Karl Mehringer.

Sie waren gut vorwärtsgekommen, dann aber brach eine Schlechtwetterperiode in der Wand an, und beide kämpften sich verzweifelt nach oben. Der Rückweg war versperrt. Alles vergeblich. Beide starben, Sedlmayr durch Erschöpfung und Erfrierung am oberen Rand des Dritten Eisfeldes; seitdem heißt diese Stelle Todesbiwak. Mehringers Leiche wurde erst nach 27 Jahren im Zweiten Eisfeld gefunden.

Noch zwei Versuche — 1936 und 1938 — endeten mit dem Tod der Wanderoberer, bis die erste Durchsteigung gelang:

Die beiden Österreicher Willy Angerer und Edi Rainer, die zwei Deutschen Andreas Hinterstoisser und Toni Kurz starben im Juli 1936, die Italiener Mario Menti und Bortolo Sandri im Juni 1938.

Am 24. August 1938 gelang den Seilschaften Anderl Heckmair/ Ludwig Vörg (Deutschland) und Heinrich Harrer/Fritz Kasparek (Österreich) die erste Durchsteigung, und sie lieferten den Beweis, daß das Wort „unmöglich" vom Menschen immer wieder auf andere Dinge geschoben werden kann, bis auch sie „möglich" gemacht werden.

Als Dieter Wörndl und ich im August 1962 in die Wand einstiegen, waren schon 27 Durchsteigungen geglückt, aber 20 hoffnungsvolle Männer beim gleichen Unternehmen gestorben.

Wir hatten aus allen uns zur Verfügung stehenden Berichten und Bildern die Wand studiert, ihr Aufbau und der mögliche Weg standen wie eine große Fotografie in unseren Gehirnen:

Erster Pfeiler — Zerschrundener Pfeiler — Feuchte Höhle — Schwieriger Riß — Hinterstoisser-Quergang — Schwalbennest — Erstes Eisfeld — Eisschlauch — Zweites Eisfeld — Bügeleisen — Todesbiwak — Drittes Eisfeld — Rampe — Wasserfallkamin — Götterquergang — Spinne — Ausstiegsrisse — Gipfeleisfeld —

Gipfel! Allein schon diese Namen können einem sensiblen Menschen einen leichten Schauder über den Rücken jagen.

Aber wir hatten uns nicht nur visuell und geistig auf das Unternehmen vorbereitet, sondern auch körperlich.

Im Karwendel und im Wilden Kaiser, in den Stubaier und Zillertaler Alpen, im Ortler- und Großglocknergebiet und auch in den Westalpen hatte ich mit Dieter und anderen Kameraden mein Können verbessert. Darunter waren zum Beispiel die Nordostwand des Hochpfeilers, das Firndreieck des Großen Möselers, die Direkte Nordwand der Königsspitze im Ortlergebiet, die Nordostwand des Lyskamm-Westgipfels mit der Hiebeler-Route im unteren Teil, die Matterhorn-Nordwand (16. Begehung, mit Hans Rietzler), um nur einige Routen zu nennen.

Mir war klar, daß die Eiger-Nordwand neben Glück vor allem das Beherrschen des kombinierten Fels-Eiskletterns verlangt. Wer nur den Dolomitenkalk kennt, tut sich schwer. Ich hatte das große Glück, in Johann Zach einen ganz hervorragenden Kombinierer als Lehrer gefunden zu haben. Er mußte wegen eines schweren Unfalles das extreme Bergsteigen leider aufgeben.

Beim Übersiedeln von der Oberwalderhütte ins Tal hatte er die Hüttenkatze ohne Korb in das Auto gesetzt, sie war ihm dann ganz überraschend ins Genick gesprungen, wobei er das Steuer verriß und mit dem Auto über einen Steilhang mehr als hundert Meter abstürzte. Hans kam mit dem Leben davon, aber seine beste Zeit in den Bergen gehörte seitdem der Vergangenheit an. Trotzdem machte er mit mir noch im Juni 1961 die Eiskletterei über die teilweise 70 Grad geneigte Nordwand der Königsspitze und lehrte mich dabei das Überwinden des Gruselns. Seine Technik im Eis war perfekt gewesen.

Daß ich in Dieter Wörndl einen ganz hervorragenden Techniker und gereiften Berggefährten hatte, wußte ich. Der „Zweite" muß genauso verläßlich sein wie der „Erste".

Heinrich Harrer sagte das in schönen Worten: „Ich war immer enttäuscht, wenn Bergsteiger, die als Seil-Erste durch eine schwere Wand stiegen, die Aufgabe des Seil-Zweiten verschwiegen. Man wird selbst nicht schlechter, wenn man berichtet, daß das Seil durch die sichernden Hände des Freundes glitt, während man den Überhang bezwang."

Der Sommer 1962 war in bezug auf Durchstiegsversuche, Erfolge und Mißerfolge wohl die turbulenteste Saison von allen bisherigen. 44 Kletterer aus der Schweiz, Österreich, Italien, Deutschland, Großbritannien und den USA bezwangen die Wand, fünf Männer aus der Schweiz, Österreich, Großbritannien fanden den Tod, zwei davon im Juli vor unserem Einstieg.

Unter den Abgestürzten waren zwei Alleingeher: Adolf Derungs aus der Schweiz, der im Jahre 1959 mit dem Seilkameraden Lukas Albrecht als 16. Bezwinger der Eiger-Nordwand (mit Wintermänteln) bekannt geworden war, und der trotz seiner Jugend schon als Einzelgeherphänomen berühmt gewesene Wiener Diether Machart.

Ohne zu kritisieren, sei mir hier eine Bemerkung gestattet: Mir kommt eine Wanddurchsteigung im Alleingang wie ein Seiltänzerakt zwischen zwei Wolkenkratzern ohne Balancierstange und Netz vor. Mag sein, daß ich deshalb als ängstlich angesehen werde — vernünftig ist ein solches Unternehmen nicht. Der Seilkamerad ist, wenn schon nicht immer der fest sichernde Teil, doch die moralische und zwischenmenschliche Stütze. Beide können sich in Gefahrenmomenten zurufen, seelisch helfen und wieder aufrichten, von der technischen Hilfe ganz abgesehen.

Ich muß das hier sagen, weil gerade sehr junge Bergsteiger glauben, sie könnten durch Alleinversuche ihr Können in die Öffentlichkeit rücken.

Natürlich birgt jede extreme Tour eine Portion Risiko in sich. Aber man soll dieses Risiko möglichst herabmindern.

Der Alleingeher erhöht es, mag er auch das Gegenteil behaupten, wie man es in bestimmten Berichten lesen kann.

Über die Eiger-Nordwand ist schon so viel geschrieben, im Rundfunk gesprochen und in Wochenschauen gezeigt worden, daß man ein ganzes Archiv damit füllen könnte. Ich will es daher auf einen kurzen Nenner bringen: Wer hier einsteigt, muß in Fels und Eis versiert sein, die Ausrüstung soll Kälte und Nässe trotzen, vor allem aber muß man wissen, daß durch Wettersturz Passagen mit Schwierigkeitsgrad IV durch Eisüberzug fast unüberwindbar werden. Und dann braucht man charakterliche Reife. Wer die Nerven wegwirft, ist verloren. Die objektiven Gefahren, wie Gewitter, Eisregen, Schneefall, Steinschlag, Lawinen, Waschküchennebel, zerren an der Standhaftigkeit, Ausdauer und am seelischen Gleichgewicht. Die 1800 Meter hohe Wand ist düster, unberechenbar und heimtückisch durch die sich in ihr verfangenden Wolken und Gewitter.

Daher überwiegen bei weitem die objektiven Gefahren. Wer durch diese mürbe wird, beschwört erst recht die subjektiven herauf. Aber manchmal zerbricht auch der Stärkste und Mutigste an den Unbilden eines grausamen Wetters, wie etwa 1936 Toni Kurz, dessen Versuche, aus der Wand zu gelangen, einem Golgatha glichen.

Am 19. August 1962 stiegen Dieter und ich um 12 Uhr in die Wand ein. Unser Tagesziel war das Schwalbennest, das man nach Überwinden des Hinterstoisser-Querganges an der westlichen Felsbegrenzung des Ersten Eisfeldes findet. Wir wollten hier biwakie-

Flammes de Pierre, Hintergru͏̈ *Grandes Jorasses*

ren, am nächsten Tag bis zum Götterquergang vorstoßen und am dritten Tag auf dem Gipfel stehen.

Wir kamen gut vorwärts. Das Wetter war herrlich, der Fels trocken und griffig. Aufeinander eingespielt, überwanden wir spielerisch den unteren Teil der Wand. Was Wunder, daß wir bald zwei Seilschaften an der Feuchten Höhle zwischen Zerschrundenem Pfeiler und Schwierigem Riß einholten, die es gar nicht eilig hatten. Auch sie wollten an diesem Tag nur bis zum Schwalbennest. Diese vier urgemütlichen Burschen stammten aus dem Kanton Uri und hießen Franz und Josef Jauch, Franz Gnos und Josef Zurfluh. Wir riefen uns zu, lachten, freuten uns am Leben und an der Schönheit des Landes unter und rund um uns. Getrennt wie bisher stiegen wir weiter und richteten uns am frühen Abend im Schwalbennest für die Nacht, so gut es ging, gemütlich ein.

Wir waren aber nicht allein in der Wand: Ober uns biwakierten in der Nähe des Bügeleisens die deutsch-amerikanische Seilschaft Kirch/Harlin und die beiden Oberösterreicher Hauer/Rafanowitsch.

„Da ist heut allerhand los!" sagte ich und brannte den Kocher an.

„Was hasch gseit?"

„An Hunger hab i! Magst an Tee? I koch glei oan!"

Wir verstanden uns bald einmal, trotz gewisser Dialektschwierigkeiten.

Aber wir sollten in unserem luftigen Nest noch Besuch bekommen. Turnten da nicht weitere drei Männer herauf!

„Ja mei liabs Herrgöttle! Das Nescht isch ja voll!"

Zwei Allgäuer, die Namen erfuhren wir erst später, Hermann Loderer und Dietmar Ohngemach, und der Schweizer Nick Baumann wollten hier biwakieren. Um 14.30 Uhr waren sie eingestiegen.

„Das geht da ärger zu wie auf der Maria-Theresien-Straße in Innsbruck", murmelte Dieter. „Wenn's so weitergeht, mach i an Verkehrsregler." Dabei wußten wir noch gar nicht, daß eine weitere Seilschaft unten sich auf den Einstieg vorbereitete: zwei Spanier und ein Deutscher.

„Wollt's ihr noch heut auf den Gipfel?" fragte ein Urner die an uns vorbeiziehende Seilschaft.

„Heut nit, aber morgen! Wir sind gerade in Form, habn erst den Walkerpfeiler gmacht!"

„Dann guete Nacht! Uns gfallt's da."

„Dös sind ganz Schnelle!" Wir machten es uns gemütlich.

Die Nacht war schön, noch schön! Aber die Sterne verhießen nichts Gutes. Ihr Licht war zu unruhig.

Ob Schnee kommt?

Wir brachen sehr früh auf. Unsere Befürchtung, daß sich das Wetter verschlechtern würde, traf nicht ein. Dieter und ich stiegen voran, die vier Urner Kameraden folgten. Sie waren das erste Mal in einer solch kombinierten und großen Wand. Auch ihre Ausrüstung hatte noch keinen modernen Anstrich. Sonst waren sie in Ordnung, ich meine charakterlich und kameradschaftlich, so wie es sich am Berg gehört.

Dieter und ich empfanden an diesem Tag die volle Lust des Steigens und Kletterns. Wir überlegten die Schritte, machten richtigen Stand, aber wir strebten mit Zielstrebigkeit, mit gutem Atem und Freude nach oben.

Es dauerte gar nicht lange, und wir hatten den „Eisschlauch" hinter uns. Kurz vor dem Zweiten Eisfeld überholten wir die am vorigen Abend an uns vorbeigestiegene Seilschaft, die heute den Gipfel erreichen wollte.

Sie querte am unteren Rand des Zweiten Eisfeldes nach links, anstatt gerade hinauf bis zu einer Felswand zu steigen, an deren Ansatz man auf der konventionellen Route nach links und dann schräg links aufwärts zum Todesbiwak oberhalb des „Bügeleisens" gelangt. Diese Seilschaft verlor dadurch viel Zeit.

Wie schon gesagt, noch war das Wetter schön, noch waren wir alle guten Mutes, noch präsentierte sich die Wand als wohl gewaltiger Aufbau aus Fels und Eis, aber immerhin als friedlich und gutmütig. Kein Wunder, daß wir, Dieter und ich, die wir in bester Form waren, am Spätnachmittag im unteren Teil der schräg links nach oben ziehenden Rampe die nächste Seilschaft überholten: die Oberösterreicher Hauer und Rafanowitsch, zwei sympathische Burschen mit Glockner-Erfahrung. Und die Urner hielten sich wacker in unserem Sog, so daß wir zu sechst wieder das Biwak bezogen, diesmal am linken Rand des Rampen-Eisfeldes, den Götterquergang ober uns, an dessen Anfang die Spitzenmannschaft Harlin/Kirch sich für die Nacht einrichtete.

Hauer/Rafanowitsch biwakierten unter uns beim Wasserfallkamin, die Allgäuer/Schweizer Mannschaft oberhalb des Bügeleisens, die zuletzt eingestiegene Seilschaft im Schwalbennest.

„Das Wetter bleibt guet?" fragte ein Urner.

„Die Sterne sind unruhig, viel unruhiger als letzte Nacht."

„Was soll das bedeuten?"

„Schlechtes Wetter! Schnee!"

Das Wetter wurde während der Nacht zusehends schlechter. Nebel zog in die Wand, bei uns, in der Rampe, begann es zu schneien, die Kälte kroch durch den Biwaksack und die Kleider.

„Wir haben keine Zeit mehr zu verlieren!"

Um 6 Uhr früh brachen wir auf, überwanden den Brüchigen Riß und stiegen in die Spinne ein. Nun war sie plötzlich da, die Spinne aus Eis, Schnee und Lawinenschüben. Harrer schrieb darüber: „Selten wurde nach dem äußeren Bild ein Name gefunden, der gleichzeitig das Wesen des Benannten so vollkommen erfaßt. Die Spinne der Eigerwand ist weiß. Ihr Leib besteht aus Eis, aus ewigem Schnee. Auch ihre hundert Meter langen Beine und Fangarme sind weiß. Lauter Eis ist es, das von dem ewigen, unheimlich steilen Firnfeld durch Rinnen, Risse und Spalten zieht.

Hinauf, hinunter. Nach rechts, nach links. Nach allen Richtungen, in jeder Steilheit.

Die Spinne wartet."

Stimmt. Keine Idee mehr von der Harmlosigkeit dieser Wand am gestrigen Tag. Unaufhörlich kamen Schneerutsche und Lawinen von oben; wer direkt getroffen wird, fliegt aus dem Stand. Auch Steine schossen vorbei. Das Schneetreiben nahm manchmal die Sicht, hüllte uns in feinen, kalten Staub und ließ uns frieren.

Aber wir hatten Glück. Wir entkamen den Gefahren der Spinne und stießen am Beginn der Ausstiegsrisse auf die erste Seilschaft. Der Amerikaner Harlin hatte schon am Beginn des Zweiten Eisfeldes den Pickel in die Tiefe fallen gesehen, er war trotzdem mit seinem Gefährten Kirch weitergestiegen. Er war ein zäher Bursche. Nach vier erfolglosen Versuchen ist er am 19. August zum fünften Mal in diese Wand eingestiegen, und nun, nicht mehr weit vom erträumten Ziel, kämpfte er sich gegen Sturm, Schnee, Kälte und Behinderung infolge Verlust des Pickels nach oben.

Da waren wir also acht Männer am Beginn der Ausstiegsrisse: Schweizer, Österreicher, Deutsche, Amerikaner. Acht Männer im obersten Teil dieser berüchtigten Wand mit ihrem berüchtigten Wetter, das Erfrieren, Ermattung, Absturz zur Folge haben konnte. Wir waren uns alle einig: Jetzt galt nur die gegenseitige Hilfe. Wir acht konnten nur noch nach oben, zum Gipfel, ausweichen. Die unter uns gebliebenen Bergsteiger waren den Blicken und Rufen entzogen. Auf sie konnten wir weder warten noch Rücksicht nehmen. Wir mußten möglichst noch heute die Wand hinter uns bringen, das war die einmütige Parole. Also hängten wir uns zusammen: voran die Schweizer, dann Dieter und ich, am Schluß Harlin und Kirch.

Franz Jauch glaubte, am meisten Kondition und Erfahrung zu haben, aber am sogenannten Quarzriß stürzte er acht Meter ins Seil. Auch der zweite Versuch scheiterte, er schaffte einen kleinen Überhang nicht; seine Technik war zuwenig ausgereift. Vor allem das Gehen mit Eisen im Fels behagte ihm nicht.

Es schneite noch immer, wir waren durchnäßt und durchfroren.

„So geht das nit!" rief Dieter zu mir herauf. „Felix! Wir müssn voran, sonst bleibn wir hängen!" „In Ordnung!"

Wir hängten uns ab, stiegen an die Spitze der Kette, und es gelang mir ohne Schwierigkeit, die Stelle, an der Jauch verzweifelte, zu überwinden und Stand zu beziehen.

„Nachkommen!"

Nach einem kurzen Abseiler stand ich vor dem letzten Kamin. Mein Herz schlug höher. Ich sah mich an diesem Tag schon auf dem Gipfel und im Abstieg zur Station Jungfrau.

„Felix! Felix!"

Es war Dieter.

„Was gibt's?"

„Zurückkommen! Ein Schweizer ist gstürzt, hat sich an Haxn brochn!"

„Das hat grad gfehlt!" schimpfte ich und stieg ein Stück ab. „Untersucht's den Fuß genau! Vielleicht ist er gar nit gebrochen."

Er war wirklich nicht gebrochen, nur verstaucht. Aber was tut ein Mensch mit einem verstauchten Fuß in der Eiger-Nordwand? Wie soll er sicher stehen, klettern, die Eisen ansetzen?

Wir verloren an diesem Tag viel Zeit, so viel Zeit, daß Dieter und ich gerade noch den Kamin durchklettern konnten, bevor es Nacht wurde, die vier Urner, an unseren Haken hängend, im Kamin selbst stehend biwakierten, und die beiden Schlußmänner am Kamineinstieg verbleiben mußten.

Das Schneetreiben und der eisige Wind tobten unaufhörlich durch die Wand. Unsere Schutzkleidung war steif und eisig.

Schon kroch Gefühllosigkeit die Füße empor. Ich bewegte unaufhörlich die Zehen, es nützte nicht viel. Unsere Schuhe waren für solche Witterung ungeeignet, noch hatten wir weder eine Ahnung noch das Geld für Schuhe mit Innenschuh und Filz.

Es war eine lange und grausame Nacht.

Eigergeschichten gingen mir durch den Kopf, Geschichten von Schmerzen, Verzweiflung und Tod.

Ich sah den Max Sedlmayr ober dem Bügeleisen erfroren im Schnee stecken, ich sah den Toni Kurz zwei Tage und zwei Nächte verletzt im Seil hängen und sterben, für die Retter zum Greifen nahe und doch nicht erreichbar. Ich sah alle zwanzig bis zu diesem 22. August 1962 in dieser Wand erlittenen Tode und begann inständig zu beten, daß wir alle lebendig dieser Hölle entrinnen möchten. Denn eines war Dieter und mir klar; allein durften wir nicht weitersteigen. Wir waren mit den übrigen nicht nur durch Seile verbunden! Und da geschah wieder das Unberechenbare dieser Wand: Gegen 3 Uhr früh gab es keinen Nebel, kein Schneetreiben, keinen Sturm mehr. Nur Kälte und funkelnde Sterne. Ein klarer Wintermorgen im August! Verrückte Wand! Wir stiegen sofort weiter, überwanden das Gipfeleisfeld und erreichten den Grat.

Um 9 Uhr standen Dieter und ich auf dem Gipfel. Mittags waren wir alle acht dort oben beisammen und schüttelten uns die zum Teil angefrorenen Hände.

Gemeinsam traten wir, glücklich, den Gefahren entronnen zu sein, den Abstieg über die Westflanke an.

Am 23. August hatten es auch die Oberösterreicher nach einem zusätzlichen Biwak geschafft, alle übrigen waren noch rechtzeitig umgekehrt und hatten ohne Schaden den sicheren Boden unterhalb der Wand beziehungsweise im Stollenloch der Jungfraubahn erreicht.

Dieter und ich kehrten ohne Triumphempfänge, wie sie in Gmunden und in der Heimat der Urner veranstaltet wurden, genauso still heim, wie wir von dort ausgezogen waren. Die nächste große Tour führte uns für viele Wochen in die Hautklinik zum Ausheilen der erfrorenen Glieder.

Dieter mußten leider einige Zehen amputiert werden. Aber er stand bald einmal wieder auf seinen geliebten Bergen.

In der Nordwand des Matterhorns

Das Matterhorn ist zweifellos einer der in der ganzen Welt bekanntesten Berge. Nicht umsonst wird häufig eine kühne, freistehende Spitze als Matterhorn bezeichnet, etwa in Südamerika, in den Zillertaler Alpen oder in Norwegen, wie es sich die Jirishhanca, die Zsygmondispitze oder der Otertind gefallen lassen müssen.

Die Geschichte der Ersteigung des Matterhorns, des Wettkampfes zwischen dem Engländer Edward Whymper und dem Italiener Jean-Antoine Carell, der Gerichtsverhandlung nach dem großen Unglück, das über Whympers Gipfelsieger im Abstieg über den Nordostgrat hereingebrochen war und vier Menschen das Leben gekostet hatte, diese Geschichte ist durch Bücher und Filme zu bekannt, um hier wieder erzählt werden zu müssen.

Der 14. Juli 1865 mit dem Gipfelsieg war in der Geschichte des Alpinismus ein Markstein; aber auch der 1. August 1931. An diesem Tag standen die beiden Münchner Franz und Toni Schmid auf dem italienischen Gipfel des Matterhorns. Sie waren die Menschen, die die abweisende, ungegliederte, weder Schutz noch Rast bietende 1200 Meter hohe düstere Eis- und Felswand des 4477 Meter hohen Matterhorns bezwangen. Die ersten Versuche hatte schon 1922 und 1923 der junge Wiener Horeschowsky unternommen, zuerst allein, dann mit einem anderen Wiener, Piekielko. 500 Meter unter dem Gipfel zwang sie Steinschlag zum Verlassen der Wand, hinaus zum Hörnligrat. Damit war der Nimbus, die Wand wäre nicht durchsteigbar, erschüttert.

Es war also auch hier wie immer: Ohne Vorkämpfer, ohne Pioniere kein Sieg. Die Erfahrung der Vorgänger, richtig genützt, führt zum Erfolg. Jede Generation steigt über die Schultern der vorherigen nach oben, im ganzen Leben ist das so.

Zwischen den Jahren 1931 und 1961 waren es fast ausschließlich deutsche, schweizerische und österreichische Bergsteiger, die diese Wand mit Erfolg durchstiegen: 7 Deutsche, 9 Schweizer, 20 Österreicher. Die einzigen Franzosen, Raymond Simond und Gaston Rébuffat, durchbrachen 1949 diese Phalanx.

Erst im August 1961 kamen Italiener, Tschechen und Engländer zum Zug. Die erste Alleinbegehung war am 22. Juli 1959 Dieter Marchart gelungen, jenem jungen Wiener, der bereits ein Jahr vorher mit Günther Stärker die Wand bis zum oberen Ende der Schulter durchstiegen hatte und am 27. August 1962 beim Versuch, die Eiger-Nordwand allein zu bezwingen, im Zweiten Eisfeld stürzte und sein junges Leben beendete.

15 Begehungen waren also schon bis zum 26. Juli 1961 gelungen, und fast durchwegs berühmte Bergsteigernamen standen auf der Ehrentafel dieser Wand, als wir zwei Unbekannte, Namenlose, Hans Rietzler und ich, am 26. Juli 1961 um 3 Uhr früh am Beginn des 50 bis 55 Grad geneigten Einstiegeisfeldes standen und zum auffälligen Schrägcouloir emporspähten.

Wir hatten noch keine Westalpenerfahrung, trotzdem muteten wir uns einen Einstieg zu. Sowohl Hans wie ich standen als Heeresbergführer und Kurslehrer fast in dauerndem Training. Fuscherkarkopf-Nordwand, Wiesbachhorn-Nordwestwand, Kaunergrat, Königsspitze-Nordwand sind nur einige wahllos herausgegriffene Eis- oder kombinierte Touren.

Unsere Freunde, Hans Zach und Herbert Raditschnig, ebenfalls zwei Heeresbergführer, waren im Juli 1959 in der zwölften Begehung erfolgreich gewesen und hatten uns über die Wand viel erzählt. Vielleicht zog es uns auch deshalb ins Wallis, weil wir nicht nur als „Ostälpler" gelten wollten. Der Ehrgeiz war damals sicher eines der Triebmittel zum Matterhorn, wir eiferten untereinander, wer besser wäre und wer wen übertreffen könnte.

Als dann im Jahre 1962 Leo Schlömmer zu den Seilschaften gehörte, denen die erste vollständige Winterdurchsteigung gelang, konnte Toni Hiebeler in seinem Buch „Dunkle Wand am Matterhorn" schreiben:

„Es scheint, als sei die Nordwand zur Pflichttour für österreichische Heeresbergführer ernannt worden ...", was natürlich nur scherzhaft gemeint ist. Wir fuhren auf eigenes Risiko, eigene Kosten und im Urlaub in die Westalpen, wie alle übrigen Bergsteiger nur vom Verlangen getrieben, eine große Sache zu machen und zu erfahren, wie weit es mit unserem Können wäre.

An diesem 26. Juli gelang uns noch nicht der ganz große Wurf. Wir kamen wohl über das Einstiegeisfeld, das mit festem Schnee bedeckt war, gut hinauf, brauchten jedoch mit der Querung zum Schrägcouloir gut sieben Stunden.

Der Couloir, eine der steinschlaggefährdetsten Partien im Mittelteil der Wand, war voll von blankem Eis. Vier Stunden benötigten wir zu seiner Bezwingung. Und dann wurde es nicht besser, denn nun rang uns pulveriger Schnee dauernd höchste Anspannung ab. Überhaupt: Wer hier einsteigt, muß konditionsstark sein, die Wand bietet keine Rampe, kein Band, keinen noch so kleinen ebenen Vorsprung, keinen Rastplatz unter einem Dach — sie besteht nur aus Eis, Schnee und unzuverlässigen Felsplatten. Auch diese sind meist schneebedeckt oder kleben nur angefroren in der Wand.

Wer also hier aufwärtssteigt, braucht ständig die Eisen an den Füßen, bringt kaum eine brauchbare Sicherung an, muß gewärtig sein, vom Steinschlag getroffen zu werden — das Matterhorn ist weit davon entfernt, mit einem unerschütterlichen Granitberg oder einer glatten Kalkwand verglichen werden zu können.

Wer also hier seine Kräfte mit dieser Wand mißt, ist dauernd in Bewegung, körperlich und seelisch. Nicht nur Lunge und Herz, auch die Nerven müssen dazu trainiert sein. Da es kaum einen richtigen Stand gibt, käme ein Sturz einer Katastrophe gleich. Kommt noch das Düstere in dieser Wand dazu, die keine Sonne kennt, der Wind, die Kälte, der Steinschlag vom obersten Wanddrittel bis in den Couloir, vielleicht ein verdächtiges Trübwerden des Himmels mit der Gefahr eines Wettersturzes ... Die Nerven brauchen Training, damit sie keiner über die Wand hinab in die Brüche des Matterhorngletschers wirft.

Elf Stunden kämpften wir uns schon aufwärts, verfluchten den Pulverschnee, der auf den Felsen zwischen dem Schrägcouloir und der Gipfelwand in Massen lag und die ohnehin bereits empfindliche Kälte in den Füßen fast unerträglich werden ließ.

„I hab kein Gfühl mehr, i spür die Füß nit mehr!" jammerte Hans. „I tue die Eisen weg!"

Aber es wurde nicht besser. Unter diesen Umständen wäre ein Biwak mehr als gefährlich geworden.

„Halt durch!" rief ich ihm zu. „Wir steigen beim oberen Teil der Schulter aus!"

So kamen wir also gut zurück. Aber der Wurm saß im bergsteigerischen Herzen: Ich hatte die Wand nicht zur Gänze durchstiegen, mir fehlte der oberste Teil.

Und das ließ mir keine Ruhe.

„Irgendeinmal hole ich dich", schwor ich mir, als Hans und ich einige Tage später die Direkte Nordwand des 4478 Meter hohen Lyskamm-Westgipfels machten und anschließend über den Normalweg von der Monte-Rosa-Hütte auf die Dufourspitze stiegen.

Der Stachel saß!

Vier Jahre lang! Dann endlich konnten die Walliser Alpen wieder in meinem Programm aufscheinen.

Diesmal waren wir zu dritt: Werner Haim, Adi Sager und ich. Wir betrachteten diesen Aufenthalt als Training für die Besteigung einiger Fünf- und Sechstausender in der Cordillera de Huayhuash in Peru. Am Breithorn, Kleinen Matterhorn und am Zinalrothorn hatten wir schon einige Routen gemacht, nun kampierten wir im Rohbau der neuen Hörnlihütte, dem Belvedere; die alte Hütte war von Touristen überfüllt, und wir haderten über das plötzlich schlecht gewordene Wetter.

Dreimal schon waren wir beim Einstieg gewesen, aber der bis hinunter zum Schwarzsee liegende Neuschnee hatte uns abgeschreckt. Am 20. August besserten sich die Verhältnisse. Wir beschlossen, am nächsten Tag den Einstieg in die Wand zu riskieren.

Gegen 2 Uhr früh gingen wir das Einstiegeisfeld an. Als wir die riesige Querung im obersten Teil des Eisfeldes hinüber zum Couloir machten, begann Werner über Kälte im linken Fuß zu klagen: Er hatte sowohl in der Schuhkappe als auch in der Sohle ein Loch, durch beide drang Schnee ein. Dieses Loch hatte er sich beim Standschlagen in der Breithorn-Nordwestwand mit dem Pickel selbst geschlagen. Wie durch ein Wunder war die Spitze des Eispickels zwischen großer und nächster Zehe durch die dicke Schuhsohle gedrungen, und zwar mit solcher Wucht, daß der Schuh am Eis festgenagelt war.

Ich hatte nicht mehr daran gedacht, auch nicht, daß unten in St. Niklaus, wo unser Auto stand, Werner ein neues Paar Spezialschuhe hatte. Erst jetzt kam die ganze Sache wieder zur Sprache, jetzt hatte Werner noch immer den durchlöcherten Schuh an! Wir stiegen trotzdem weiter. Umdrehen erschien uns gleich gefährlich zu sein. Und es wurde eine teure und für viele Wochen schmerzhafte Angelegenheit...

Die Verhältnisse in der Wand waren nicht die besten, man könnte sie trotz des Monats August fast winterlich nennen. Als uns auf der Höhe der Schulter ein Gewitter überraschte, erfaßte meine zwei Freunde fast panischer Schrecken, besonders Werner war an diesem Tag schlecht in Form, was wohl hauptsächlich auf die Kälte in seinen Füßen zurückzuführen war und auf die Bergungsaktion der Leiche Kurt Welsers, bei der wir vor zwei Tagen mitgeholfen hatten.

Ich schlug, so gut es ging, sechs oder sieben Haken in die Wand, holte beide Seilgefährten zu mir ein und befahl, die Biwaksäcke überzustülpen. Jetzt mußte ich, der ich selbst vor Gewittern Angst habe, so tun, als wäre ich so kalt wie das Eis dieser Wand.

Der Lärm der auf den Biwaksack herabgeschleuderten Graupeln war fast unerträglich und konnte tatsächlich am Gemütszustand

Bild rechts:
Grandes-Jorasses-Nordwand mit Pointe Walker (linker Gipfel), P. Whymper, Pte. M. Croz, Pte. Helen Pte. Marguerite, Pte. Young u. Col des Grandes Jorasses (recht Gletschersattel); Vordergrund rech nördl. Teil der Aiguille du Tacul

Bild umseitig:
Im oberen Drittel des Bonattipfeile

zerren. Wenn wir wenigstens mit beiden Füßen nebeneinander hätten stehen können! Vom Sitzen ist in dieser Wand sowieso keine Rede. Aber Stehen, beide Füße nebeneinander!

Auch das war unmöglich. Wir hingen nur mit den Seitenzacken fest. Dabei konnten die Riemen der Steigeisen nicht gelockert werden. Auch im Fels mußten wir die Eisen angeschnallt lassen.

Die gesamte Wand ist eine riesige Steilflanke aus Eis, Schnee und überschneiten, zerklüfteten Plattenfelsen.

Das Gewitter blieb bei uns hängen. An ein Weiterkommen war an diesem späten Tag nicht mehr zu denken. So kam es zu einem der unangenehmsten Biwaks, die ich überhaupt erlebte. Trotzdem ist es mir zeitweise gelungen, zu schlafen — im Stehen, die Füße voreinander hingesetzt und nur durch die Seitenzacken der Eisen vor dem Abrutschen bewahrt, an unsichere Haken gehängt, eine kalte, überschneite Wand in der Seite als Lehne! Und trotzdem Schlaf! Schlaf der Bergfakire...!

Am Morgen waren die Reste des Gewitters vom Himmel und aus der Wand gewischt. Wir kochten Ovomaltine, frühstückten.

Bald querten wir nach rechts oben, zentraler in die Gipfelwand hinein. Der letzte Teil war wegen der ständig auf uns zukommenden Schneerutscher unangenehm und gefährlich. Trotzdem stiegen wir 34 Stunden nach dem Einstieg fünf Meter neben dem Schweizergipfel aus.

Und nach unserer Heimkehr begann für Werner die gleiche Tour, die nach dem Abenteuer in der Eiger-Nordwand seinerzeit Dieter Wörndl und ich antreten hatten müssen: in die Hautklinik. Werner hatte sich wegen des Leichtsinns, kaputte Schuhe anzuziehen, die Zehen erfroren. Nun waren ihm sechs Wochen Krankenhausaufenthalt und etwa 300 schmerzhafte Spritzen sicher. Dafür behielt er alle Glieder.

Daß wir zwei, Werner und ich, fünf Jahre später in der 4500 Meter hohen Rupal-Wand des Nanga Parbat mehrmals im Auf- und Abstieg einen Wandteil überwinden sollten, der der Matterhorn-Nordwand sehr glich, ahnten wir damals, als wir das Wallis verliesen, nicht, genausowenig, daß unser dritter Kamerad von damals, Adi Sager, mit von der Partie zur Nordwestflanke des Mount Everest sein würde.

Das Matterhorn hatte unsere Bergkameradschaft fester zusammengeschweißt, als es in seiner Nordwand die Felsplatten mit Eis in die Flanke bindet.

d umseitig:
uille du Midi, Südwand

l links:
Granitplatten des Walkerpfeilers

„Von allen berühmten Nordwänden der Westalpen ist die Nordwand der Grandes Jorasses wohl die schönste", heißt es im Kleinen Westalpenführer von Franz Königer.

„Ein Kapitel für sich sind die Grandes Jorasses, deren düster-
abweisende schwarze Eismauern nur selten ein Sonnenstrahl trifft,
in der Regel nur an schönen Hochsommertagen, gegen Abend . . .
Es wird wohl noch lange währen, bis der Eperon Walker (Walker-
Sporn) der Grandes Jorasses eine ‚klassische' Kletterpartie wird,
zu der man sich entschließen kann oder auch nicht. Vorläufig hat
immer noch der Berg selbst das letzte Wort. Er muß wollen, er
muß die Besteigung gestatten, sonst ist sie unmöglich", steht im
Buch „Der Montblanc und seine sieben Täler" von Roger Frison-
Roche. Und Gaston Rébuffat schrieb nach seiner geglückten Durchsteigung des Walker-Pfeilers: „So erwachsen aus sehnsüchtigen
Träumen die großen Freuden des Lebens. Träume muß man immer haben. Sie sind mir lieber als die Erinnerungen."

Werner Haim, Herbert Zlabinger und ich hatten diese Träume,
die Träume von der Grandes Jorasses, den Drus, dem Bonatti-
Pfeiler . . . Immer wieder begeisterten wir uns an den herrlichen
Bildern der Montblanc-Fotografiekünstler Georges und Pierre Tair-
raz, immer wieder lasen wir Berichte, Führer, Bücher, vor allem
„Sterne und Stürme". Rébuffat wurde für uns fast zum Symbol der
Berge rund um den Montblanc. Wir sahen uns den Film „Sterne am
Mittag" mindestens fünfmal an, diskutierten, machten Pläne, stellten die Ausrüstung zusammen, rechneten unsere finanziellen Möglichkeiten durch und träumten vom Walker-Pfeiler, vom Petit Dru
mit der Nordwand und dem Bonatti-Pfeiler, der Aiguille du Plan,
von einem Dutzend anderer Aiguilles, von bizarren Seracs, wilden
Firngraten, von glatten Granitwänden, von schwarzem Himmel
über funkelnden Eis- und Felsriesen — wir waren besessen, über
das Mer de Glace in das Herz dieses Bergsteigerparadieses vorzustoßen.

Wir hatten uns sehr viel vorgenommen. Dieser Urlaub im August
sollte uns reiche Früchte bringen — aber er tat es nicht. Ein aus-
gesprochen schlechtes Wetter nagelte uns eineinhalb Wochen in
Chamonix fest. Regen! Regen! Ab 2500 Meter Schnee! Wie sollten
wir unter solchen Verhältnissen über den Walker-Pfeiler zur Pointe
Walker klettern, dem 4208 Meter hohen Hauptgipfel der Grandes
Jorasses, die mit ihren sieben Gipfeln und der berühmten Nordwand als eines der gewaltigsten Massive im Montblanc-Gebiet vom
Leschaux-Gletscher aufwuchtet? Wie sollte die Aiguille Verte, der
Petit Dru, die Längsüberschreitung des Montblanc-Stockes mit
der 1000 Meter hohen Nordwestwand der Aiguille de Bionnassay,

dem Dôme du Gouter, dem Montblanc, Mont Maudit, dem Montblanc du Tacul, der Aiguille du Midi mit ihrer Südwand möglich sein, wie sollten wir bei einem solch trostlosen Wetter all diese seit einem Jahr erträumten Herrlichkeiten in vollen Zügen genießen und uns an den berühmten Routen bewähren?

Wozu hatten wir unsere Rucksäcke mit wohldurchdachter Ausrüstung gefüllt und schwer gemacht, mit 4 Kletterseilen zu je 40 Meter Länge, 40 Felshaken, 40 Karabinern, 18 Knotenschlingen, 2 Eisschrauben, 1 Eisbeil, 3 Paar Steigeisen, 4 Reepschnüren, 1 Biwaksack, 10 Holzkeilen mit 8 bis 12 Zentimeter Breite, 6 Fiffi, Taschenlampen, Handschuhen, Biwakschuhen, Sturmhauben, Daunenjacken, Luftpolstern, Anoraks, Kocher, Kochgeschirr, Kerzen, Zündhölzern, Verbandszeug, Verpflegung und Getränk für 4 Tage, Fotoapparaten? Bis zu 20 Kilogramm wog ein Rucksack, beim Klettern etwa 12 bis 15. Dementsprechend hatten wir auf Kondition trainiert — in Chamonix nützte sie uns aber nichts. „Wenn der liebe Petrus uns nur für drei Tage hilft, dann könnten wir zumindest den Bonatti-Pfeiler des Petit Dru machen!" stöhnte Herbert gequält.

Petrus mußte diesen Seufzer aus der armen Seele gehört haben — das Wetter besserte sich, und ohne lange zu fackeln, setzten wir uns in einen Waggon der nach Montenvers führenden Zahnradbahn. Als wir die Drus wie in den Himmel stoßende Dolchspitzen über das Mer de Glace aufragen sahen, riß es uns an die Fenster, und der letzte Groll über Petrus und sein mieses Wetter war verflogen.

„Auf, Mannder, jede Minute ist kostbar! Der Petit Dru wartet auf uns!"

Im Laufe des Nachmittags standen wir am Fuß des Südwestpfeilers, nachdem wir eine etwa 500 Meter lange mit Fels und Eis durchsetzte, über 50 Grad geneigte Rinne durchstiegen hatten. Ich würde den Weg zum Pfeiler nie mehr am Nachmittag gehen! Erst als wir mitten im Couloir waren, kam uns die Dummheit dieses Vorhabens zum Bewußtsein: Steinschlag, Rutscher, Eisbrocken, alles kann einen in die Tiefe schleudern; die objektiven Gefahren bei der Eiswanderung zum oberen Ende der Rinne und zum Einstieg in den Pfeiler sind enorm.

Doch war das Glück mit uns. Endlich konnten wir Hand an den warmen Granit anlegen und noch drei Seillängen nach oben klettern, zum ersten Biwak. Wir waren voller Begeisterung. Da hingen wir also in den ersten Rissen, standen auf kleinen Terrassen dieser berühmten Granitkante, von der wir daheim stundenlang gesprochen, die wir auf dem Foto seziert, deren Routenbeschreibung wir auswendig gelernt hatten. „Verrückte Sache!" rief Werner zu mir herauf. Er meinte die Risse, gewaltigen Platten, Verschneidungen. Letztere könnten mit aufgeschlagenen Seiten eines Riesenbuches verglichen werden.

Noch waren wir diesen Felsen nicht gewohnt; wir kletterten das erste Mal in solchem Granit, in dem man kaum eine brüchige Stelle findet; alles ist fest wie Eisen.

Anders ist es in den benachbarten, mit ihren vom oberen Drittel des Kleinen Dru fast waagrecht verlaufenden Zackenkronen weithin auffallenden Flammes de Pierre, den Steinernen Flammen. In der Nacht schreckten uns die von ihnen herabrumpelnden Steine aus dem Schlaf und versetzten uns Neulinge in ein Gefühl der Unsicherheit. Aber bald einmal, schon am frühen Morgen mit seinen Sonnenstrahlen auf den Nadeln von Chamonix, fühlten wir uns wohl und gingen tatendurstig diese kühne Himmelsleiter aus Felsen an, lernten sehr rasch das Verkeilen mit Händen und Schuhen in den Rissen, das Hangeln und Stemmen, das Kämpfen um Zentimeter. Dabei hatten wir die fast 15 Kilogramm schweren Rucksäcke am Buckel, wir wollten mit ihrem Nachziehen keine Zeit verlieren. Werner und ich wechselten in der Führung ab, Herbert blieb für das obere Drittel sozusagen in Reserve.

Auf Höhe der Flammes de Pierre legten wir die Frühstücksrast ein. Koch am Berg war Werner, und er zauberte eine hervorragend schmeckende Suppe aus Würfeln her. Dazu gab es Vollkornbrot und Hartwurst. Während wir aßen, den Tiefblick auf das Gletschermeer und Montenvers genossen, hörten wir unter uns in der Eisrinne Stimmen, später am Tage klangen Hammerschläge und das Singen der Haken herauf. Da war also noch eine Seilschaft an der Arbeit.

Der Tag verrann wie der Schweiß auf den Stirnen. Schon war es 19 Uhr und höchste Zeit, die Sicherungshaken für das Biwak zu schlagen, den Kocher summen zu lassen und dem Körper Kalorien zuzuführen. Das Bergsteigerherz erhielt neue Nahrung durch die prachtvolle Abendstimmung, das goldene Licht über den Firnhängen und Felsnadeln, den kraftvollen Schwung der Grandes Jorasses und die bizarren Formen des Gletschermeeres zu unseren Füßen. Bald legte sich ein leichtes Rot auf die über 4000 Meter hohen Eis- und Felsspitzen, deren Sockel schon im Blauschwarz des Abends in der Tiefe versanken. Und dann hing ein sternklarer, eiskalter Himmel über uns und versprach einen Tag wie den heutigen, einen Tag ohne Sturm und Schnee — aber wesentlich näher als dieser Himmel wartete ein fast fünf Meter ausladendes Dach auf uns, daß wir es bezwängen. Bonattis Pendelmanöverstelle!

Immer wieder mußte ich an Bonatti denken, der vom 16. bis 22. August 1955 ganz allein diesen Pfeiler als erster Mensch durchstiegen hatte. Was mußte dieser Mann in diesen vertikalen Platten zwischen Himmel und Erde gefühlt, welche Sorgen und vielleicht auch Ängste mußten ihn oft bedrückt, welche seelische Kraft, welche ausgefeilte Technik mußte er besessen haben!

Obwohl ich das Alleingehen in solch extremen Führen ablehne, ziehe ich dreimal den Hut vor der Leistung und dem Mut Walter Bonattis. Die Schilderung seines Pendelmanövers unter dem Dach, durch das er sich aus anscheinend auswegloser Lage hinausschwindelte und zu einem nach oben führenden Riß gelangte, gehört für mich zur atemberaubendsten Alpinlektüre.

Wie gesagt, erst seit wir diesem Pfeiler Zentimeter um Zentimeter abrangen, konnte ich das Genie Bonatti erkennen. „Man müßte noch vieles besser können", dachte ich und schlief ein.

Mit den ersten tastenden Lichtstrahlen des jungen Morgens auf dem Gipfelpanorama dieser großartigen und urwüchsigen Hochgebirgslandschaft reckten auch wir unsere Glieder aus dem Biwaksack heraus und begannen nach einem kräftigen Frühstück, bestehend aus einem warmen Getränk, Brot, Wurst und Dörrobst, weiter nach oben zu klettern.

Dieses Dach! Kein Wunder, daß Bonatti, ohne Bohrmaschine und Expansionshaken, ganz allein auf sich gestellt, zu zweifeln begonnen und sich gefragt hatte: „Wie und wann werde ich aus dieser Wand herauskommen? Wann wird diese verhexte Situation ein Ende haben? . . . Ein unübersteigbarer Abgrund. Ich fühle mich verloren. Körperlich und seelisch erschöpft, verharre ich mindestens eine Stunde lang, unfähig zu denken, angeklammert an diesem einzigen Haken, der uns, den Rucksack und mich, in dieser fürchterlichen Einsamkeit hält. Aber angesichts der Gewißheit des Todes zeigt sich die menschliche Widerstandskraft stärker, als ich je geglaubt hätte. Ich finde neuen Mut, mich dem Schicksal zu stellen, dem ich mich bei diesem Abenteuer ausgeliefert hatte.

Diese Sätze geben die ganze Gefühlsskala wieder, die ein extremer Bergsteiger mehr als einmal erlebt. Bonatti war nicht nur einer der besten Kletterer, er ist auch ein hervorragender Psychologe. Und er erkannte rechtzeitig, wann er mit den Abenteuern Schluß machen mußte. Er kannte auch sich selbst!

Ich überwand mit unseren Haken, Schlingen und Fiffis, den beiden Seilen und guter Sicherung durch Werner und Herbert verhältnismäßig schnell dieses Dach und bezog einen darüberliegenden, mäßig guten Stand.

Der nun folgende, teilweise überhängende Riß forderte die volle Aufmerksamkeit. Alte, fast morsche Holzkeile und wenig vertrauenerweckende Reepschnüre von Vorgängern ließen uns einige waghalsige Kunststücke vollführen, und so schwindelten wir uns bis zu einer hakentechnischen Seillänge nach oben. Nach dieser Seillänge setzten wir, da wir schon etwas abgekämpft waren, unsere „Reserve" ein. Herbert führte souverän. Zwar gab es noch eine Dusche. Die letzten zwei Seillängen durch nasse, kaminartige Risse zum Gipfel bescherten uns diesen Segen, aber dann standen wir vor Einbruch der Dunkelheit auf dem Gipfel.

Und es war wie immer: Freude, Glücksgefühl, Stolz — das klingt so abgedroschen, nichtssagend. Ich glaube, daß man nach einer solchen Leistung einfach still sein und in sich hineinhören muß. Noch glaubt man nicht, daß alles vorbei ist, daß es wahr ist, daß man in Gefahr war, daß man etwas Großes geleistet hat. Man lebt, atmet, schaut und ist einfach ein zufriedener Mensch. Und denkt, daß die kommende Nacht auf dem Gipfel ein angenehmes Biwak bescheren möge.

Die Seilschaft unter uns tat uns leid. Es waren zwei Deutsche. Wir standen in Rufverbindung. Die schnell hereingebrochene Nacht zwang sie, eine Seillänge unter dem Gipfel in diesem nassen Riß zu verbleiben. Sie hatten beim Aufseilen einen Rucksack verloren. Nun fehlte ihnen Proviant, auch der Biwaksack war weg. Ihre Situation war wenig rosig, aber es waren zwei harte Burschen, deren Namen wir erst später erfuhren: Uhner und Scheffert. Uhner gehörte zu den „Sachsen", die im Winter 1963 die Große-Zinnen-Nordwand in der Fallinie durchklettert hatten; Scheffert war in der Marmolata durch eine Erstbegehung bekanntgeworden. So treffen sich die Leute, die einen in der Bar, andere in einem 750 Meter hohen Granitpfeiler . . .

Geredet wird da und dort. Wir kauerten in einer windgeschützten Felsnische und ließen die letzten beiden Tage Revue passieren. Unsere Musik regte zu keinem Tanz an, wir bewegten nur die Zehen, damit das Blut besser zirkuliere, aber es war Musik um uns, die Musik der Gelöstheit einfacher Herzen.

Später erzählten wir Anekdoten.

„Felix, erzähl, wie du bei einem Biwak am meisten erschrocken bist!"

„Ja mei! Das war im Winter in der Wattner Lizum. Wir haben mit einem Kurs das Biwakieren im Schnee geübt.

I bin im Zelt glegen, hab gut gschlafn, weil wir Schneemauern rundum aufbaut habn, so daß es bei uns drinnen schön warm war. Na, da hab i halt einmal austreten müssen, bin zum Zeltausgang gekrochen und wollte, ganz schlaftrunken, mich aufrichten.

Da stoß i an etwas Weiches, ein Mensch schreit ganz fürchterlich, ich schrei noch mehr und laß mich nach hinten fallen! So was Blödes! Der Oberleutnant ist rittlings vor dem Zeltausgang gstandn und hat dasselbe gemacht, was i machn wollte. Dabei bin i ihm mit dem Kopf von hinten durch die Oberschenkel gfahrn. Beide sind wir zu Tode erschrockn. Und beide sind wir naß gwordn . . ."

Wir lachten, erzählten und lachten. Dann wurden wir still, schauten wieder zu den Lichtern von Chamonix mehrere tausend Meter draußen im Tal.

Und dann, gegen Mitternacht, schlug das Wetter um. Wind heulte über den 3733 Meter hohen Gipfel des Kleinen Dru, ließ den Biwaksack wie ein wildgewordenes Maschinengewehr knattern und uns kaum mehr schlafen.

Grau, stürmisch und kalt stieg der Tag herauf und mit ihm die deutsche Seilschaft. Die beiden hatten Hunger.

Aber Werners Kocher samt Topf und Inhalt hatte kurz zuvor ein Windstoß in die Tiefe geschleudert. Wir waren außer einigen Dörrpflaumen und Neapolitanerschnitten ebenfalls ohne Verpflegung. Also entschlossen wir uns zum möglichst raschen und gemeinsamen Abstieg.

Kaum daß wir wieder am Seil hingen, begann es zu schneien. Im Führer steht: „Über das Quarzband unterhalb des Gipfels nach rechts hinaus in die Flanke, und zwar bis an einen Punkt etwa in der Mitte oberhalb des Felskessels, fünf Seillängen tiefer. Von dort kann man . . .“

Während des ersten Abseilmanövers schlug ein Blitz in die Wandstelle und hätte beinahe Herbert und Werner getroffen. Beide waren stark schockiert.

„Nichts wie weg!“ rief einer, und wir fuhren nun Seillänge um Seillänge in die Tiefe. Da war ein Couloir.

Nirgends ein Haken, keine einzige Knotenschlinge, keine Spur einer Begehung, nicht einmal die Faser einer Reepschnur. Wir waren todsicher von der Abstiegsroute abgekommen. Der Wettersturz mit seinem Schnee, Blitz und Donner hatte uns zur Eile und damit zur Unaufmerksamkeit getrieben. Trotzdem arbeiteten wir nun alle fünf wie im Klettergarten, nur schneller. Werner baute mit Herbert in überschlagendem Einsatz die kühnen Abseilstellen auf, die beiden Deutschen und ich holten die Seile ein.

Aber diese Südwestflanke schien kein Ende zu nehmen. Längst schon war unser Gewand klitschnaß, längst schon froren wir trotz anstrengendster Arbeit. Immer wieder kam ein neuer Couloir, wurde von Seilstufen unterbrochen, über die der Neuschnee rutschte; ohne Unterlaß trommelten die Graupeln auf den Felsen, heulte der Wind auf, knallte ein Donner durch das graue, brodelnde, gefährliche Nebelmeer, in dem wir uns wie Puppen eines Riesenspielzeuges vorkamen.

Als endlich die Abfahrten vorbei waren, riß der Nebel auf, und wir konnten uns wieder orientieren. „Wichtig ist“, sagt der Führer, „daß man nicht auf den Charpoua-Gletscher abzweigt, da dieser sehr wild zerrissen ist. Man muß vielmehr von diesem Steinmann ebenfalls wieder den Gletscher in seinem oberen Teil im weiten Bogen ausgehen, bis man zur Charpoua-Hütte gelangt.“ Und das dürften wir nicht genau befolgt haben. Plötzlich erschollen Hilferufe — einer der beiden Deutschen, er hatte mit dem aus dem Bonatti-Pfeiler gefallenen Rucksack auch die Steigeisen verloren, war ausgerutscht und in eine Spalte gestürzt. Mit vereinten Kräften und mit viel improvisierter Technik kam er unverletzt, aber doch erheblich in seiner Nervenkraft angeschlagen, wieder an die Oberfläche des Gletschers zurück.

Und weil an diesem Tag schon mehrere Dinge nicht so glatt verliefen, wie sie sollten, war es schon ganz natürlich, daß die Charpoua-Hütte nicht nur unbewirtschaftet, sondern auch menschenleer war. Sie gehört der Bergführergemeinschaft von Chamonix und dient nur als Stützpunkt für Touren auf die beiden Dru-Nadeln, auf die Aiguille Verte, die namenlose Nadel und den Mummery-Couloir. Hier wollten wir nicht bleiben. Die Mägen knurrten um die Wette, der Regen trommelte wie ein irrsinniges Stück in staccato, die Nacht brach herein. Wir marschierten los. Die tiefe Schlucht des Charpoua-Gletschers, das Gletschermeer, die Station vom Montenvers, Rast!

Und dann, es fuhr kein Zug mehr, der Hatscher nach Chamonix! Wir spürten keinen Regen, keine Blasen an den Füßen, nicht einmal die Müdigkeit — so müde und hungrig waren wir. Nur essen und schlafen! „Schlafen! Essen! Schlafen!"

Das war das Leitmotiv unseres Heimkehrermarsches.

Der Walker-Pfeiler

Fast aufs Jahr genau, wieder im August, wanderten Werner und ich über das Gletschermeer nach Südosten zum Leschaux-Gletscher. Tagesziel war die Leschaux-Hütte, Gipfelziel die Pointe Walker über den Walker-Pfeiler. Gleich hinter den Moulins, den Mühlen, tut sich die wohl großartigste Gletscherwelt Europas auf: Hier vereinigen sich die riesigen Eisströme des Tacul-, des Leschaux-, des Talèfre-Gletschers mit dem Gletschermeer. Ungeheure Moränenwälle und Blöcke türmen sich auf, ein kalter Luftzug strömt durch diesen Vereinigungskessel; weiter gegen unser Tagesziel hin weitet sich das Becken zwischen der Tacul- und Talèfre-Nadel zu einer der schönsten Eis- und Felslandschaften aus.

Rechts wachsen die Felszacken der Périades wie eine Nagelreihe eines Riesenfakirbettes aus dem Eis und zerhacken den Himmel, geradeaus schaut man in die Nordwand der Grandes Jorasses mit dem geschwungenen Hirondelles-Grat zur Linken, dem Dôme de Rochefort und Dent du Géant westlich des Col des Grandes Jorasses zur Rechten.

Die Leschaux-Hütte steht, oder besser gesagt, stand oberhalb des Leschaux-Gletschers, an der Südwestflanke der Aiguille de Talèfre, sie wurde 1954 durch eine Lawine zerstört und präsentiert sich heute als eine aus den übriggebliebenen Balken und Brettern hergestellte sehr mäßige Notunterkunft.

Blick vom Leschauxgletscher auf
Nadeln von Chamonix; links der
der Aiguille du Tacul

Als wir nach einer zweieinhalbstündigen Gletscherwanderung bei diesem zugigen Vogelkäfig eintrafen, waren schon zwei Österreicher dort. Im Laufe der Nacht klopften noch drei weitere Seilschaften an die Tür. Nun waren wir in diesem „Hotel", das für höchstens fünf Personen auf Strohsäcken ohne Decken eine Lagerstatt bietet, schon eine internationale Gesellschaft: Franzosen, Engländer, Italiener und Österreicher.

Dadurch gab es wenig Nachtruhe, aber das regte uns nicht auf — wir hätten ohnedies kaum schlafen können, so sehr bewegte uns das morgige Vorhaben. Wurde doch in allen uns zu Augen gekommenen Schriften die Route über den Nordpfeiler zur Pointe Walker als die großzügigste Fels- und Eisführe der gesamten Alpen geschildert, „die selbst neben den berühmten Welzenbach-Wänden der Berner Alpen, ja neben der Eiger-Nordwand ohne Beispiel dasteht", so Franz Königer in seinem Kleinen Westalpenführer, Montblanc-Gruppe, Rother-Verlag, 1967.

Wer sollte in der letzten Nacht vor dem Einstieg in die Variante Frendo-Rébuffat, und im weiteren Verlauf der Route der Erstbegeher Cassin-Esposito-Tizzoni folgend, an Schlaf denken? Sollten wir Erfolg haben, dann wäre Werner und mir wohl das Größte und Schönste der gesamten Westalpen gelungen.

Um 3 Uhr früh brachen wir von der Leschaux-Hütte auf. Die Stirnlampen warfen gespenstisches Licht auf die Steinbrocken der Moränen und später auf das Eis des langgezogenen und immer spaltenreicher werdenden Gletschers, über dessen oberen Teil der Stock der Grandes Jorasses gespenstische Schatten warf. Bald röteten sich die Spitzen des Mont Mallet, der Périades, der Aiguille de Tacul. Der Tag brach an. Um 5 Uhr begannen wir auf 3000 Meter Höhe den Einstieg in den Pfeiler.

Ein Jahr war vergangen, seit wir einen solch herrlichen Granit in den Händen und unter den Füßen hatten.

Jetzt machten wir mit ihm wieder Bekanntschaft, es war die reinste Freude, darüberzuklettern. Wir kamen gut vorwärts, nur wenige Haken steckten im Fels; der unterste Teil des Pfeilers schien uns nicht allzu schwierig zu sein, er bot Freiklettern im schönsten Stil. Werner und ich wechselten in der Führung ab, jeder hatte zu jedem vollstes Vertrauen. Wir waren eine vollkommen aufeinander eingespielte Seilschaft. An einen Sturz dachte keiner, vielleicht waren wir etwas zu leichtgläubig — 14 Tage später kam uns der Ernst wieder einmal voll zum Bewußtsein: Beim Aufstieg über die mit VI A 2 klassifizierte Rébuffat-Führe durch die Südwand der Aiguille du Midi stürzte Werner 20 Meter ins Seil und zog sich, Gott sei Dank, nur Prellungen zu . . .

Bald einmal bemerkten wir, daß von den in der Hütte anwesend gewesenen Seilschaften mehrere folgten; am dichtesten hinter uns waren die zwei Österreicher Sedlmayer und Huber. Sie stammten aus der Steiermark. Sie stiegen gut und sicher.

Wie schon im Südwestpfeiler des Kleinen Dru, behielten wir auch hier die Rucksäcke am Buckel. Es muß bemerkt werden, daß man in den Westalpen wegen der vielfältigen Ausrüstung, wegen der Mitnahme reichlicher Verpflegung mangels genügend bewirtschafteter Hütten und wegen der ständigen Gefahr eines Wettersturzes in diesen großen Höhen und der zwingenden Notwendigkeit des Biwakierens das Gewicht des Rucksackes kaum unter die Grenze von 15 Kilogramm bringt.

Es handelt sich im Walker-Pfeiler um eine kombinierte Fels-Eis-Tour.

Nach dem hakentechnischen Rébuffat-Riß, den Werner fast wie eine Turnübung hinter sich brachte und während der ich, durch einen guten Stand ermutigt, einige Aufnahmen schoß, folgten drei Seillängen nach rechts zur ersten großen Verschneidung. Hier trafen wir eine Seilschaft im Rückzug. Diese Leute waren klug. Sie waren der Tour nicht gewachsen und hatten den Mut zur rechtzeitigen Umkehr gefunden — auch dazu braucht man Mut, den Mut des Eingeständnisses, daß man zu schwach ist!

Das Wetter war noch gut, nur einige Gewitterwolken schwammen über den Himmel. Ich hoffte, sie würden sich nicht in den Nordabstürzen der über 4000 Meter hohen Grandes Jorasses verfangen und entladen, und mit dieser Hoffnung widmete ich mich mit vollem Genuß der 75-Meter-Verschneidung teils in freier Kletterei über große Platten, teils mittels mehrerer Haken über einen Überhang. Später folgte eine heikle Querung nach rechts, an deren Ende wir uns ein Stück abseilen mußten, um von einer kleinen Felskanzel weiter schräg nach rechts oben über einen Überhang und ein Band auf eine Terrasse zu gelangen. Diese Stellen waren teilweise eisdurchsetzt. Aber alles verlief gut: Wir fühlten uns wie richtige Könner und waren versucht, unsere Freude in die freie Luft hinaus zu schreien oder hinunter in die zerklüfteten Eisabbrüche des Leschaux-Gletschers oder noch weiter hinauf nach Norden zum spitzenumrandeten, riesigen Gletscherbecken des Talèfre, aus dessen Mitte wie eine Wallburg aus der Steinzeit der Moränengürtel des Jardin, des Gartens, hervorstach. Wir waren so der Wand hingegeben und so unverkrampft, daß uns auch ein gelegentlicher Blick in die mit blankem Eis durchsetzte, vom Schwalbengrat zum Leschaux-Gletscher abfallende Steilflanke mit dem wenig erheiternden Namen Leichentuch (Linceul) nicht aus der Ruhe brachte. Ja, als wir am „Grauen Turm" anlangten, der sich im zweiten Drittel des Pfeilers als Schlüsselstelle auftut, waren wir sogar überzeugt, noch vor Einbruch der Nacht aus dem Pfeiler zu kommen. Aber wieder einmal schlug das Wetter zu schnell um.

Wir strengten uns sehr an, mit aller Vorsicht und doch möglichst schnell die „Schwarzen Platten" hinter uns zu bringen, was uns gelang. Dann war Endstation. Ein Gewitter brach über die Wand herein. Mehrere Sicherungshaken noch in den Fels, Biwaksack über den Kopf, warten!

Es war erst 15 Uhr, laut Führer hingen wir nur noch eine Seillänge unter den Hauptschwierigkeiten, dann kämen leichtere Partien. Aber was nützte das, wenn der Regen über den Granit rann, die Temperatur fiel und wahrscheinlich bald einmal der Pfeiler mit glattem Eis überzogen sein dürfte.

Inzwischen war es auch den Steirern Sedlmayer und Huber gelungen, bis zu uns vorzustoßen. Wir berieten uns. „Kurze Beurteilung der Lage, Entschluß!" sagte Werner. „Absteigen oder bleiben und auf bessere Zeiten warten, das ist die Frage!"

Wir entschieden uns, vorerst zu bleiben. Erst am nächsten Morgen sollte die endgültige Entscheidung fallen. Also richteten wir uns für eine kalte Nacht auf einer schmalen Leiste ein. Wie Schwalben, im Spätsommer auf den Drähten die Sonne erwartend, saßen wir zwischen Himmel und Gletscherbruch im Pfeiler. Zu viert war es nicht so einsam. Da waren die zwei Männer nur einige hundert Meter weiter westlich von uns viel einsamer, aber auch ganz sicher erfahrener und härter als wir. Sie kämpften sich über eine neue, von ihnen geplante Route zur Pointe Whymper empor. Wir riefen uns zu. Es war die Seilschaft Walter Bonatti/Michel Voucher.

„Treffpunkt der Gesellschaft!" grinste Werner und bemühte sich, den Kocher in Gang zu setzen und seine berühmte Suppe fertigzubringen.

Der Morgen bescherte einen schnee- und eisüberzogenen Pfeiler, aber auch einen Blick, den nur ein Bergsteiger oder Flieger erleben kann: Aus einem blendend weißen, wallenden Wolkenmeer ragten die schneebedeckten Gipfel der Viertausender wie die Inseln der Lofoten auf. Die Täler waren Fjorde im einsamen, rauhen, unbesiedelten Land, auf das die Sonne hereinbrach. Wir saßen oberhalb des Wolkenmeeres und kamen uns vor wie die einzigen Lebewesen dieser unwirklichen, nur Gott, der Sonne und uns gehörenden Welt. Aber gehörte sie uns? Als Werner zu klettern begann, als seine Finger an der glatten Eisschale abrutschten, wußten wir, daß eher wir dieser Welt gehörten, wenn wir nicht alle Kunst, Vorsicht, allen Mut aufboten, wenn nicht der Himmel mit seinem Gott uns Menschlein da unten in der senkrechten Wandstelle das Wohlwollen schenkte und die „Eselsrücken" genannte Kante erreichen ließ.

Wir hatten uns mit der steirischen Seilschaft verbunden. Warum sollte sie sich hinter uns mit den Schwierigkeiten separat abraufen? Beide waren prächtige Burschen, und so entstand eine ausgezeichnete Kameradschaft. Sie war auch notwendig, auch nach dem

„Eselsrücken" war nicht alles eitel Wonne. Der verschneite und vereiste Fels zeigte uns, was ein „Westalpendreier" sein kann! Als endlich etwas Sonne in den Pfeiler fiel und der Schnee zu schmelzen begann, wurden die Verhältnisse etwas besser, so daß wir wohl schneller, aber nicht schnell genug vorwärtskamen, um an diesem Tag den Pfeiler hinter uns zu bringen. Alle anderen Seilschaften mußten im Rückzug sein, die Schwarzen Platten hatten ihnen todsicher durch den frischen Eispanzer einen nicht zu durchbrechenden Riegel vorgeschoben.

Noch immer kämpften sich Bonatti und Voucher rechts von uns nach oben. Ein Hubschrauber suchte sie. Sicher waren beide für die Freunde im Tal überfällig.

Gegen 19 Uhr hatten wir den Quergang am „Roten Turm" erreicht. Wieder Biwak, diesmal auf 4000 Meter Höhe.

Trotz Kälte verbrachten wir nach einem eindrucksvollen Sonnenuntergang eine sorgenlose Nacht. Die Sterne schienen ohne zuckendes Licht herab. Das Wetter würde also gut bleiben!

Um 10 Uhr standen Werner und ich auf dem Gipfel, eine Stunde später die Steirer.

Den Abstieg traten wir auf italienischer Seite zur Jorasses-(Turiner-)Hütte an, von dort weiter nach Entrèves. Allen besorgten Menschen konnten wir die Nachricht bringen, daß die Seilschaft Bonatti/Voucher wohlauf wäre.

Wie wohltuend dieser einsame Gipfelausstieg und die stille Rückkehr zur menschlichen Gesellschaft war, erlebten wir kurze Zeit später, als wir nach dem Aufstieg von der Aiguille-du-Midi-Südwand von den oben stehenden Seilbahnbergsteigern wie Zirkusartisten mit Beifall empfangen wurden, so daß trotz der großartigen Tour durch diese Wand kein Glücksgefühl in uns aufkommen konnte. Wir drückten uns verlegen und mißmutig durch die vielen Menschen und verschwanden in die Station der Seilbahn. So einsam die meisten Gebiete der Montblanc-Gruppe sind, so überlaufen wird die Mittagsnadel mit ihrer herrlichen Rundsicht durch den Antransport mit der kühnen Seilbahn — aber jedem das Seine.

Noch gibt es viele Klettereldorados für die Liebhaber der unverfälschten Natur.

So waren wir beispielshalber einmal im wunderschönen Bergell und genossen diese romantische Landschaft im Tal der Maira und auf den Bergen. Hier waren wir wirklich allein. Nur beim Durchstieg der Nordostwand des Piz Badile hinderte uns in der Schlüsselstelle eine tschechische Mannschaft, die den zweiten Versuch in dieser glatten 900-Meter-Wand machte, vorzugehen, so daß wir zum schon fast üblichen Biwak, verbunden mit Schneefall, eine Seillänge unter dem Gipfel gezwungen wurden. Gerade dadurch wurde am frühen Morgen diese letzte Seillänge zur Qual, obwohl mir unter den sechs großen Nordwänden der Alpen die des Piz Badile technisch am leichtesten erscheint. Jedoch sind die Felsen stellenweise stark mit Flechten bewachsen; fällt nun Schnee darauf und werden sie dadurch naß, glaubt man, der Felsen wäre mit Schmierseife behandelt worden.

Als wir über den Umweg auf italienischem Gebiet wieder zum Zeltlager unter dem Einstiegsgletscher zurückkamen, erlebten wir die zweite Gefahr in dieser Wand: Aus dem Trichter unterhalb des Gipfels brach ein Felssturz ab und überschüttete mit unheimlichem Getöse einen Teil der von Cassin/Esposito und Ratti im Juli 1937 erstmals begangenen Route mit Tausenden tödlichen Gesteinsbrokken. Ich hatte bisher noch nie einen solchen gewaltigen Felssturz erlebt. Seitdem ist mir der Piz Badile unsympathisch.

Aber ich sagte schon eingangs dieses Kapitels: Es gibt schöne Berge, es gibt trostlose Berge, es gibt mordende Berge.

Ich setze als Abschluß noch hinzu: Es gibt heimtückische Berge. Wir selbst treffen unter ihnen die Auswahl für unsere Touren. Und wählen soll man das, wofür man glaubt geschaffen zu sein.

Pfingstsonntag. Daheim sind jetzt die Apfel- und Birnbäume abgeblüht, das Gras dürfte schon hoch stehen, und in den Dörfern und Städten gehen die Menschen in guten Kleidern spazieren, sitzen im Gasthausgarten, trinken Bier und Wein, die Kinder schlecken Eis . . .

Nur im Telegrammstil flitzten die Gedanken über den südamerikanischen Kontinent und den Atlantik nach Mitteleuropa — dann wanderten die Blicke schon wieder über Eisfelder, Felspfeiler und einen Grat zum Kolibrischnabel. Die Faszination durch den Berg hatte uns in Beschlag genommen.

Der Kolibri-Eisschnabel

Leo Schlömmer aus Mitterndorf in der Steiermark ist wie ich Heeresbergführer. Er ist in Bergsteigerkreisen Europas bekannt und geachtet. Seine Erfolge füllen unzählige Seiten seiner Tourenbücher. Die Eiger-Nordwand in der 20. Begehung, die erste Winterbegehung der Matterhorn-Nordwand, die Besteigung des Grandes-Jorrasses-Nordpfeilers, die erste Alleinbegehung der Todesverschneidung im Gesäuse gehören neben der Ersteisteigung des 7342 Meter hohen Momhil Sar im Karakorum im Jahre 1964 und einem Versuch im Jahre 1971, den Mount Everest über die Südwestflanke zu bezwingen, zu seinen hervorstechendsten Unternehmungen.

Eine seiner besonderen Charaktereigenschaften ist seine Agilität, sein Organisationstalent, sein rascher Entschluß, verbunden mit Hartnäckigkeit in der Verfolgung des Zieles.

Eines Tages rief mich Leo an und fragte, ob ich Lust hätte, mit ihm in die Anden zu fahren und den Nevado Jirishhanca zu ersteigen.

„Wo ist dieser Berg?" fragte ich.

„In der Cordillera Huayhuash!"

„Wo ist die?"

„In Peru!"

Daß Peru in Südamerika liegt, wußte ich, ich wußte sogar, daß es an der Westküste liegt und daß dort in den Bergen Indianer wohnen. Damit hörten meine damaligen Kenntnisse auf.

„Wie kommen wir dort hin?" fragte ich ins Telefon.

„Mit dem Schiff natürlich."

„Das meine ich nicht. Ist das eine Expedition, an der ich mitmachen soll?"

„Genau!"

„Wer ist der Expeditionsleiter?"

„Ich!"

„Wer ist noch dabei?"

„Der Adi Sager. Und wenn er will, dein Bergkamerad Werner Haim. Wenn ihr einverstanden seid, dann treffen wir uns am Sonntag zu einer Besprechung . . ."

Natürlich waren wir einverstanden!

Von nun an suchte ich alles zusammen, was meine Kenntnisse über Land, Leute und Berge von Peru erweitern konnte. Zu allererst stieß ich auf zwei Bücher über die Anden-Kundfahrten des Deutschen und Österreichischen Alpenvereins in den Jahren 1932, 1936, 1939/40 und des Österreichischen Alpenvereins im Jahre 1954. Der treibende wissenschaftliche Geist dieser Fahrten war Univ.-Prof. Dr. Hans Kinzl aus Innsbruck. Mit einer Reihe von Wissenschaftlern wurde die Cordillera Blanca und später Cordillera Huayhuash durchforscht, vermessen, fotografiert — es wurden erstmals genauere Karten erstellt, und der Ruf, daß hier für die Gipfeleroberer noch ein wahres Eldorado bestehe, drang verstärkt in die Welt. Zu den Pionieren der Erschließung dieser tropischen weißen Berge mit einer Höhe von mehr als 5000 oder 6000 Metern gehören: E. Hein, H. Hoerlin, E. Schneider, H. Kinzl, Ph. Borchers, A. Awerzger, R. v. Ascherraden, W. Brecht, K. Heckler, S. Rohrer, K. Schmid, H. Schweizer, F. Marmillod, A. Szepessy, F. Lauterburg, R. Schmid, F. Sigrist; Wastl Mariner, Siegfried Aeberli, Dr. Manfred Bachmann, Dr. Waldemar Gruber, Dr. Heinrich Klier, Karl Lugmaier.

Erwin Schneider schrieb 1950 über diese Pionierzeiten: „Die Weiße Kordillere hat unsere Herzen erobert. Wir hatten das Glück, auf einigen Gipfeln — manchmal beinahe wunschlos glücklich — rasten zu können. Die Berge sind uns vertraut geworden wie alte Freunde. Und wie oft haben wir seither die Erinnerung zurückgerufen, sind in Gedanken wieder über die Wände gestiegen, über die Grate gewandert, haben geträumt . . . und die Sorgen Europas vergessen."

Prof. H. Kinzl schrieb nach der Kundfahrt 1954: „Unberührt vom Tun und vom Leid der Menschen ragen die ewigen Berge der Cordillera Huayhuash empor, und ihre weißen Firne leuchten weithin über das Land als Künder einer zwar harten, aber reinen Welt."

Noch 1954 sagte Karl Lugmaier über den 6126 Meter hohen

Nevado Jirishhanca: „Die Jirishhanca darf den schönsten Bergen der Welt würdig an die Seite gestellt werden.

Unsere Erkundungen ergaben keine verläßlichen Anhaltspunkte für eine Ersteigbarkeit."

Aber schon im Jahre 1957 standen die Mitglieder der ÖAV-Andenfahrt unter der Leitung von Dr. Heinrich Klier, der gebürtige Bozner und Wahl-Lienzer Toni Egger und Sigi Jungmair, als erste Menschen auf dem Jirishhanca-Gipfel (sprich Chirischanca).

Damals vermuteten die Einheimischen, diese Europäer wollten Gold suchen. Seit dem Flugzeugabsturz am 16. November 1954 in 5700 Meter Höhe in der Westwand der Jirishhanca hielt sich im Lande hartnäckig das Gerücht, in der Maschine wären Goldbarren verladen gewesen. Was anderes als dieses Gold sollten die Fremden so hoch oben in den Bergen suchen? Niemand von den Einheimischen denkt daran, über Schnee, Eis, glatte Wände und messerscharfe Grate zu steigen; das Hochland in 4000 Meter Höhe bietet gerade noch das karge Futter für Esel, Schafe und Rinder, das genügt und kostet Arbeit. An Bergsport, Ehrgeiz, Gipfelruhm denkt niemand. Wozu auch.

Wir jedenfalls wollten diese Gipfel bezwingen, in erster Linie die Jirishhanca. Jirish heißt Kolibri, und unter hanca verstehen die Indios die Eisflanken und rilligen Wächten; die kühne Eis- und Schneeform dieses Berges schien sie an den Schnabel eines Bergkolibri zu erinnern: daher Kolibri-Eisschnabel.

Unsere „Expedition" sollte nur aus vier Mann bestehen; wir alle waren Heeresbergführer und kannten uns aus vielen gemeinsamen Kursen und einigen Bergfahrten. Die Organisation lag bei Leo Schlömmer. Er mußte die Masse des notwendigen Geldes für die Überfahrten, die Reise durch das Land, das Anmieten einer Eselkolonne, er mußte Ausrüstung und Verpflegung aufbringen, bei allen zuständigen Ministerien bittstellig werden und mit interessierten Firmen verhandeln. Mindestens ein Jahr, bevor man den Berg selbst sieht, beginnt ein solches Unternehmen bereits in der Heimat. Es gehört viel Diplomatie, Verhandlungstechnik, Abgebrühtheit und auch Idealismus dazu, die ganze Sache in Schwung zu bringen. Und man benötigt sehr viel Wohlwollen bei Arbeitgebern, Ämtern, Firmen, bergbegeisterten Menschen und Organisationen, bis man sagen kann: „Jetzt klappt es, am X-Tag können wir die Reise antreten."

Den Sommer 1965 betrachteten wir als Training für die Ersteigung der Jirishhanca auf der von der Seilschaft Toni Egger/Sigi Jungmair begangenen Route; eventuell wollten wir an Ort und Stelle noch eine andere Aufstiegsmöglichkeit erkunden und den Grat vom Hauptgipfel zum Nordgipfel überschreiten. Jedenfalls bereiteten wir uns auch bergsteigerisch sehr sorgfältig vor. Schlömmer und Haim durchstiegen die Aiguille du Midi-Südwand über die Contermin-Führe, Sager und ich die berüchtigte, aus Fels und Eis bestehende Nordwand der Aiguille du Plan. Weiters machten wir die Breithorn-Nordwand in der Welzenbach-Führe, und schließlich durchstiegen Werner, Adi und ich bei schlechtesten Verhältnissen die Matterhorn-Nordwand.

Während dieser Bergfahrten in den Westalpen trafen wir in Zermatt Dr. Heinrich Klier, der uns bat, bei der Bergung seines am Vortag am Zinalrothorn tödlich abgestürzten Innsbrucker Kameraden Kurt Welser behilflich zu sein.

Alle Versuche mittels Hubschrauber seien fehlgeschlagen. Natürlich machten wir sofort mit, und gemeinsam mit Schweizer Bergführern stiegen wir noch am Nachmittag zur 3200 Meter hoch gelegenen Rothornhütte auf. Am nächsten Tag stiegen wir zur Unglücksstelle und konnten in fünfstündiger Arbeit durch die 1000 Meter hohe Fels- und Eiswand des Triftgletschers die Leiche Kurt Welsers abseilen.

Bei dieser traurigen Gelegenheit lernten wir Dr. Heinrich Klier näher kennen, und als er hörte, daß die Cordillera Huayhuash unser Ziel für das kommende Jahr wäre, gab er uns als genauer Kenner dieses Gebirges und als Verantwortlicher jener Kundfahrt, während der die Jirishhanca erobert worden war, wertvolle Tips über Land, Leute und Berge. Weitere Angaben fand ich in seinem Buch „Abenteuer im Schnee".

Besonders faszinierte mich die Schilderung der Erstbesteigung des Berges. Zutiefst betroffen war ich aber, als ich im letzten Kapitel dieses Buches das Bild dieses wohl zu den unwahrscheinlichsten Bergen der Erde gehörenden Cerro Torre an der Südspitze Südamerikas, in Patagonien, sah und von der unerhörten Leistung der Zweier-Seilschaft Egger-Maestri erstmals Genaueres hörte; der Aufstieg beider über diese glatten Felswände, über Eis und Schnee, noch mehr aber der Abstieg des durch einen Wettersturz zum Eisturm gewordenen 3128 Meter hohen Berges grenzt an das Menschenunmögliche. Vier Freibiwaks hatten Egger und Maestri schon hinter sich, als eine der Hunderten herabdonnernden Eislawinen das Seil durchschlug und Toni Egger in die Tiefe schleuderte.

Nur dem Einzelgänger-Genie Maestri konnte es noch gelingen, die weiter unten angebrachten Seilgeländer zu erreichen und nach einem fünften Biwak an den Wandfuß und das unten sich dahinziehende Eisfeld zu gelangen, wo er kraftlos von einem argentinischen Expeditionsmitglied gefunden wurde.

Toni Egger blieb für immer verschwunden. Nach seinem härtesten Sieg wurde der schwer um jede Selbstverständlichkeit kämpfen müssende, bescheidene und immer gutgelaunte Mann ganz plötzlich aus dem Gesichtskreis aller Lebenden geschleudert.

Ihm zu Ehren sollte unsere Jirishhanca-Besteigung stattfinden.

Zu den Vorbereitungen unserer „Mini-Expedition" gehörte auch die Ausbildung Werner Haims zum Sanitäter. Bei den Indios machte er sich später einen Namen als „medico".

Zwar wußten wir alle über Erste-Hilfe-Maßnahmen Bescheid, wir hatten jahrelang auf Kursen diese Dinge theoretisch und praktisch gelernt, wir waren perfekt in der Bergrettung, aber unser beratender Alpinarzt, Dr. Elmar Jenny, sagte, das wäre zuwenig; einer müsse noch mehr wissen und können, er sollte eine Spritze geben

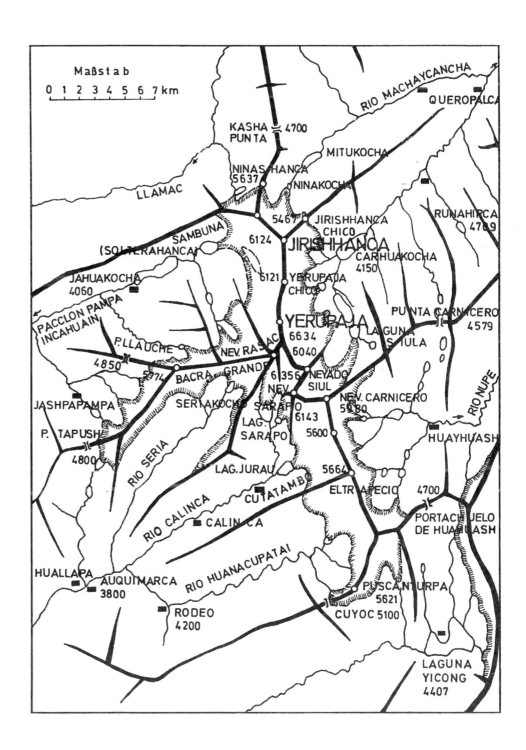

können, er sollte die Symptome einer Blinddarm- oder Lungenentzündung erkennen. Und wer würde bei unerträglichen Zahnschmerzen den Zahn reißen?

Also traf es Werner. Dr. Jenny schulte ihn mit größter Geduld; nur einmal wurde er sehr skeptisch, als Werner die Nadel der Spritze immer wieder zu steil einstach: „Mensch, das heißt subcutan! Und subcutan heißt: in das Bindegewebe und nicht bis zum Knochen. Dir wär's am liebsten, wenn der Patient fünf Meter von dir entfernt in gebückter Haltung den nackten Hintern prall herzeigte, und du könntest die Spritzennadel wie einen Wurfpfeil ins Fleisch schleudern!"

„Wär a guete Idee!" meinte der Werner in seiner Bierruhe. Schlimmer wurde die Sache mit dem Zahnziehen. Drei Wochen lang hieß es rundum: „Wer meldet sich freiwillig zum Zahnreißen?" Niemand hatte zu Werner in dieser Beziehung Vertrauen. Als sich dann doch ein von Schmerzen geplagter junger Mann meldete und Werner zu ziehen begann, fiel der Patient vom Stuhl.

Aber auch in Peru sollte Werners Kunst in der Zahnheilkunde noch zur Pfuscherei ausarten . . .

Am 11. April 1966 war es soweit: Wir verließen Innsbruck, schifften uns am 14. April in Genua auf dem 13.500 BRT großen Passagierschiff „Donizetti" von der Italia-Linie ein, und nach einer westlichen Mittelmeerkreuzfahrt zwischen Neapel—Cannes—Barcelona—Gibraltar, während der wir Land- und Bergratten reichlich „Neptun opferten", sahen wir mit den Canarischen Inseln für eine Woche lang das letzte Land. Für mich war ab Genua alles neu und bisher nicht gesehen: die riesigen Passagier- und Frachtschiffe, die Ladekräne, das Rasseln und Gehupe in den Häfen, die südländischen Städte mit ihren temperamentvollen, genügsamen oder reichen Menschen, die laue Luft auf dem Ozean, das Schwimmbecken auf der Donizetti, das reichliche Essen auf italienische Art, die uns begleitenden Delphine mit ihren Spielen, die fliegenden Fische in der Karibischen See . . . Es tat sich eine neue Welt auf, besonders groß, exotisch, glitzernd und in ihrer sozialen Gegensätzlichkeit geradezu bedrückend ab dem ersten angelaufenen Hafen in Südamerika, La Guaira in Venezuela. Von hier zog sich die Erlebniskette über das saubere Curacao, das trostlose Cartagena in Bolivien („Bei uns daheim sind die Schafe und Ziegen besser untergebracht als hier die Masse der Menschen"), Christobal („In den Gassen stinkt es wie in einer Jauchengrube") durch die Panama-Kanal-Zone („Man sieht schöne Häuser und Grünanlagen"), nach Buenaventura in Columbien („Eine Stadt voller Grauen"), Guayaquil („Starker Gegensatz zu Buenaventura") und endlich nach Callao, dem Hafen von Lima.

Hier bereitete uns die österreichische Kolonie eine ganz große Überraschung. Leo Schlömmer hatte einen in Peru wohnenden Schulfreund, Dr. Günter Sams, von unserem Eintreffen verständigt gehabt, dieser wiederum hatte die Kunde an weitere Österreicher weitergegeben, so daß wir bereits im Hafen von Landsleuten mit der Frau Vizekonsul Buchner und dem Leiter der österreichischen Handelsdelegation, Dr. Hittmair, an der Spitze erwartet wurden. Wir einfachen Bergler kamen uns wie Könige vor, so sehr freute uns der Brückenschlag von Mensch zu Mensch über die Weite der Ozeane hinweg.

In Lima selbst waren für uns Quartiere bereitgestellt, wir wurden wie alte Freunde aufgenommen und behandelt. Vielleicht kann ich auf diese Weise allen Österreichern und Deutschen in Lima nochmals danken, die uns in ihren Wohnungen, in Hotels, im Alexander-von-Humboldt-Haus damals und nach der Rückkehr aus der Cordillera Huayhuash so herzlich umhegten und alles taten, um die Formalitäten gegen das ewige „mañana" rascher zu erledigen und die Wartezeit durch kleine Exkursionen zu verkürzen.

Damals lernten wir im Humboldt-Haus auch die Familie Köpke kennen, ein deutsches Vogelforscherehepaar mit der damals etwa zwölfjährigen Tochter, die Ende 1971 bei einem Flugzeugunglück im Urwald des Amazonas auf wunderbare Weise als einziger Passagier mit dem Leben davongekommen ist und sich 17 Tage lang durch den Urwald geschlagen hat. Das Leben ist immer noch sehr wundersam.

Lima kostete uns zehn Tage; nach endlosen Verhandlungen wurden das Gepäck freigegeben und die letzten Vorbereitungen für die Abfahrt ins Hochland getroffen. Am 18. Mai 1966 war es soweit; mit den besten Wünschen der vielen neu gewonnenen Freunde verließ unser Bus Lima und schnurrte die breite Panamericana hinauf nach Norden. Links, gegen das Meer hin, breitet sich ein fruchtbares Land aus, das sehr häufig von Wüstenstreifen unterbrochen wird.

Nach etwa 180 Kilometern verließen wir die Panamericana und fuhren nach Osten in die Cordillera Negra und am Gonoc-kocha (See) vorbei in das obere Santa-Tal nach Chiquián, wo die Autofahrt endete. Dieses Dorf liegt 360 Kilometer nordostwärts von Lima auf 3350 Meter Seehöhe und sieht mit seinen Terrassenpflanzungen, dem dunklen Gebüsch dazwischen, den leuchtenden Lupinenflecken, den Luzernenfeldern und seinen Häusern aus luftgetrockneten Ziegeln und den da und dort angepflanzten Blumengärtchen sehr reizvoll aus, besonders wenn man auf einer nur wenige Gehminuten oberhalb liegenden Anhöhe steht. Hier erhält man das erste Mal einen landschaftlich herrlichen Blick auf die im Hintergrund aufragenden weißen Gipfel der Cordillera Huayhuash, die vielleicht nur 30 Kilometer lang ist und deren höchste Erhebung der Nevado Yerupajá mit 6634 Metern ist.

Im Jahre 1936 waren zwei Gipfelangriffe gegen diesen Berg von Erwin Schneider und Arnold Awerzger gescheitert, im Jahre 1950 hatte eine aus acht Mann bestehende nordamerikanische Gruppe den südlichen Gipfelgrat erreicht, und David Harrah und James C. Maxwell konnten am 31. Juli den Gipfelsieg für sich buchen.

Allerdings mußten beide infolge Erfrierungen durch widrige Umstände beim Abstieg und mangelnde Ausrüstung Zehenamputationen in Kauf nehmen. Nach wie vor gehören Erfrierungen beim Vorstoß in solche Höhen zu den großen Risiken.

Die Cordillera Huayhuash war lange Zeit ein völlig unbekanntes Gebirge, auch die etwas weiter nördlich sich erhebende Cordillera Blanca trat erst in unserem Jahrhundert richtig in das Bewußtsein der Europäer. Waren doch beide Gebirge für die Peruaner selbst mangels ausreichender Erzvorkommen uninteressant, zumal die hohen Übergänge in das Landesinnere verkehrshemmend wirken. Wichtig allein war und ist das wasserspendende Eis dieser Berge; die zur Küste laufenden Flüsse und Bäche tränken die Saaten. In diesem Gebiet fällt kaum einmal ein Niederschlag, es kann vorkommen, daß Lima jahrelang keinen Regen bekommt.

In Chiquián gab uns der Pfarrer in äußerst liebenswürdiger Weise Quartier; wir konnten dort auch selbst kochen. Um jedoch Lebensmittel zu sparen, aßen wir einmal im Tag im „Hotel Amazonas", dessen Bezeichnung „Hotel" den einzigen Luxus bedeutete. Die Hauptkunden bestanden aus Hühnern und Hunden; dabei war Chiquián sozusagen der letzte Pulsschlag der neuzeitlichen zivilisatorischen Welt.

Hier nun verbrachten wir drei Tage mit Verhandlungen, mit dem Anheuern von Eseln und Pferden, mit dem Umladen des Gepäcks und mit dem Gewöhnen an Luft und Klima.

Der Boß der Eselbesitzer war ein energischer Mann und hieß Peton. Die Leistung der Tiere war enorm, aber sie sind ja im dauernden Training. Die letzte Siedlung hieß Pocpa, sie wird mittels Tragtieren versorgt und liegt auf 3800 Meter Seehöhe, also nur um 99 Meter niedriger als die Ortlerspitze. Im Laufe dieser Anmarschtage zum Basislager überschritten wir eine Reihe von Pässen mit einer Höhe des Montblanc und marschierten durch Hochtäler von 4000 Meter Seehöhe. Insgesamt passierten wir bei dieser Durchquerung und Umgehung der nördlichen und östlichen Ausläufer der Cordillera Huayhuash sechs verschiedene Täler. Es ist unwahrscheinlich, in welch einfacher, ja primitiver Behausung die Hochlandindianer wohnen. Die im Hintergrund der Täler liegenden „estancias" sind nichts anderes als im Rundbau errichtete und mit

Der Grat zum Jirishhanca-Gipfel mit Riffeleis und „Schaumrolle" überzogen

getrocknetem Gras abgedeckte Steinhütten der Hirten. Hier hausen Mensch und Tier.

Oft sahen wir noch in Höhen über 4000 Meter winzige Kartoffel- und Gersteäckerchen. Die Kartoffeln schmeckten uns ausgezeichnet, meist zogen wir jedoch die gewohnte Nahrung aus unseren Konserven vor. Sehr eindrucksvoll empfand ich auch die oft mannshohen Kakteenwälder auf den Hängen; auffallend ist der geringe Baumbestand. Alles in allem ist die Cordillera Huayhuash ein karges, menschenarmes, verkehrshemmendes, für naturverbundene und mit einem Quentchen Romantik behaftete Männer, die noch einen Schuß Abenteuerlust im Blut haben, ein geradezu ideales Hochgebirgsland mit der Tropensonne im Norden.

Vielleicht sollte ich noch erklären, warum diese Kordillere Huayhuash heißt: Im Osten des Gebirges liegt zwischen den Seen Quesillo-kocha und dem Suiro-kocha am Fuße des Nevado Sarapo in einer Höhe von 4330 Metern die kleine Ortschaft Huayhuash. Der Forscher A. Raimondi hat 1873 in einem Buch, in dem er unter anderem den Wasserlauf des Rio Nupe bis in dessen Quellengebiet schilderte, erstmals von der „Cordillera de Huayhuash“ geschrieben; ins Deutsche übersetzt heißt das „Wieselgebirge“. Die Indianersiedlung Huayhuash hat ihren Namen von einem Wiesel mit Meerschweinchengesicht.

Es ist ein Meerschweinchenmörder und heißt Huayhuash. So hat also eine armselige Steinhüttensiedlung den Namen eines flinken Raubtieres und eines der schönsten tropischen Gebirge den Namen eines schäbigen Dorfes erhalten.

Nach drei Marschtagen erreichten wir den Carhua-kocha. Dieser See liegt am Ostabsturz der vergletscherten Bergkette zwischen dem Nevado Yerupajá und dem Nevado Jirishhanca. Ihre Schmelzwässer sammeln sich in seinem Becken, das durch eine Moränenstaumauer gegen Osten abgestützt ist und die hoffentlich nie einbricht, wie das in Peru schon mehrmals mit verheerenden Überschwemmungsfolgen für die tieferen Regionen geschehen ist.

Hier also war das Basislager geplant. Wir fühlten uns wie in einem Almgebiet am Ende eines Hochtales und waren versucht, den uralten biblischen Spruch anzubringen: „Herr, hier ist gut sein; willst du, so wollen wir hier drei Hütten machen . . .“ Was dann auch im Laufe der nächsten Tage geschah; nur wurden es fünf Zelte.

An diesem Abend kampierten wir provisorisch. Auch die Mula-Treiber blieben noch für eine Nacht; sie hatten es sehr eilig; in Chiquián wartete bereits eine weitere Mannschaft mit Gepäck, diesmal waren es Deutsche. Ein Indio sollte bei uns zurückbleiben und als Lageraufseher dienen, dafür versprachen wir, die gleiche Mula-Staffel mit dem Rücktransport zu beauftragen. Fred Alat, ein Freund Leo Schlömmers aus Lima, hatte uns nicht nur diesen Tip gegeben, er war auch bis ins Basislager mitgewandert und hatte uns als Kenner des Landes und der Sprache alle Schwierigkeiten aus dem Wege geräumt. Und seit er dem Bürgermeister von Pocpa zu Werner gebracht hatte, um von diesem gegen Rheuma eine Spritze in die Hüfte verpaßt zu bekommen, waren wir zu dieser Zeit die geachtetste Mannschaft der nördlichen Cordillera Huayhuash. Plötzlich war Werner der „medico" und mußte immer wieder helfen.

Vielleicht genügte schon sein Ruf, um die kleinen Leiden zu heilen — schwerere Krankheiten wären für ihn tabu gewesen —, aber er wurde ja nur wegen Rheuma, Zahnschmerzen und dergleichen konsultiert. „Mensch", sagte er bald einmal, „dös geht mir auf die Nerven. Die Weiber haben fünf Kittel übereinander an, je tiefer du dich zum Hüftknochen durchblätterst, um so mehr stinkt 's . . ." Sehr deprimiert war er einmal, als er einer alten Frau einen schwarzen Zahnstumpf herausziehen sollte, sie ihm aber beim Ansetzen des Instrumentes auf die Hand schlug und spuckend und schreiend mit wehenden Kitteln davonlief. Damals sah er den Glorienschein des „medico" angekratzt, aber er war nie ein guter Zahnbader gewesen . . .

Wir bauten also am Nordufer dieses grünschillernden Bergsees das Basislager, von dem wir schon ein gutes Jahr geträumt hatten. Immer wieder gingen die Blicke über die Moränenwälle und Granitblöcke, über gelbliches Quarzit hinauf zu den weißen Schneefeldern und Gletschern. Vier Sechstausender ragten vor uns in den blauen Andenhimmel, mit dessen wettermäßigen Eigenschaften wir uns nun vertraut machen mußten: mit der kalten Nacht, dem sonnenprallen Tag, der kurzen Dämmerung, den nordöstlichen Winden. Der Tag dauert hier nur zwölf Stunden, die Nacht bricht sehr schnell herein. Diese Tatsache muß man bei der Wegberechnung ins Kalkül ziehen, auch das Freibiwak wird wegen der Nachtkälte problematisch, wenn man nicht speziell ausgerüstet ist. Der Poncho der Hochlandindianer und Hirten hat hier seine besondere Bedeutung als Kälteschutz. Dazu kommt aber noch, daß sich die Bewohner der Hochanden in vielen tausend Jahren den Lebensverhältnissen angepaßt haben.

„Ihr Organismus hat sich, im Vergleich zu uns übrigen Menschen, umgestellt, vor allem durch Veränderungen in den Atmungsorganen und im Blutkreislauf . . . Die Indianer der hohen Anden haben ungefähr zwanzig Prozent mehr Blut als ein Tieflandbewohner. Dieses zusätzliche Blut besteht weitgehend aus roten Blutkörperchen, denn gerade sie enthalten das überaus wichtige Hämoglobin, das den Sauerstoff einfängt und absorbiert. Bei Indianern, die in 4500 Meter Höhe leben, vermehrt sich dieses lebensnotwendige Hämoglobin um fast sechzig Gewichtsprozent. Jedes der roten Blutkörperchen ist zudem größer als bei den Menschen im Tiefland. Infolgedessen nimmt auch die Oberfläche für die Aufnahme von Sauerstoff zu ... Der Eingeborene der Anden hat einen vierschrötigen und gedrungenen Körper, das bedeutet, daß das Blut bei jedem Umlauf nicht so weit gepumpt zu werden braucht. Am Ende der breiten, stämmigen Gliedmaßen findet sich eine ungewöhnlich hohe Zahl von Gefäßen, die viele kleine Arterien und Venen unmittelbar miteinander verbinden. Das Blut kreist dadurch schneller, und das befähigt den Indianer der Anden, unbekümmert mit bloßen Händen und Füßen in Jahreszeiten herumzugehen, in denen Tieflandbewohner, wenn sie dies nur versuchen, schwere Erfrierungen erleiden würden. Gleich Tieren können diese Hochlandbewohner barfuß im Schnee laufen ..."

(Aus Lorus J. Milne und Margery Milne: Die Berge, Wunder der Natur, Time-Life International [Nederland] N. V.)

Der Weg zum Gipfel der Jirishhanca war durch die Expedition des Dr. Klier vorgezeichnet, und der Sieg konnte damals nach mehrmaligen Mißerfolgen buchstäblich in letzter Minute, als das Unternehmen schon abgebrochen werden sollte, von Egger/Jungmair eingeheimst werden.

Wir kannten die Beschreibung und die verläßlichen Lagerplätze. Nach einem kurzen Wegstück taleinwärts führt ein leicht ansteigendes Tal nach Norden zu einem breiten Grashang, der in ein U-förmiges Becken hineinfließt und mit seinen Gräsern und Bergblumen einen kleinen, verträumten See umspielt. Von hier steigt man über verhältnismäßig breite Hangstufen sich linkshaltend auf einen Grat und hat vom Punkt 4840 einen Nahblick auf die kleine Jirishhanca (Chico) und deren bescheidenen Nordgletscher. Nun kann man über eine leicht zu begehende Geröllhalde höher steigen und findet bald einmal unterhalb des Jirishhanca-Chico-Gletschers einen gut geeigneten Lagerplatz, der nicht eingesehen ist, daher von indianischen Hirten nur durch Zufall entdeckt werden kann und vor Plünderungen ziemlich sicher ist. Man muß nämlich auch mit solchen Zwischenfällen rechnen. Einer japanischen Expedition soll, als alle ihre Mitglieder zum Berg unterwegs waren, das Basislager gänzlich abgeräumt worden sein.

Während Werner und Adi in dieser Mulde das Lager 1 bauten, das nur als Zwischenlager, Depot und Unterkunft bei einem durch Wettersturz erzwungenen Rückzug dienen sollte, stiegen Leo und ich zum Nordgrat der Kleinen Jirishhanca, über den man den nördlichen Jirishhanca-Gletscher und über dessen wilde Eisbrüche den Ostgrat unseres Kolibri-Eisschnabels erreicht.

Wir mußten einen möglichst günstigen Weg zum Nordgletscher erkunden, auf dem das Lager 2 als Ausgangsbasis für den Aufstieg zum Gipfel errichtet werden mußte. Die Kleine Jirishhanca ist 5467 Meter hoch, der Scheitelpunkt ihres Nordgrates etwa 5100 Meter. Auf der von Professor Kinzl unter Mitwirkung von E. Schneider und A. Awerzger im Jahre 1936 stereophotogrammetrisch aufgenommenen und von Dipl.-Ing. Fritz Ebster gestochenen Karte dieses Gebietes fließen die Nordgletscher der Jirishhanca und der Kleinen Jirishhanca über einer etwa auf 5000 Meter Höhe gelegenen Scharte zusammen. Zu unserer Zeit war dies nicht mehr der Fall; diese Stelle war eisfrei und sehr schwer zu überschreiten. Die Gletscher der Kordillere gehen wie in den Alpen zurück, man sieht das überall an den zurückgebliebenen Moränen und abgeschliffenen hellgetönten Felswänden.

Auch der zweite, etwas höher gelegene Übergang gefiel uns nicht, aber wir mußten ihn als einzige Möglichkeit akzeptieren. „Morgen suchen wir einen besseren Aufstieg zu dieser Scharte. Mit zwanzig Kilogramm schweren Rucksäcken da heraufkraxeln ist kein Vergnügen. Fixseile müssen auch eingebaut werden, und da, auf der anderen Seite, wird man sich abseilen müssen. Ich glaub, so umgehen wir den unangenehmen Eisbruch des Nordgletschers . . ."

„Morgen erkunden wir weiter, es wird schon spät. Mañana!"

Unsere Kameraden hatten inzwischen die Zelte aufgebaut, die gelb zu uns heraufleuchteten. Bald waren wir im Lager, und unser Rückmarsch zum Carhua-See glich einer Heimkehr in den Alpen: bunte Almwiesen, glitzernde Bachläufe auf den Gegenhängen, weidendes Vieh und Hundegebell unten im Hochtalkessel. Den Rindern, Schafen und Pferden fehlten nur die bimmelnden Glocken am Hals, und der Flachlandromantiker würde das Jodeln der Sennerin vermißt haben, das er sich in den Alpen als Alltäglichkeit vorstellt. Dafür glotzten uns mehrmals Stiere mit rotumränderten Augen an und setzten zum Galopp an.

Um so schneller erreichten wir das Basislager und die „heimatlichen" Kochtöpfe. Der Hausmeister, unser angeheuerter Indio, begrüßte uns freundlich: „Alles in Ordnung!"

Nun begann eine harte Woche. Wir trugen Zelte, Ausrüstung und Verpflegung zum Lager 1, zu dem wir den Weg mit Steinmandln markierten: Wir wollten bei einem plötzlichen Wettersturz, ohne uns zu verirren, möglichst schnell zum Lager am See gelangen. Dann galt es, den sehr schwierigen Abstieg vom Nordgrat der Kleinen Jirishhanca zu versichern; mit schwerem Gepäck mußten Stellen mit Schwierigkeitsgrad IV+ überwunden werden. Mit diesem Übergang ersparten wir uns den Durchstieg eines gefährlichen Eisbruches. Wir kamen sehr flott vorwärts, am Morgen war der Schnee noch knallhart gefroren. Trotzdem querten wir den oberen Teil des nördlichen Jirishhanca-Gletschers nur angeseilt und mit größter Vorsicht. Der Gletscher war uns noch unbekannt, die zwanzig Kilogramm am Buckel drückten, und eh man sich's versieht, kann man durch eine Schneebrücke brechen.

Bereits um 10 Uhr hatten wir eine geeignete Stelle für das Lager 2 gefunden, die wir sofort mit Sonden prüften. Es wäre einfach zu katastrophal, wenn mangels Vorsicht das Lager samt Inhalt plötzlich in einer Spalte verschwinden würde. Im Hochgebirge sind schon die unwahrscheinlichsten Dinge passiert. Auch den nun für gut befundenen Weg vom Übergang des Nordgrates über das Eis zum Lager 2 markierten wir mit bunten Fähnchen, damit niemand bei Schneetreiben oder Nebel sich in das nahe Spaltengewirr oder in den Bruch versteigen könnte.

Der Pfingstsonntag schloß diese Arbeitswoche des Tragens, Schaufelns, Versicherns, Markierens, Zeltebauens ab. Er war für uns noch ein Arbeitstag. Trotz plus 35 Grad Celsius waren wir am Nachmittag noch einmal über den Gletscher gestapft, um dort die letzte Last zu deponieren. Nun rasteten wir und genossen den Rundblick dieses klaren Tages: vor uns die Jirishhanca Grande in ihrer wilden Pracht aus den Eisfeldern aufragend, dann der Nordgipfel, noch weiter rechts der Rondoy und die Ninashanca. Der Gletscher unter uns brach in einen See ab, die Nina-kocha. Zwischen senkrechten Felswänden leuchtete er wie ein magisches Auge herauf. In diesen See stürzen oft ganze Eiswände und lassen das Wasser brodeln.

Links drüben leuchtete das Riffeleis der Kleinen Jirishhanca; ganz draußen sahen wir am Horizont einen hellen Streifen: die Cordillera Blanca.

Pfingstsonntag. Daheim sind jetzt die Apfel- und Birnbäume abgeblüht, das Gras dürfte schon hoch stehen, und in den Dörfern und Städten gehen die Menschen in guten Kleidern spazieren, sitzen im Gasthausgarten, trinken Bier und Wein, die Kinder schlecken Eis ...

Nur im Telegrammstil flitzten die Gedanken über den südamerikanischen Kontinent und den Atlantik nach Mitteleuropa — dann wanderten die Blicke schon wieder über Eisfelder, Felspfeiler und einen Eisgrat zum Kolibrischnabel. Wir waren der Faszination des Berges bereits erlegen.

Über den Gipfelangriff habe ich noch im Basislager diesen Bericht geschrieben:

In einer Woche haben wir alle drei Lager aufgebaut: das Basislager am Carhua-See (4170 Meter), das Hochlager 1 (4850 Meter) und das Hochlager 2 (5080 Meter).

Alle Lager ziert die österreichische rotweißrote Flagge.

Nun können die Angriffe gegen den Pfeiler erfolgen.

1. Juni 1966. Plötzlich ist schlechtes Wetter über die Berge und das Hochland hereingebrochen, während des Tages fällt Schneeregen, am Abend nur noch Schnee. Unser Tatendrang wird gebremst; wir liegen in den Zelten, fühlen uns im Schlafsack ausgesprochen wohl, reden vom Berg. Am nächsten Tag ist das ganze Land weiß, es hat zehn Zentimeter hoch geschneit, aber bald bricht die Sonne durch, und der Schnee verdunstet, ohne den Boden wesentlich naß und matschig zu machen. Hier ist eben alles anders, auch eine Schlechtwetterperiode hält nur zwei bis drei Tage an.

Es wird tatsächlich schön, und mit schwer bepackten Rucksäcken wandern wir zum Hochlager 2, um es vollständig einzurichten. Außer der Ausrüstung und Verpflegung haben wir sogar ein Sauerstoffgerät ins Lager gebracht. Die Nacht verbringen wir vier im Hochlager, um am Morgen die ersten Erkundungen vorzunehmen, die Leo und ich durchführen. Währenddessen bringen Werner und Adi noch wichtiges Material vom Lager 1. Wir seilen uns an und steigen zum Bergschrund auf und anschließend über eine steile, etwa sechzig Grad geneigte Eis- und Schneeflanke hinauf, um eine Scharte zu erreichen. Hier wäre der Pfeilerbeginn. Die absolute Höhe beträgt 5500 Meter. Unsere Mühe war umsonst, wir sind zu weit links und können den messerscharfen Grat nicht überschreiten, obwohl es nur zwei Seillängen wären. Es würde den sicheren Wächtenbruch bedeuten. Es geht also wieder zurück. Mit einigen 80-Meter-Abseilern sind wir gegen 14 Uhr wieder im Hochlager. Doch wir wissen jetzt den richtigen Weg zum Pfeilerfuß.

Eine weitere Nacht verbringen wir hier, der gestrige Plan wird geändert. Werner und Adi klettern jetzt den richtigen Weg zum Pfeilerbeginn, den sie um 13 Uhr erreichen, dann wieder zurück ins Lager; so lautet der Plan. Leo und ich sind als Träger eingesetzt. Ein kleiner Vorstoß ist uns wohl gelungen, doch weit wird der Weg bis zum Gipfel sein. In guter Stimmung geht's zurück ins Basiscamp, wo wir uns von den Strapazen erholen. Inzwischen ist die deutsche Expedition eingetroffen: Ihr Hauptziel ist der Sihula-Chico. Nach zwei Ruhetagen geht es wieder zum Ausgangspunkt, diesmal soll der erste Pfeiler mit Fix-Seilen versehen und auch alle notwendigen Stand- und Abseilhaken angebracht werden. Leo bleibt im Lager, sein Knie macht immer noch Schwierigkeiten. Nach dem Frühstück geht's wieder höher zum Bergschrund und dann über eine steinschlaggefährdete Wandzone. Um 10 Uhr sind wir in der Scharte, die bis hierher teilweise präpariert ist. Aber jetzt herrscht für uns wieder Neuland. Nur noch einige Seilfetzen wehen in einer eisigen Verschneidung. Das ist das Zeichen der Erstbegeher, des unvergeßlichen Toni Egger, der mit Siegfried Jungmair vor neun Jahren diesen kühnen Berg bezwungen hat. Seitdem wagte es keine Expedition mehr, sich diesen Berg zum Ziel zu setzen. Der Fels eignet sich sehr gut zum Klettern. Ein bißchen beunruhigend wirken wohl auch die zehn bis zwanzig Meter langen Eiszapfen, die über unseren Köpfen hängen. Wir müssen diese Querung rasch passieren, denn ab und zu springt so ein Eiskoloß ab. Meine Kameraden hinter mir bauen gleich das Geländerseil ein, das für einen raschen Abstieg notwendig ist und somit wohl einen großen Sicherheitsfaktor darstellt. Nun folgen wir einer Rampe nach rechts, die in einem Eisschlauch endet. Dieser Teil ist objektiv sicher. Die Felsschwierigkeiten beziehen sich auf den V. Grad. Nun wieder Steigeisen anziehen, um den siebzig Grad geneigten Eisschlauch bewältigen zu können. Das Eis ist schon sehr aufgeweicht und mit Vorsicht zu überwinden. Ober uns wieder ein herrlicher Eiskranz, ein Zapfen, sogar vom ersten Dach zum Eisschlauch verwachsen, etwa 25 Meter lang und 50 Zentimeter dick. Ich rufe wieder einmal alle meine Schutzengel an und bitte sie, die Eiskränze so lange zu halten, bis wir alle vorbei sind. Es ist 14 Uhr, wir erreichen das bereits von Berichten her bekannte Pfeilerbiwak, das wir allerdings beim eigentlichen Gipfelangriff nicht verwenden werden. Einige Kerzenreste und leere Säckchen erinnern uns an die Klier-Expedition 1957.

Wir sind einen großen Schritt näher zum Gipfel gekommen. Ich verbringe hier eines meiner schönsten Biwaks überhaupt. Um 19 Uhr geben wir unser vereinbartes Lichtzeichen dem Expeditionsleiter durch. Wir kriechen in unsere Biwaksäcke. Die Nacht ist schön, aber kalt. Sehnsüchtig warten wir auf die Sonne. Hier können die Temperaturen nachts bis auf 25 Minusgrade sinken. Bei Tag steigt das Thermometer bis zu plus 35 Grad. Das sind Temperaturunterschiede, die an den Bergsteiger große Anforderungen stellen. Ein neuer Tag bricht an. Wir essen einige Bissen, und schon drei Stunden später sind wir im Lager 2.

Weiter werden wir den Weg zum Gipfel nicht mehr vorbereiten. Wir steigen ab ins Basislager und warten auf den Tag, an dem wir den Gipfel in Angriff nehmen. Inzwischen gehen wir einmal umsonst zum Ausgangspunkt, denn das Wetter hat sich verschlechtert.

Wird es uns gelingen, diesen Kolibrischnabel aus Schnee und Eis auf den ersten Anhieb zu besteigen? Die Wetterlage bessert sich, und wir ziehen in die Bereitstellung. Dreieinhalb Stunden brauchten wir ohne Gepäck vom Tal bis hierher. Körperlich dürften wohl alle fit sein, das beweist die Aufstiegszeit. Wir sind hier genauso schnell unterwegs wie bei uns in den Ostalpen. Durch die Trägerarbeit, die wir selbst machten, sind wir in eine gute Form gekommen.

18. Juni, 5 Uhr. Ich beginne mit dem Kochen: Haferbrei mit Ovomaltine ist unser Frühstück. Ein kalter Morgen; ein gutes Zeichen. Schon um 6 Uhr überschreiten wir den Bergschrund. Wir bilden zwei Seilschaften: Werner und Adi die eine, Leo und ich die an-

dere. Die Erstgenannten führen in Wechselführung bis zum Egger-Biwak unter dem ersten Eisdach. Rasch kommen wir im versicherten Gelände höher. Schon um 10.30 Uhr sind wir am höchsten Punkt. Hier machen wir eine kurze Rast und nehmen unsere deponierten Ausrüstungsgegenstände auf. Nun übernehmen Leo und ich als die älteren, vielleicht auch die erfahreneren, die Führung. Über ein Wandl geht es zum ersten Eisdach. Das Eis ist etwa sechzig Grad geneigt und allgemein viel schwieriger als bei uns. Durch den starken Temperaturwechsel bilden sich Hohlräume; dazu kommt, daß es bei Tag sehr stark aufweicht. Nicht immer und überall bringt man die Eisschranke an. Trotzdem kommen wir recht gut vorwärts. Wir hoffen auf ein Gelingen. Je höher wir steigen, desto steiler werden die Dächer. Die Übergänge von einem zum anderen Eisdach sind aus blankem Eis und mit Eiskränzen versehen.

Jetzt stehen wir unter einem riesigen Fels-Eis-Riegel, der den Weg abzusperren droht. Schon lange haben wir eingehend beraten, wie wir dieses Hindernis überlisten könnten. Es ist 15 Uhr. Wir müssen schon an den Biwakplatz denken, denn es wird ja hier bereits um 18 Uhr Nacht. Beim Felsriegel werden einige Fiechtelhaken eingetrieben, um eventuell eine sichere Nacht zu verbringen. Wir schlagen aus dem steilen Eis einen Biwakplatz für vier Bergsteiger. Leo erkundet noch eine Seillänge nach rechts, wo wir versuchen wollen, die Barriere zu umgehen. Dann ist es soweit — die Nacht fällt ein. Wir schießen eine grüne Leuchtrakete ab, das heißt: „Alles in Ordnung!"

Das Abendmenü (Tee, Brot, Suppe, Salami) wird eingenommen. Anschließend schlüpfen wir in die herrlichen Daunenwesten und in den Fußsack. Darüber kommt noch der Perlonbiwaksack. Die Temperatur sinkt auf 15 Minusgrade. Eine romantische Nacht; diesmal ist nicht der Himmel über uns, sondern ein acht Meter vorspringendes Eisdach mit Eiszapfen, die durch den Wind bis zu zwanzig Zentimeter hin- und herschwanken und einen singenden Ton von sich geben. Gut ist, daß der Pfeiler auf der Ostseite des Berges liegt. So erreicht uns schon am frühen Morgen die heißersehnte Sonne. Die erste Nacht am Pfeiler ist vorbei. Die bereits vorgearbeitete Seillänge liegt bald hinter uns. Nun müssen wir den Schlüssel finden, der zum großen Eisbalkon hinaufführt. Ich quere noch eine weitere Seillänge — etwa 35 Meter — auf eine kleine Eisterrasse, die kaum das Ansehen verträgt; doch das Eis bindet. Ich bringe einige Haken an. Der Weiterweg führt über einen erstarrten Wasserfall. Leo überwindet diese kritische Zone ohne Rucksack und erreicht einen Kopf unter einem Eisüberhang. Der Rucksack wird nachgeseilt, zugleich klettere ich zu ihm. Werner und Adi kommen nach und nehmen dabei die Zwischenhaken mit, die wir so notwendig für den Rückweg brauchen werden. Nun

Bild rechts:
Eine Indiofamilie auf Besuch in Basislager

Bild umseitig:
Im Abstieg; Sicherung war klei geschrieben

stehen wir etwas zu hoch, ich seile mich auf den Eisbalkon ab und quere diesen nach links. Weiter geht es rechts aufwärts, anschließend wieder links. Steiles und ziemlich blankes Eis! Das Ganze ist ein riesiges Z, bestehend aus Eis. Wir sind am zweiten Pfeiler, der sehr brüchig aussieht.

Es ist schon 14 Uhr. Dieses Umgehungsmanöver nahm sehr viel Zeit in Anspruch. Wir entdecken von der Egger-Seilschaft Schlingen und Haken, die wir aber nicht benutzen können. Die Eisübergänge mußten bei ihnen anders gewesen sein. Die Schwierigkeiten nehmen immer mehr zu. Auf der Südseite, die wir jetzt berühren, bindet der Schnee überhaupt nicht, denn hier scheint die Sonne nie hinein. Wir sind ja südlich vom Äquator, wo die Sonne im Norden steht. Nun überwinde ich mit Steigeisen einen brüchigen Pfeiler, der teilweise vereist ist. Auch hier werden Zwischenhaken notwendig. Leo erreicht nach weiteren zehn Metern den Pfeilerkopf, den wir für die Nacht ausbauen.

Dieser zweite Pfeiler mit den Zickzackbalkonen bot uns alles, was ein Bergsteigerherz an Schwierigkeiten begehrt. Die Plattform ähnelt einer Kanzel. Hier sind die letzten Felsen. Von da an beginnt der Gipfelgrat mit den kühnen Wächten, die uns morgen die Zähne zeigen werden. Das Abräumen dieses Pfeilerkopfes strengt uns nach dem schweren Klettertag sehr an. Außerdem macht uns die Höhe (5800 Meter) zu schaffen.

Die Sicherungsmöglichkeit ist nicht gut, nur einige lose Blöcke können wir miteinander verbinden. Dafür ist der Platz ein wahrer Luxus: 1,80 mal 1,80 Meter groß, allerdings sehr ausgesetzt und windig. Die Nacht ist kalt (minus 20 Grad). Leo schießt das mit den Deutschen vereinbarte Signal. Adi, unser Tourenkoch, braut noch lange in die Nacht hinein Getränke. Zum Essen ist uns allen nicht zumute, wir wollen nur flüssige Sachen.

Die Nacht verbringen wir sogar teilweise liegend. Zum Frühstück gibt es Sanddornsaft und einige Kekse. Nun deponieren wir hier Verpflegung. Auch Fußsäcke und Felshaken bleiben zurück, damit unsere Rucksäcke leichter werden. Zum Frühsport gleich eine Flanke zum Wächtengrad bei grimmiger Kälte. Die Sicherung können wir nur mit dem Pickel durchführen, da wir weder Eis- noch Felshaken verwenden können. Uns bringen die Verhältnisse fast zur Verzweiflung; wir glauben sogar, wenn es so weitergeht, aufgeben zu müssen. Doch wir kämpfen uns mühselig weiter und gewinnen an Höhe. Der verwächtete Grat besteht nur noch aus wildgeformtem Harschschnee. Das Klettern wird immer abenteuerlicher und riskanter. In den Alpen werden die Wände in Gipfelhöhe leichter, bei diesem Berg ist es wohl verkehrt. Oft schaut der Pickelstiel auf der anderen Wächtenseite heraus. Leo und ich sind überzeugt, daß das Gehen im Schnee nirgendwo schwieriger ist als hier. Das Klettern auf diesen Messerschneiden gestaltet sich so: Zuerst muß die Wächte mit dem Pickelstiel quer etwas abgetragen werden, erst dann kann man vorsichtig Tritte machen und höhersteigen. Ich überlege mir bereits, ob wir hier zurückkommen werden können, denn es gibt kein Abseilen mehr.

Es ist schon 13.30 Uhr. Ein steiler Rücken ist noch zu überwinden. Leo arbeitet sich höher, rutscht wieder zurück, mehrmals ist er nahe an der Sturzgrenze. Der Schnee bindet auch hier nicht, und jeder Tritt geht durch. Doch nach zähem Ringen wird auch dieser Rücken, der zum Gipfel führt, bezwungen. „Noch zehn Meter Seil brauche ich", ruft Leo, und dann steht er auf dem Gipfel!

Ich steige nach und reiche meinem Freund die Hand. „Berg Heil!" Werner und Adi kommen auch. Am 20. Juni 1966, um 15 Uhr, stehen wir vier Heeresbergführer auf dem „Matterhorn von Südamerika", auf dem 6126 Meter hohen Nevado Jirishhanca Grande. Ein großer Tag für uns vier!

Strahlendes Wetter, doch der Wind und die Kälte laugen uns aus. Wir knipsen einige Erinnerungsbilder. Wir glauben, die Welt liegt unter unseren Füßen. Zur Linken sehen wir den Siula, daneben den Nevado Yerupajá und den Torro, rechts von uns den schneidigen Nordgipfel, anschließend den wildgezackten Rondoy und die Ninashanca. Tief unten die herrlichen, grünen Bergseen am Rand der Gletscher; in der Ferne das riesige und eigenartige Hochland, die Sierra.

Wir entschließen uns, heute nicht mehr abzusteigen, denn der Tag geht zu Ende. Ich suche nach einem geeigneten Platz für das Biwak. Da, eine Spalte unter der Gipfelwächte, eine ideale Lösung. Wir ebnen den Platz und vergrößern die Höhle, in der es windstill ist. Die Abendsonne leuchtet in unser Fuchsloch. Wir brauchen nicht einmal gesichert zu sein, und die herrliche Windstille ist ein himmlisches Geschenk. Und dann der Sieg! Alle in einer ausgezeichneten gesundheitlichen Verfassung, und das alles noch ohne Hochträger!

Die im geheimen geplante Überschreitung zum Nordgipfel ist wohl ein zu großes Risiko. So schlagen wir uns diese aus dem Kopf. Wir würden dafür vielleicht eine zu schwache Mannschaft darstellen. Eine Rakete feuern wir vom Gipfel zum Zeichen, daß wir droben sind.

Nun sind wir alle in der Höhle, die Nacht fällt herein. Heute ist ein großes Fest für uns; viele, viele flüssige Sachen werden gekocht; auch Lieder erklingen. In unserer Unterkunft aus ewigem Schnee und Eis geht es zu wie in einer Spielhölle (ohne Rauch). Das ist ein unvergeßliches Biwak auf diesem schönen Berg — auf dem schwierigsten, den ich je erklettert habe.

Draußen braust der Wind, es herrscht eine Temperatur von etwa minus 25 Grad. Die Nacht vergeht in Windeseile, und schon bescheint die Sonne unseren Gipfel. Wir beginnen um 8 Uhr mit dem Abstieg. Alle vier seilen wir uns zusammen an, damit beim Abstieg ja nichts passiert. Meine Freunde machen den Anfang, ich steige als letzter. Klettern darf immer nur einer, alle anderen sichern. Wir sind so 120 Meter auseinandergezogen, das gibt uns viel Sicherheit. Eine große Überraschung: Über Nacht sind die Tritte gefroren und kompakt geworden. Das Abwärtssteigen über den Wächtengrad geht unter größter Vorsicht vor sich. Da ich als letzter gehe, bin ich von oben nicht gesichert. Meine Kameraden erwarten jede Sekunde meinen Sturz. Wie durch ein Wunder erreiche ich die Standplätze. Um 12 Uhr sind wir am Biwakplatz des zweiten Pfeilers, wo wir unsere zurückgelassenen Sachen wieder aufnehmen. Rasch wird die erste Abseilstelle aufgebaut. Wir verwenden noch eine von der Egger-Seilschaft stammende Reepschnur zur zusätzlichen Verankerung. Schon fahren wir vierzig Meter zu einem Kopf ab, wo Werner die zweite luftige 80-Meter-Abseilstelle herrichtet, die über einen Eisbalkon führt. Schnell kommen wir im Dülfersitz tiefer, doch ein 80-Meter-Abseiler über diesen Balkon ist eine Mutprobe ersten Ranges.

Nun sind wir unter den Zickzackeisbalkonen. Jetzt noch zur Abwechslung einmal dreißig Meter abseilen. Wir queren zum ersten Biwak am Ende des dritten Eisdaches. Am Felsriegel haben wir schon eine Verankerung. Ich fahre über die Dächer 80 Meter ins Eis. Dort baue ich aus drei Eisschrauben eine Verankerung für die nächsten 80 Meter. Die Seilgefährten sind schon in Kürze bei mir am Eisstand. Um 17 Uhr stehen wir vor dem berüchtigten Egger-Biwak. Von hier beginnen ja die Seilsicherungen. Um 18 Uhr sind wir alle beisammen am Biwakplatz und bereiten ihn für die vierte Nacht vor. Die Stimmung ist trotz der Überanstrengung gut. Wir unterhalten uns nur noch über gutes Essen, Dosenbier und Obstkonserven. Morgen werden wir in drei Stunden im Lager 2 sein.

Die Sonne weckt uns, wir machen uns ohne Frühstück fertig. Flott geht es tiefer über ein Geländeseil zur Scharte. Noch sechsmal müssen wir uns vierzig Meter abseilen, und dann ist das Spiel mit dem Seil zu Ende. Um 10 Uhr sind wir im Hochlager 2. Nun holen wir das Frühstück nach, das aus Riesenmengen von Getränken besteht. Die Hitze im Gletscherbecken ist unerträglich, plus 35 Grad! Schon um 12 Uhr queren wir zum Übergang, der die letzte Kraftprobe darstellt. Um 15 Uhr geht die Tour zu Ende. Wir werden einige Tage Erholung notwendig haben, bevor wir mit dem Abbau der Lager beginnen können. Sechs Tage waren wir am Berg zwischen 5000 und 6000 Meter Höhe mit vier Freibiwaks (ohne Zelt).

Unsere Zeltnachbarn von der deutschen Expedition empfangen uns ganz feierlich mit belegten Brötchen und vielen guten Getränken. Auch der Lagerhüter Armando freut sich über unseren Erfolg, denn letzten Endes hat auch er dazu beigetragen. Das Wetter wird wieder schlechter, der Vorhang vor dem Nevado Jirishhanca Grande, meinem schönsten und schwersten Berg, hat sich geschlossen.

Die nächsten Tage gehörten ausschließlich uns allein und keinem Berg. Aber bald waren wir wieder vollkommen fit, bauten die Hochlager ab und bestiegen gleichsam zwischendurch die Jirishhanca Chico über den östlichen Jirishhanca-Gletscher, packten unsere Ausrüstung zusammen, und als das Gröbste getan war, schickten wir den Lagerhüter Armando nach Pocpa, damit er die Mula-Staffel heraufhole. Die Zwischenzeit nützten wir für Exkursionen: Leo und ich marschierten nach Süden in die Gegend des Dorfes Huayhuash bis ins Quellengebiet des Rio Nupe, bewunderten den südlichen Berg der Berggruppe, den Nevados Puscanturpa, und zu unserer Rechten den Serapo, während Werner talauswärts nach Osten ins Dorf Queropalca wanderte, um ein Fest in der Sierra zu besuchen. Als er zurückkehrte, strahlte er über das ganze Gesicht: Die Indios hatten ihn als großen Arzt gefeiert.

Aber alles nimmt einmal ein Ende. Am 11. Juli verließen wir den Carhua-kocha und damit die herrliche Cordillera de Huayhuash, eines der schönsten und interessantesten Tropenhochgebirge.

„Der Himmel hatte es mir angetan, ich wollte ihm einmal ganz nahe sein, dem Himmel, der mich in seinem Innersten vielleicht ausschloß und nur am Rande duldete, den ich aber seit meiner Kindheit suchte . . ." (Ing. Sepp Jöchler)

Nanga Parbat

Am 8. April 1970 startete die „Sigi-Löw-Gedächtnisexpedition 1970" in München zum Nanga Parbat. Werner Haim und ich waren in einem euphorischen Zustand: Trotz unserer Teilnahme bei der Verabschiedung durch den Münchner Oberbürgermeister Dr. Vogel im Rathaus und trotz Weißwurstessens und Biertrinkens im Rathauskeller mußten wir noch am Vortag annehmen, diese Fahrt nie mitmachen zu können — wir hatten unsere Pässe mit dem Visum von der afghanischen Botschaft in Bonn noch nicht erhalten! Aber dann, kurz vor der Pressekonferenz um 13 Uhr, erhielten wir sie von der Post ausgeliefert. Am liebsten hätten wir gejodelt, unsere Freude war unbeschreiblich. Wir waren dabei! Wir konnten ein neues Kapitel unseres Bergsteigerlebens beginnen! Wir standen an der Schwelle neuer Erlebnisse, Erfahrungen, Bitterkeiten und Triumphe — von denen wir damals allerdings nichts ahnten! Vorerst herrschte nur die Freude und Erwartung über neue — für uns neue — Welten vor, und so schaukelten wir im Autokonvoi, bestehend aus einem VW-Bus und drei MAN-Gebrauchtlastwagen, mit insgesamt 320 Gepäcksstücken, die neun Tonnen Ausrüstung und Verpflegung enthielten, nach Osten. Wir: Elmar Raab, Michl Anderl, Albert Bitterling, Gerhard Mändl, Werner Haim, Felix Kuen, Günther Kroh, Peter Vogler, Günther Messner, Peter Scholz, Jürgen Winkler, Gerhard Bauer und Hans Saler.

Der Expeditionsleiter, Dr. Karl Herrligkoffer, wird mit dem Rest der Mannschaft nachfliegen: mit Dietrich Bitterling, Reinhold Messner, Dr. Hermann Kühn, Alice von Hobe und dem Expeditionsgast Baron Max von Kienling.

Nach 7630 Kilometer Landmarsch durch Bayern, Österreich, Jugoslawien, Bulgarien, die Türkei, Persien, Afghanistan sollten wir uns in Rawalpindi, in Westpakistan, treffen.

Diese Reise dauerte 19 Tage und war in 16 Etappen aufgeteilt. Und es erging mir wie schon vorher, wenn ich die Anfahrt zu einem von mir auserkorenen Berg machte: Ich nahm mit beiden Augen die Eindrücke der Landschaft mit ihren Wiesen, Wäldern, Dörfern, Städten, mit den Menschen und ihrer Arbeit oder offensichtlichen Lebensweise auf. Ich freute mich über vorbeihuschende Schönheiten, ich verglich mit meiner engeren Heimat, ich versuchte, mir ein rasches und vielleicht nicht immer objektives Urteil zu bilden. Ich sprach mit den Kameraden darüber — aber dann sah ich plötzlich von all dem nichts als graue Schatten: Vor meinem inneren Auge stand nur noch das Ziel der Reise. Der Berg!

Diese Reise war für mich Gegenwart, Zukunft und Vergangenheit. Immer wieder nahm ich neue Eindrücke auf. Löcherige, nie geahnt schlechte Straßen, Minarette, Luxushotels und prachtvolle alte und moderne Bauten, bestens ausgebaute Autobahnen, Lehmdörfer, Hochebenen, Pässe, fieberträchtige Niederungen. Eseltreiber, Kamelkarawanen, amerikanische Straßenkreuzer, zerlumpte Bettler, verschleierte Frauen, Haschischverkäufer, Geldwechsler, deutsche Wirtschaftsbosse — eine unerhört bunte Palette bot sich uns dar. Aber dann dachte ich plötzlich in Niš, in Sofia, in Anatolien, am Kaspischen See oder in irgendeinem Hotel oder in unserer nächtlichen, wie früher im Wilden Westen mit den Treckwagen gebauten, jetzt aus Autos bestehenden Wagenburg an den Nanga Parbat. Da stand wieder der Berg vor mir: unbekannt, drohend, gefährlich, lockend! Und meine Gedanken gingen in die Vergangenheit. Gelesenes, Erzähltes stand lebendig vor mir und verwirrte, forderte Trotz, Nachahmung, Bessermachen; rang mir flinke Gebete um Glückhaftigkeit und Segen ab, nur so im Vorbeihuschen, ganz tief drinnen und geheim.

2000 Kilometer westlich vom höchsten Berg der Erde, dem 8848 Meter hohen Mount Everest, ragt in einem gewaltigen Gebirgsstock der neunthöchste Berg mit der gewaltigsten Fels- und Eiswand der Erde auf: Diamir oder Nanga Parbat genannt, 8125 Meter hoch. Seine aus dem Diamir-, Astor- und Rupaltal auftürmenden Fels- und gewaltigen Eismassen, Hängegletscher, Rippen, Wände und Rinnen lassen ihn von den Einheimischen heute noch als einen Götterthron erscheinen, genauso wie im Altertum die Griechen den Olymp als Götterbehausung angesehen hatten.

Bereits 1895 hatte eine englische Gruppe unter A. F. Mummery

über den Diamir-Gletscher den ersten Gipfelsturm gewagt. Seither erfolgten bis einschließlich 1971 weitere 14 Angriffe gegen den Hauptgipfel, davon allein — einschließlich der unseren — 12 deutsche, an denen fast regelmäßig Österreicher dabei waren. Insgesamt forderte der Nanga Parbat 33 Todesopfer unter den Expeditionsteilnehmern und einheimischen Hochträgern. Daß auch wir dem Berg ein Menschenleben opfern mußten, war die Tragik unseres Unternehmens.

Aber noch waren wir alle guten Mutes, voller Zuversicht und Erwartung. Immer wieder dachte ich an meinen Landsmann Hermann Buhl, der am 3. Juli 1953 im Alleingang vom Ostgrat über das Silberplateau den ersten Gipfelsieg kassiert und in beispielloser Selbstdisziplin die darauffolgende Nacht, an einen Felsblock gestemmt, stehend in 8000 Meter Höhe ohne Biwakausrüstung acht Stunden lang als einsamster Mensch der Welt die Nacht verbracht und sich am nächsten Tag, mit unerhörter Willenskraft gegen alle Trugbilder ankämpfend, den Abstieg über den Silbersattel bis zum Fuß des Mohrenkopfes und in das rettende Zelt und zu zwei wartenden Kameraden erzwungen hatte. Aber ich dachte auch an Willi Merkl, der im Jahre 1934 am Mohrenkopf mit seinem Sherpa Gay Lay durch Erfrieren den Tod gefunden hatte. Nach ihm wurde die noch unbegangene Merkl-Rinne im oberen Teil der Rupalwand getauft. Durch diese Rinne wollten wir aufsteigen und die Südschulter des Berges für den weiteren Angriff erreichen. Aber zuvor mußten wir den Großteil der Rupalwand, aus der die Merkl-Rinne im obersten Teil auf die Südschulter des Berges zielt, bewältigen. 4500 Meter hoch ist diese Fels- und Eiswand und übertrifft alle Vorstellungen alpengewohnter Bergsteiger.

Wirr gingen mir die Gedanken durch den Kopf, vermengt mit faszinierenden orientalischen Bildern, etwa in Istanbul, Teheran, Ganbat Cavous, Mashod, Kandahar, Kabul. Und immer wieder der Berg. Ich denke an die Katastrophe vom Jahre 1937, bei der die Bergsteigerelite der Expedition durch eine Eislawine vom Westhang des Rakiot Peak vernichtet wurde. Mir wurde sehr klar, daß dieser Berg eine große Ähnlichkeit mit der Eiger-Nordwand hat: Die objektiven Gefahren überwiegen die subjektiven. Um letztere herabzumindern, versuchten wir bei jeder Gelegenheit während dieser Reise unsere körperliche Fitness zu erhalten, indem wir oft Geländeläufe bis zur Dauer einer Stunde absolvierten. Auch Lockerungsübungen gehörten dazu; schon allein deswegen waren sie notwendig, um die Kreuzschmerzen zu vertreiben, die durch die langen Autofahrten entstanden.

Und dann gingen wir auf Fotojagd. Besonders die verschleierten Frauen hatten es uns angetan. Wahrscheinlich, weil es verboten war und weil das Versteckte immer lockt.

„Komisch", sagte Werner Haim, „da verschwenden mir an Film für a Gsicht mit an Fetzn davor, dahoam betteln unsere Frauen, daß miar sie fotografieren, und miar tuan's trotz ihrer schönen Gsichter nur ungern. Da reut uns der Film ..."

„Ja, dahoam! Da ist vieles anders. Da halten uns viele für Narrn, die das Leben für so an deppeten Berg in Asien riskieren. Hier rennen uns die Reporter bei jedem Empfang nieder und wollen wissen, wer als erster auf dem Nanga Parbat steht."

„Ist genauso a Blödsinn. Wer kann das schon sagn? Natürlich, droben sein will a jeder! Aber wer kann dös heut schon wissn?"

Und dann standen wir mitten in Kabul. Karl Mays orientalische Erzählungen standen leibhaftig vor uns: die Lehmhütten, die Karawansereien, verwegene Gestalten, Nomaden, Zigeuner, Händler, Gestank, prachtvolle Stoffe, Opium- und Haschischhändler.

Es war alles so unwirklich, anziehend und abstoßend, daß wir uns auf die Schlußetappe unserer Autofahrt freuten: Kabul—Khayber-Paß (Das Tor nach Indien) — Grenzstelle Pakistan—Peschawa—Rawalpindi.

Am 26. April 1970, es war ein Sonntag, trafen wir in Rawalpindi ein und vereinigten uns dort mit den übrigen Mitgliedern der Expedition und deren Leiter, Dr. Karl Herrligkoffer.

Es dürfte notwendig sein, über Dr. Herrligkoffer einige Worte zu sagen, denn er ist in Bergsteigerkreisen eine umstrittene Persönlichkeit. Von manchen übertrieben gelobt, von anderen übertrieben verdammt! Ohne ein Urteil fällen zu wollen noch zu können, steht mir doch eine persönliche Meinung zu, die ich ebenso freimütig äußere, wie sehr viele Leute es tun, die weder fachlich noch wissensmäßig dazu berufen sind — sie betreiben, wie so oft in vielen Fällen der menschlichen Gemeinschaft, Rufmord, während andere, fachlich und wissensmäßig Berufene, aus Neidgründen an diesem Mann kein gutes Haar lassen. Ich sage dies nicht, weil ich durch Dr. Herrligkoffer Vorteile erhielt oder erwarte — aber er war es immerhin, der nach dem Zweiten Weltkrieg es zuwege brachte, Expeditionen in das Himalajagebiet zu organisieren, er stellte Verbindungen her bzw. brachte die Gelder, die Ausrüstungen auf, er schaffte alle Voraussetzungen, die letzten Endes die qualifizierten Bergsteiger nicht nur an den Fuß der Achttausender, sondern auch auf den Gipfel brachte. Natürlich nützten ihm dabei die Erfahrungen der vorhergegangenen DAV-Pionierexpeditionen und Kundfahrten. Daß Dr. Herrligkoffer zuwenig Erfahrung als bergsteigerischer Leiter hätte, wie man oft hört, finde ich falsch — das letzte Urteil hat immer die Mannschaft zu fällen, die oben auf dem Berg arbeitet und zum Gipfel strebt, sie schätzt die Gefahren und Möglichkeiten ein, aber sie braucht unten im Basislager den materiellen Organisator, an dessen Nabelschnur sie hängt.

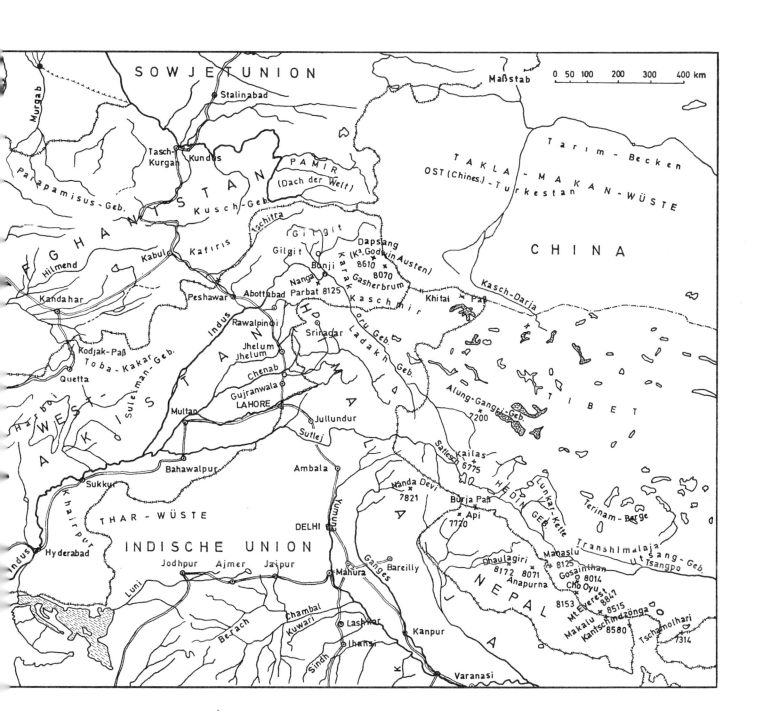

SOWJETUNION

Murgab
Stalinabad

Tasch-Kurgan
Kundus
PAMIR
(Dach der Welt)

TAKLA - MAKAN - WÜSTE
OST (Chines.) - Turkestan

Tarim - Becken

CHINA

Parapamisus - Geb.
Kusch-Geb.
Tschitra

Gilgit
Gilgit
Bunji
Dapsang
(K². Godwin Austen)
8610
8070
Karakoru-Geb.
Gasherbrum

Kabul
Kafiris

Hilmend

Kandahar
Peshawar
Abottabad
Nanga Parbat 8125
Kaschmir
Khitai Paß
Kasch-Darja

Kodjak-Paß
Toba-Kakar-Geb.
Rawalpindi
Ladakh-Geb.

Quetta
Jhelum
Jhelum
Srinagar

Multan
Chenab
Gujranwala
LAHORE
Jullundur
Sutlej

Sukkur
Bahawalpur
Ambala

THAR - WÜSTE

INDISCHE UNION

Hyderabad
Jodhpur
Ajmer
Jaipur
Mahura
Ganges
Bareilly

Luni
Berach
Chambal
Kuwari
Sindh
Lashkar
Jhansi
Kanpur

Varanasi

Alung-Gangri-Geb.
7200

TIBET

Kailas
6775
Satlesch

HEDIN-GEB.
Lunkar-Kette
Terinam - Berge

Transhimalaja-Geb.
Tsang-po
Ut-Tsangpo

Nanda Devi
7821
Burja Paß
Api
7720

Dhaulagiri
8172 8071
Manaslu
8125
Anapurna
Gosainthan
8014
Cho Oyu
8153
Mt. Everest
8847
Makalu 8515
Kantschindzönga
8580
Tschamolhari
7314

NEPAL

Maßstab
0 50 100   200   300   400 km

Er muß alles aufbieten, wenn Gefahr im Verzug ist, er hat nicht nur die Verbindung nach oben zu den Lagern, sondern auch nach draußen zur Welt. Dieser Mann muß Autorität und eine kühle Berechnung haben; ich vergleiche ihn mit einem militärischen Führer, etwa einem General, der den Angriffsplan entwirft, den Angriff vom Gefechtsstand aus leitet, nährt, abbricht, aber selbst nicht an der Spitze der Truppe stürmt und in die feindlichen Gräben einbricht. Soviel mir bekannt ist, hat ein General immer einen fachlich sehr versierten Generalstabsoffizier zur Seite, der ihn berät und dessen Wort ein großes Gewicht hat. Dr. Herrligkoffer hatte immer einen bergsteigerischen Berater mit. In unserem Fall war es Michl Anderl aus Bad Tölz.

Daß Dr. Herrligkoffer ein eigenwilliger, von seiner Idee besessener Mensch mit kolossalem Ehrgeiz ist, ist meines Erachtens nichts Verwerfliches — denn wer von uns extremen Bergsteigern hat andere Charaktereigenschaften? Ohne sie gäbe es keine Großleistungen! Ohne sie gäbe es auch keine Niederlagen!

Dr. Herrligkoffer sagt von sich selbst: „Ich höre die anderen an, lasse sie ihre Meinung sagen und mich auch beraten — dann entschließe ich mich. Bringt der Entschluß einen Erfolg, dann glauben alle, dies ginge auf sie zurück, während ich beim Mißerfolg meistens allein mit meiner vollen Verantwortung im Kreuzfeuer der Öffentlichkeit stehe."

Es gilt eben noch immer der Satz: „Der Sieg hat viele Väter, die Niederlage nur einen . . ."

Zehn Tage in Rawalpindi. Das Wetter ist schlecht und erlaubt keinen Flugzeugstart nach Gilgit, dem Ausgangspunkt zum Nanga Parbat. Wir schreiben tagelang Grußkarten, mindestens 6000 Stück.

Diese Aktion ist ein Teil der Finanzierung unseres Unternehmens. Dazwischen machen wir Dauerläufe, wir baden, schreiben Briefe an die Angehörigen daheim, gehen zum Empfang beim deutschen Attaché, zu einem glanzvollen Essen, das Senator Burda im Hotel Intercontinental gibt, wir verladen das Gepäck in eine Maschine der pakistanischen Armee, warten auf besseres Wetter, bummeln durch die Stadt, werden von einem vergammelten Mädchen aus Wien angebettelt. Und Werner schenkt ihm 50 Rupien.

Dann endlich startet die Maschine und bringt uns in einem herrlichen Flug von etwa 200 Kilometern nach Gilgit näher an den Berg heran: Damit haben wir den Hotelkomfort von Rawalpindi hinter uns, die Zivilisation mit allen Annehmlichkeiten und defätistischen Erscheinungen, auch die Hitze der Niederung. Jetzt begann der harte Ernst des Gebirges, in dem Gilgit wie eine hochgelegene grüne Oase liegt.

Von Gilgit führte unser Weg nach Südosten in das Indus-Tal bis zur Ortschaft Bunji, von dort an der Ostflanke des Nanga-Parbat-Massivs vorbei durch das Astor-Tal bis Rampur, von wo wir fast im rechten Winkel nach Westen in das Rupal-Tal vorstießen, der südlichen Tiefenbegrenzung des Gebirgsstockes. Gilgit selbst liegt auf 1460 Meter Seehöhe, Bunji 1548 Meter, Astor bereits 2345 Meter, Rupal 3155 Meter und die Tap-Alm, wo das Basislager geplant war, bei 3600 Meter.

Normalerweise wäre es möglich, in das Astor-Tal auf abenteuerlichen Wegen mit Traktoren und Jeeps vorzudringen, uns aber versperrten schon im Indus-Tal gewaltige Muren den Weg, und es hieß umladen; im Astor-Tal war die „Straße" plötzlich ganz verschwunden. Also blieben nur noch Träger für den Weitertransport des Gepäcks übrig. Immerhin hatten wir 36 Meilen mit den Fahrzeugen bewältigen können, einen Bruchteil der uralten Karawanenstraße durch die trostlose, im wahrsten Sinne des Wortes steinige Einöde des Indus-Tales und das wildromantische Astor-Tal, in dessen Hänge hoch über dem Fluß ein Sträßchen eingekerbt und mit Trockenmauern symbolhaft abgestützt wurde. Diese Karawanenstraße führt in das gartenreiche Srinagar in Kaschmir.

Die Landschaft bei Bunji ist mit ihren Gärten und Wiesen lieblich, der Blick zurück nach Norden durch das Indus-Tal großartig; 6000 und 7000 Meter hoch steigen die mit Eis durchsetzten Felsriesen empor, überwältigt wird man jedoch von der Sicht nach Süden: Der Nanga Parbat zeigt seine Rakiot-Flanke in unnachahmlich majestätischer Art.

Viel Zeit blieb uns jedoch nicht zum Staunen und Bewundern, bald trat Leben in Form von 180 Bauern in unser Gesichtsfeld. Sie waren als Träger vom pakistanischen Begleitoffizier Capitain Saqi aufgeboten worden. In den nächsten fünf Tagen trafen wir noch andere Trupps dieser abenteuerlich aussehenden Menschen, die froh waren, durch uns einen Nebenerwerb zu finden.

Das Tal bis Astor ist etwa mit dem oberen Stubaital zu vergleichen. In Astor wachsen mächtige Pappeln, deren Holz von den Bauern sogar zum Herstellen der Pflüge verwendet wird. Reste von Burgen und Festungen beweisen, daß schon in grauen Vorzeiten dieses Hochtal militärischen Wert besessen hatte, von dem die Pakistani noch heute überzeugt sind. Der Capitain wachte mißtrauisch darüber, daß kein Expeditionsmitglied abseits blieb oder Aufnahmen von Brücken und ähnlichen Bauten schoß. Wir durften ja auch keinen Berg ersteigen, der von der Regierung nicht genehmigt war.

Ich jedenfalls hatte dies ab Astor nicht im Sinne: Mir war in den nächsten acht Tagen hundeelend zumute. Durch nicht einwandfreies Wasser hatte ich mir eine Darminfektion zugezogen. Schreckliche

Bauchschmerzen und Fieber plagten mich. Werner tat alles, was er konnte. Aber letzten Endes war unser Expeditionsleiter Arzt, und er gab mir Mittel zur Gesundung. Inzwischen war aber auch das Basislager auf der Tap-Alpe errichtet worden und hatte sich das in den letzten Tagen schlechte Wetter gebessert. Und nun konnte ich in das Geschehen aktiv eingreifen. Es war der 42. Tag nach unserer Abreise von München.

Wer aus den Ostalpen in die Westalpen kommt, muß seine alpinen Maßstäbe revidieren, er muß die Zeit der An- und Aufstiege anders berechnen, sonst bereitet er sich selbst Mißgeschicke; wer von den Westalpen in die Anden reist und dort Gipfelsiege kassieren will, muß wieder umdenken und umlernen, obwohl rein bergsteigerisch gesehen noch große Ähnlichkeiten mit den Westalpen vorhanden sind; wer jedoch das erstemal in den Himalaja kommt, muß mit vollkommen neuen Maßstäben hantieren — hier entscheidet allein das große, aufeinander angewiesene Team: Die Gipfelmannschaft steigt sozusagen über die Schultern der Kameraden zur letzten Höhe empor und landet nach geglücktem Unternehmen in den Händen der in den oberen Lagern wartenden Freunde.

Alles andere endet in der Katastrophe. Ausnahmen wie die Besteigung des Cho Oyu durch das „Mini-Unternehmen" des Doktor Herbert Tichy, Ing. Sepp Jöchler und Dr. Helmut Heuberger mit dem tibetanischen Priester und Sherpa-Obmann Pasang bestätigen nur die Regel. Ing. Jöchler selbst schrieb im Juli 1970 in einem faszinierenden Artikel: „Mir waren damals einige große Wände in den Alpen geglückt, und ich glaubte, die Qualifikation für den Himalaja zu haben. Heute bin ich der Meinung, so auch Tichy, daß nicht nur bergsteigerisches Können das Ausschlaggebende bei der Annäherung an die Götterthrone ist."

Noch zwei Sätze aus diesem Artikel sprechen mir aus der Seele:

„Der Himmel hatte es mir angetan, ich wollte ihm einmal ganz nahe sein, dem Himmel, der mich in seinem Innersten vielleicht ausschloß und nur am Rande duldete, den ich aber seit meiner Kindheit suchte . . ."

Und: „Das Menschliche an dieser Expedition war der Schlüssel zum Erfolg. Es war wertvoller als der Sieg."

Das Menschliche also ließ uns die kommenden Wochen ertragen, das gleiche Ziel, die gleiche Arbeit, das gleiche Schicksal, die Gleichberechtigung aller verband uns. Wenn der Satz gilt: „Einer für alle, alle für einen!" dann war er hier am Platz. Einzelne Wutausbrüche, momentane Reizaktionen oder Depressionen zählen in der Gesamtschau nicht, jedenfalls nicht bis zum Tag des Gipfelangriffes. An diesem Tag, es war der Samstag am 27. Juni und bereits der 82. Tag nach unserer Abreise von München, begannen die Schatten über unser Unternehmen zu wachsen und den Doppelerfolg ins Zwielicht zu tauchen. Dem positiven Menschlichen hefteten sich die nagenden Zweifel, das Mißtrauen, das Geraune hinter vorgehaltener Hand, das auf der anderen Seite liegende typisch „Menschliche" an die Fersen ... Aber vorerst war alles gut!

Vom Basislager, das auf einer prachtvollen Almwiese in der Nähe einer ergiebigen Quelle lag und mit Seilen gegen das Alpvieh abgesichert werden mußte und mit seinen vielen, bunten Zelten wie eine Nomadenstadt aussah, wurden vier Hochlager in die Rupal-Wand emporgetrieben. Ihr Standort war schon in früheren Jahren erkundet und zum Teil erprobt worden: 1964 und 1968 waren Versuche von Expeditionen des Dr. Karl Herrligkoffer über die Direttissima gestartet worden, während 1963 unter der gleichen Leitung ein leichterer, weiter westlich möglicher Weg zur Westschulter des Nanga erkundet worden war: der Toni-Kinshofer-Weg. Wir aber gingen die Direttissima an.

Hier möchte ich noch einmal betonen, was ich schon vorhin sagte: Was für die Gipfelmannschaft gilt, trifft auf das gesamte Unternehmen zu. Auch dieses steht gleichsam auf den Schultern der Erfahrungen vorausgegangener Expeditionen. Sie lieferten die Kenntnisse von den Schwierigkeiten, Möglichkeiten und Unmöglichkeiten diverser Routen, von der Notwendigkeit bestimmter Ausrüstungsgegenstände, der Verpflegung und aller lebensnotwendigen Dinge. Daher gebührt allen verunglückten oder erfolglosen Mannschaften der Anteil am Sieg und der Dank dafür. Als ernsthafter Bergsteiger und verantwortungsbewußter Bergführer glaube ich, das bei dieser Gelegenheit sagen zu müssen.

Bis Lager IV war also der Weg bekannt und klar vorgezeichnet. Das Lager I fand seinen Platz rund 1100 Höhenmeter oberhalb des „bascamp" in einer Höhe von 4700 Metern, und es erhielt nach entsprechender Planierung des Bodens durch eine kleine Felswand idealen Schutz gegen etwaige Lawinen oder Felsstürze. Sechs Zelte boten in erster Linie unseren braven pakistanischen Hochträgern Platz zum Umschlag der Lasten und zum Ausruhen. Von hier aus „buckelten" sie die auf 14 Kilo reduzierten Rucksäcke über die schwierige Passage am Wieland-Felsen und über den Wieland-Gletscher hinauf zu dem bereits auf 5500 Meter stehenden Lager II. Der Wieland-Felsen war durch ein Stahlseil abgesichert worden, während das zweite Hochlager durch einen schneepflugartigen Eisriegel gegen herabpfeifende Lawinen idealen Schutz fand.

Die ersten großen Schwierigkeiten bereitete der obere Teil des Wieland-Gletschers. Hier hängen gewaltige Eismassen stellenweise senkrecht von einer Felsrippe herab, während die gesamte Wand eine Neigung von 55 Grad aufweist. Ihre Höhe ist etwa 400 Meter, ein Viertel davon ist vereister Fels.

Der Einstieg beginnt bei 5500 Metern, der Ausstieg bei 5900 Metern. Diese Wand forderte von uns zwei Dinge: erstens einen gesicherten Durchstieg zum Lager III und zweitens den Bau einer Seilbahn zum Hochziehen der Lasten. Es wäre wohl nicht unmöglich, aber unerhört kräfteraubend gewesen, alle notwendigen Dinge für die weiteren Lager auf dem Rücken durch diese Wand zu transportieren. Schon im Jahre 1968 wurde oberhalb der Wand eine Seilwinde verankert und komplett einsatzfähig zurückgelassen. In unserem Expeditionsgepäck war eine weitere Winde dabei, jedoch hofften wir sehr stark, uns deren Transport in die Rupal-Wand durch Auffinden der alten Winde zu ersparen. Wie notwendig diese Seilbahn für uns war, geht allein aus der Tatsache hervor, daß die Träger nur bis zum Lager II eingesetzt werden konnten.

Ab dem Windenlager, das seinen Standplatz nur wenige Meter unterhalb des dritten Hochlagers hatte (das wir wegen seines Versteckes zwischen Eisspalten den „Dom" nannten), waren wir selbst die „High-Porter".

Wir hatten Glück und fanden die alte Winde.

Peter Scholz begann einfach an einem aus dem Eis herausragenden Stahlseil zu pickeln, und nach äußerst anstrengender Arbeit in fast 6000 Meter Höhe legten wir das Gerät unter einer eineinhalb Meter dicken Eisschicht frei. Auch das drei Millimeter und 350 Meter lange Drahtseil fanden wir unversehrt. Wir probierten die Seilbahn, es handelte sich um die bei uns übliche Rettungswinde, aus. Ich ließ Peter die Rinne hinunterfahren, wobei er sie gleich von losen Steinen reinigen konnte.

Vom Lager III, dem „Dom", baut sich das Welzenbach-Eisfeld mit dem Welzenbach-Couloir auf, und die Route da hinauf ist mit der Matterhorn-Nordwand vergleichbar. Bevor der Standort vom Lager IV erreicht wird, sperrt noch einmal eine blanke Eisbarriere den Weg. Aber auch hier fanden wir noch Spuren von früher. Es hingen Seile herab. Peter Scholz vertraute kaltblütig ihrer Haltbarkeit und überwand mit Hilfe eines dieser alten Seile die Eiswand. Sie konnte neu mit Steigleitern versichert werden.

Ohne ein Chronist werden zu wollen, möchte ich nun doch einige Auszüge aus dem Tagebuch bringen. Ihre Nüchternheit spricht eindringlich von den Leistungen der gesamten Mannschaft.

18. 5. 1970 Die Gebrüder Messner, Werner Haim und Peter Scholz beginnen mit der Vorbereitung des Weges von Lager I zum Lager II.

19. 5. 1970 Der Weg zum Lager II wird weiter gesichert, das Lager II ausgebaut. Es hat Platz für drei bis fünf Zelte. Die Träger bringen Lasten zum Lager I. Das Wetter ist schön.

21. 5. 1970 Neun Träger und ich steigen zum Lager I auf, am Mor-

Bild rechts:
Eine riesige Staublawine stürzt Richtung Basislager

Bild umseitig:
Eingang zum Eis-Dom (Lager 3)

gen weiter zu Lager II, dessen Mannschaft den Weg zum Windenlager vorbereitet.

22. 5. 1970 2.15 Uhr: Abmarsch mit Trägern. Hans Saler, Jürgen Winkler und ich steigen damit zum Lager II auf. Dort Ankunft um 4.30 Uhr. Haim und die Gebrüder Messner steigen zur Erholung ins Basislager ab, ebenfalls verlassen uns Winkler und Bauer. Sie können diese Höhe (5500 Meter) noch nicht vertragen. Peter Scholz, Gerd Mändl und ich haben heute fast den ganzen Weg zum Windenlager versichert. Abends wird das Wetter schlechter, Blitz, Donner, Schnee.

23. 5. 1970 Saler und ich versichern den restlichen Weg zum Windenlager mit einer Alu-Leiter. Günther Kroh und Peter Vogler bringen mit vier Trägern weitere Lasten ins Lager II.

24. 5. 1970 30 Zentimeter Neuschnee, die Trägerarbeiten sind blockiert.

25. 5. 1970 Weitere 70 Zentimeter Neuschnee. Kurzfristiges Aufhellen. Peter Scholz und ich tragen Zelte und Ausrüstung hinauf ins Windenlager. Der Weg dorthin ist extrem. Wir bauen ein Zelt auf und stellen Sprechfunkverbindung her. Die Trägerkolonne ist zwischen Lager I und II steckengeblieben. Wir selbst erleben auf unserem ausgesetzten Platz eine äußerst stürmische Nacht.

26. 5. 1970 Reinhold, Günther und Werner steigen am Morgen zum Lager II auf. Trotz des Schneefalls werden alle Lager versorgt. Gegen 18.30 Uhr gehen zwei Lawinen nieder. Eine streift unser Zelt.

27. 5. 1970 Wir setzen die Seilwinde in Betrieb.

28. 5. 1970 Wir winden drei Plastikbomben voll Lasten herauf. Reinhold Messner begleitet sie. Sie blieben dreimal hängen. Reinhold baut hinter dem unseren ein Zelt.
Wir lassen die Plastikbomben zurück in die Tiefe gleiten. Wegen Lawinengefahr kein Trägertransport zu Lager II.

29. 5. 1970 Wir kurbeln weitere Lasten hoch. Günther kommt zu uns und versichert mit seinem Bruder die restlichen 250 Meter zum Lager III (Eisdom).
Peter und ich bringen Seile hinauf, und gemeinsam beginnen wir mit dem Ausbau des Lagers. Wir schlafen noch einmal im Windenlager.

30. 5. 1970 Am Vormittag winden wir wieder Lasten herauf. Nachmittags ebnen wir den Platz für Lager III. Wetter fast den ganzen Tag schön. Funkverbindung gut. Träger kamen überall durch.

Bild umseitig:
Werner Haim rastet nach dem Lastentransport im Lager 4

Bild links:
Der Lastenaufzug mittels Winde

31. 5. 1970 Hans, Gerd und Werner übernehmen das Windenlager; Kroh, Vogler und Bauer Lager II; Michl Anderl, Bitterling und Kühn Lager I. Am Nachmittag versichern die Messners, Scholz und ich 200 Meter des Weges zum geplanten Lager IV. Die Route wird je höher, um so schwieriger. Die Aussicht auf die vielen Sieben- und Achttausender ist faszinierend. Wir sehen den K 2, den zweithöchsten Berg der Erde.

Im Lager III haben wir jetzt drei große Zelte stehen. Wir machen auch Kaffeepause und genießen Wiener Kuchen aus der Dose.

1. 6. 1970 Wir versichern 700 Meter zum Lager IV. Matterhorn-Nordwand-Ähnlichkeit der Route. Abends besucht uns die Besatzung des Windenlagers. Gerd Mändl ist unser Wand-Spezialkoch, er bereitet uns ein gutes Essen. Das Wetter ist nicht berühmt.

2. 6. 1970 Ruhetag. Putz- und Flickstunde.

3. 6. 1970 Um 5 Uhr steigen wir, jeder mit 8 bis 10 Kilo Lasten beladen, auf ins Lager IV. Wir haben Zelte, Strickleitern, Versicherungsseile, Schaufeln usw. mitgebracht. Vorerst müssen wir noch 200 Meter Weg versichern und eine zehn Meter hohe Leiter an einem Serac einbauen. Das alles nimmt sehr viel Zeit in Anspruch, zumal Reinhold heute nicht gut in Form ist. Wir sind erst um 14 Uhr zum früheren Lagerplatz vorgestoßen. Das Wetter wurde gegen 10 Uhr wieder schlechter. Schneefälle und Stürme erschweren unsere Arbeit erheblich. Um 17 Uhr waren wir wieder im Lager III. Es war dies für mich der anstrengendste Tag, seit wir in der Wand sind. Der Weg ins Lager IV ist eistechnisch sehr schwer und anstrengend, 55 Grad geneigtes Eis und ein Eisabbruch müssen überwunden werden.

4. 6. 1970 Über Nacht fällt dreiviertel Meter Neuschnee. Somit sind wir wieder einmal in die Zelte gezwungen. Am Nachmittag bläst es uns binnen weniger Minuten den Eisdom voll Schnee, so daß kein Zelt mehr sichtbar ist. Bauer, Günther und ich schaufeln drei Stunden lang die Zelte frei. Es gelingt uns aber kaum. Immer wieder wird der Eisdom mit feinem Flugschnee gefüllt. Das Wetter ist katastrophal. Und die Temperaturen sinken laut Wetterbericht auf minus 20 Grad Celsius auch bei Tag.

Normale Temperaturen: bei Tag plus 50 bis 60 Grad in der Wand und in der Nacht auf 6000 Meter 15 bis

155

20 Grad unter Null. Kochen konnten wir nur noch im Zelt. Die Schlafsäcke sind teilweise schon naß. Der Morgen beginnt nicht vielversprechend.

5. 6. 1970 Peter schaufelt das Zelt frei, damit wir wieder Platz haben. Am Vormittag kurbelt die Windenmannschaft Post und Essen herauf. Dabei reißt das Seil. Die Bomben stürzen ab und kommen etwa 100 Meter unterhalb des Lagers II in einer Gletscherspalte zum Stillstand.

Sie können im Laufe des Tages geborgen werden. Am Nachmittag steigt Peter ins Lager II ab, um die Post heraufzuholen. Gegen 18.30 Uhr ist er wieder bei uns und spielt uns auf seiner Mundharmonika einige nette Melodien vor. Das bringt uns oft wieder in bessere Stimmung. Das Wetter ist immer noch schlecht. Schnee und Stürme. Heute bekomme ich seit dem 14. 5. wieder Post von meiner Frau. Die Versorgung von Lager II ist unterbrochen. Für Lager I ist die Nachschubarbeit bald abgeschlossen.

6. 6. 1970 Wieder sind wir am Morgen im Schnee begraben. Alles wird naß und pfraumig. Wir entschließen uns zum Abstieg. Um 13 Uhr steigen Peter, Gerd Bauer und ich ins Windenlager ab. Von dort gehen auch Werner Haim und Peter Vogler mit. Die Gebrüder Messner bleiben noch im Lager IV. Sie wollen es aufrechterhalten. Über das Lager II geht eine Lawine hinweg und versetzt die Mannschaft in Panik. Der Abstieg über den Wieland-Gletscher ist sehr gefährlich. Es ist ein Meter Neuschnee. Um 17.15 Uhr sind wir heil im Basislager angekommen.

7. 6. 1970 Für uns ein wahrer Feiertag, nachdem wir 21 Tage ununterbrochen in der Wand waren. Am Nachmittag kommen Gerd und Hans vom Lager „Winde" ins „bascamp" herunter. Jürgen Winkler, Günther Kroh und Dr. Kühn kommen vom Lager II. Auch heute zeigt das Wetter keine Besserung. Nur Lager I bleibt besetzt. Diese Wetterpause bringt für uns eine wahre Erholung. Die Gebrüder Messner harren im Lager III aus.

8. 6. 1970 Das Wetter ist immer noch schlecht. Um 16.30 Uhr bricht eine Lawine, eine so große habe ich noch nie gesehen, aus einer Höhe von etwa 7500 Metern ab. Der Luftdruck und der Schneestaub sind im Basislager deutlich zu spüren. Besetzt sind Lager I und Lager III mit je zwei Mann. Abends findet eine große Einsatzbesprechung statt. Karl und Alice steigen nachmittags vom Lager I ins „bascamp".

9. 6. 1970   Am Vormittag ist das Wetter schön. Der große Plan für den letzten Teil der Wand wird gemacht. Am Abend verschlechtert sich das Wetter so sehr, daß uns die Gebrüder Messner raten, morgen nicht aufzusteigen.

10. 6. 1970   Trotz schlechter Wettervorhersage ist das Wetter sehr schön geworden. Wir werden schon während der Nacht zu den früheren Lagerplätzen gehen, um dann das Lager IV aufbauen zu können. Im „bascamp" verbringen wir die Zeit mit Essen und Baden.

11. 6. 1970   2 Uhr. Max Kienling macht uns das Frühstück. Dann marschieren wir aufwärts zum Lager III. Ankunft 13 Uhr.

Wegzeiten:

Basislager—Lager   I zweieinhalb Stunden,
Lager   I —Lager   II zweieinhalb Stunden,
Lager   II —Lager III dreieinviertel Stunden.

Zwischen Lager I und Lager II wäre beinahe ein Träger im blanken Eis abgestürzt. Ein Sahib (Saler) konnte ihn im letzten Augenblick am Wieland-Gletscher abfangen. Das Wetter war sehr schön. Neun Träger brachten Lasten ins Lager II. Die Zelte vom Windenlager waren zerstört und nicht mehr sichtbar. Sie mußten neu erstellt werden.

Alle Lager sind bis 17 Uhr aufgebaut und besetzt. Der Zeitplan konnte eingehalten werden.

12. 6. 1970   Um 5 Uhr wollen die Gebrüder Messner ins Lager IV übersiedeln. Leider beginnt es wieder zu schneien. Wohl war um 7.30 Uhr wieder schöneres Wetter, aber nur für kurze Zeit. Am Nachmittag setzt ein Schneesturm ein und füllt in Windeseile den Eisdom erneut voll mit Schnee. Peter Vogler erkrankt, vermutlich ist es eine Lungenentzündung, und muß mit Hansis Hilfe ins Lager II gebracht werden. Von dort wird er von zwei Trägern ins „bascamp" gebracht, wo sie um 21.30 Uhr mit dem Kranken ankommen. Dr. Herrligkoffer, der auf der anderen Seite mit einem Gefolge von neun Mann auf einer Tour Richtung Rupal-Pyramide war, kehrte sofort um, um dem Kranken zu helfen. Bauer und die Gebrüder Messner bringen am Nachmittag Verpflegung vom Windenlager ins Lager III. Die Zelte im Eisdom mußten wir mehrmals freischaufeln.

13. 6. 1970   Von 6 bis 8 Uhr Ausschaufeln der Zelte, die schon wieder ganz zugeweht sind. Peter schaufelt dann den ganzen Vormittag allein weiter. Um 14.30 Uhr steigen die Gebrüder Messner und ich hinab ins „bascamp".

Wir erreichen es um 18 Uhr. Während der Nacht schneit es weiter. Die Windenflanke konnten wir sogar ohne Steigeisen abwärtsgehen. Im Lager II und im Lager III ist nur noch wenig Verpflegung. Die Träger sind schon ins Basislager abgestiegen. Peter Vogler hat eine Rippenfellentzündung, ist aber auf dem Weg der Besserung. Unsere Hoffnung, die Wand doch noch zu durchsteigen, schmilzt langsam dahin.

14. 6. 1970 Das Wetter war noch nie so schlecht. Es schneit bis ins Basislager herab (3500 Meter). Wir glauben, daß der Monsun hier ist. In den Lagern II und III drückt der Schnee je ein Zelt zusammen. Im Eisdom weiß man sich nicht mehr zu helfen. Die gesamte Mannschaft entschließt sich zum Absteigen. Der Abstieg beginnt um 13 Uhr. Nun stehen alle Hochlager leer und müssen beim Wiederbeziehen neu aufgebaut werden. Abends trifft der Postläufer ein. Der Wetterbericht für morgen ist genauso schlecht, wie er heute war.

Dann kam der 19. Juni 1970. An diesem Freitag, dem 74. Tag nach unserer Abreise von München, würden wir, so hatten wir es uns nach Zeitplan vorgestellt, die fürchterliche Rupal-Wand überwunden und den heißersehnten Gipfel betreten haben. In Wirklichkeit standen wir am Anfang. Die Mannschaft vom Lager I war beim Versuch, den Wieland-Gletscher zum Lager II zu überwinden, sogar steckengeblieben und mußte umdrehen. Wir waren alle in sehr gedrückter Stimmung. Das Wetter schien uns das Glück des Gipfelsieges nicht zu vergönnen. Drei Wochen hatten wir in der Wand verbracht, geschuftet, uns bis in eine Höhe von 6700 Metern trotz aller Hindernisse emporgearbeitet, 1425 Höhenmeter unter dem Gipfel.

Das Leben in der Wand brauchte starke Nerven. Mit der Zeit beengte einen alles, der Lagerplatz, das Zelt selbst, der Schlafsack — es war nicht immer die Arbeit in dünner Luft, die uns hart schnaufen ließ. Oft war es nur der Ärger über eine Kleinigkeit, sei es nur, daß ein Kocher nicht gleich funktionierte oder daß man bei Schneesturm austreten mußte und man es so lange verschob, bis die Eingeweide und Schließmuskeln schmerzten.

Die Hygiene war ein Problem für sich. Von Waschen konnte kaum die Rede sein. Außer mit einer Handvoll Schnee benetzten wir freiwillig das Gesicht mit keinem Naß.

Die Bärte wuchsen struppig und üppig.

Natürlich versuchten wir, im Basislager zu baden — aber länger als eine Minute hielt es in dem eiskalten Wasser keiner aus. Gott sei Dank hatte ich nicht das Mißgeschick, wie es Ing. Jöchler im schon erwähnten Artikel schildert:

„Gewohnt, in drei Jahrzehnten täglich gewaschen zu sein, freute ich mich in den ersten Tagen des Anmarsches immer sehr auf ein Bächlein . . ., alsbald errötete ich nach Beginn meiner rituellen Waschungen. Ich stank. Und konnte ahnen, daß einer der Träger den Bach als WC benützte und mir die ‚Seife‘ lieferte. Ich wusch mich zwei Monate nicht mehr.“

Wie gesagt, es war nicht immer alles angenehm und rosig, aber es war zu ertragen, weil wir immer das Ziel, den Gipfel, vor Augen hatten und weil nach „Luftablassen“ uns wieder wohler war, etwa beim tagelangen Schneeschaufeln im Lager III, das wegen seiner Lage zwischen den Eiswänden im Nu zugeweht war und zu ersticken drohte. Bei den Hauptschimpfern damals war ich.

Dann gab es wieder schöne Stunden, wenn von einem anderen Lager Besuch kam und wir außer tagelang gewohnten Gesichtern und Stimmen wieder andere sahen, weil jemand vertraute Melodien auf einer Mundharmonika blies oder weil einer einige lose Blätter eines Westernheftes aus seiner „Bibliothek“ uns zu „Bildungs- und anderen Zwecken“ schenkte.

Obwohl ich kein ausgesprochen geselliger Mensch und gerne mit mir allein bin, so brachte mir das Erlebnis dieser drei Wochen in der Rupal-Wand klar zum Bewußtsein, daß der Mensch freier und gelöster wird, je intensiver er den Umgang mit vielen seiner Artgenossen pflegen kann. Und noch etwas wurde mir klar: Unter dem abgedroschenen Wort Kameradschaft hat man nichts anderes zu verstehen als Disziplin aller.

Wie gesagt, der 19. Juni 1970 war unser Lostag: Er brachte endlich Wetterbesserung und uns neuen Mut. Der nächste Tag war klar, blau und ohne Sturmfahnen. Schon konnte ein Trupp das Lager II erreichen. Der Schnee trug im allgemeinen. Aber fast alle Zelte waren eingedrückt, die Stangen gebrochen. Als wir das Windenlager betraten, fanden wir weder Zelte noch die Winde. Nicht viel besser sah es im Lager III aus. Die Instandsetzungsarbeiten kosteten nicht nur Luft, Muskelfett und viel Willen, sondern enorm viel Geschicklichkeit, vor allem aber Leukoplast, mit dem Zeltstangen und -planen geklebt wurden. Die meiste Kraft kostete jedoch der Aufstieg zum Lager IV. Zuerst wateten wir durch tiefen Schnee, dann kam blankes Eis. Die Seile, die wir vor dem Rückzug hier eingebaut hatten, waren zerfetzt, die Strickleiter am Serac fehlte. Sie lag 40 Meter westlich der vorbereiteten Stelle. Reinhold Messner hangelte sich mit zwei Jümmar-Bügeln an einem alten Seil hinauf und brachte sie wieder an der richtigen Stelle an.

Endlich erreichten wir das Lager IV. Peter Scholz kannte den

Platz von der Expedition 1968. Er war damals mit seinem Gefährten Wilhelm Schloz vom Lager IV bis zur letzten Randkluft des Merkl-Eisfeldes, 800 Höhenmeter überwindend, vorgestoßen, wollte allein weitersteigen und die zum Greifen nahe Merkl-Rinne bezwingen. Aber Schloz brauchte seine Hilfe, er hatte kein Gefühl mehr in den Füßen. Er und Peter hatten die Nacht in der zugigen Randkluft verbracht. Auf 7100 Metern. Also drehten sie um. Dabei erlebten sie beim Ausstieg aus der Randkluft die größte Gefahr aus der Merkl-Rinne: den Steinschlag.

Man darf nicht vergessen: Während des Tages herrscht in der Wand bei schönem Wetter eine Strahlungstemperatur von 40 bis 50 Grad Celsius. Sie weicht den Schnee auf, schmilzt das in der Nacht entstandene Eisheftpflaster um Steine und Felsbrocken. Durch Eigengewicht oder Wind lösen sie sich und werden zu tödlichen Geschossen. Wegen dieser und anderer Gefahren, auch wegen der Hitze und des matschigen Schnees, sind wir nur in Ausnahmefällen bei Tag auf- oder abgestiegen.

Peter kannte also den Platz des Lagers IV. Er wußte genau, daß ein Zelt mit zwei Luftmatratzen zurückgelassen worden war. Wir fanden nichts. Wahrscheinlich ruhten zwei Meter Eis auf den Luftmatratzen. Von 9.30 Uhr bis zum Abend hatten wir gesucht.

Das Schaufeln in 6600 Meter Höhe zog uns den Nerv. Ich war fast am Ende meiner Kräfte. Peter erging es nicht viel besser. Auch Gerd Bauer mußte nicht fit gewesen sein. Er brauchte zum Abstieg ins Lager III mehr als sechs Stunden. Am meisten ärgerte mich, daß wir nur einen unvollständigen Kocher mitgenommen hatten, so daß die Messners, Scholz und ich am nächsten Tag kein warmes Getränk bekamen. Erneuter Kräfteverschleiß. Und an diesem Tag mußten wir zwei gemeinsam 100 Meter höher, an einem Bergschrund, das Lager IV endgültig aufbauen, während die übrigen Kameraden ununterbrochen Lasten zu uns heraufschleppten. Werner Haim war in prächtiger Verfassung.

Er schrieb in sein Tagebuch:

„Die Nacht ist sternenklar und kalt. Um 2 Uhr steigen wir los. Unser Ziel ist das Windenlager, nachdem wir schon zweimal abgewiesen worden und bis zum Hauptlager abgestiegen waren.

Es ist bereits der dritte Versuch, diese abweisende Wand zu durchsteigen. Diesmal muß es gelingen, oder wir können unverrichteter Dinge unsere Expedition abbrechen. Es ist bereits Mitte Juni und die Zeit äußerst knapp. Bis jetzt steht erst Lager III, das knapp oberhalb des Windenlagers aufgebaut wurde.

Das Windenlager ist eigentlich die Bergstation des Seilaufzuges, da eine direkte Verbindung zum Lager III aus technischen Gründen nicht möglich war.

Wir haben eine nette Marschstrecke vor uns, 2400 Höhenmeter

müssen überwunden werden. Endlich erreichen wir um 11 Uhr das Ziel.

Vom Lager finden wir nichts mehr. Die Zelte sind eingedrückt und vom Schneesturm zerfetzt, die Zeltstangen abgebrochen.

Der Rest des Tages geht mit dem Ausschaufeln des Lagers zu Ende. Die Winde muß ebenfalls erst in Gang gebracht werden. Eine anstrengende Arbeit auf 5900 Meter Höhe.

Ein Zelt ist komplett unbrauchbar und muß ersetzt werden. Mändl Gerd, Saler Hans und ich besetzen dieses Lager. Das Hochwinden von Lasten, wie Seile, Verpflegung und Ausrüstung, ist unsere Aufgabe.

Wir legen uns müde schlafen und werden unsanft geweckt. Es ist kaum zu glauben, der Sturm rüttelt bereits wieder an den Zelten.

Wir haben heute alle Hände voll zu tun, um die Seilwinde erneut freizuschaufeln und wenigstens eine Last hochzuziehen. Eine Arbeit von zirka vier bis sechs Stunden.

Die Verpflegung wird bereits knapp, und unsere Kameraden Kuen, Scholz und die Gebrüder Messner, die sich im Lager III befinden, müssen ebenfalls versorgt werden.

Das Glück ist uns hold, und das Wetter bessert sich zusehends. Es war also nur ein Gewitter. Gott sei Dank. Unsere Hoffnungen steigen wieder.

77. Tag: Dienstag, 23. 6. 1970

Vormittag winden wir noch eine Last hoch und übersiedeln auf Lager III.

Wir tragen vom Windenlager noch zweimal Lasten herauf. Unsere nächste Aufgabe ist das Hochschleppen von Lasten zum Lager IV, das inzwischen von Reinhold und Günther Messner, Felix Kuen und Peter Scholz erkundet wird. Eine harte Aufgabe erwartet uns.

78. Tag: Mittwoch, 24. 6. 1970

Um 3 Uhr ziehen wir los. Der Weg ist äußerst schwierig, man könnte ihn mit der Matterhorn-Nordwand vergleichen. Das Wetter ist herrlich, und so werden wir wahrscheinlich in der nächsten Nacht wieder tragen müssen.

Gegen 9 Uhr seilen wir uns an den bereits montierten Seilen wiederum zum Lager III ab.

Lager IV wird besetzt; es steht auf 6600 Meter Höhe.

Die Kameraden im Lager IV sind nun zu versorgen, und eine enge kameradschaftliche Zusammenarbeit beginnt. Der Weg geht über das sehr steile Welzenbach-Eisfeld und mündet im oberen Teil in die Welzenbach-Rinne. Blankes Eis erwartet uns hier; die letzte Kraft kostet uns ein etwa 15 Meter hoher, senkrechter und teilweise überhängender Eisbalkon. Auch die Höhe macht uns bereits zu schaffen.

Aushacken des Zeltplatzes für La Nr. 5 auf 7300 m Höhe — eine m derische Arbeit

An das Hochtragen von Sauerstoffflaschen ist vorerst nicht zu denken. Wir schleppen höchstens acht Kilo und sind zu viert. Hermann Kühn ist noch zu uns gestoßen und ist uns eine wertvolle Hilfe. Im Lager III wäre genug Sauerstoff vorhanden, aber wer trägt ihn hoch, zumal keine Träger über diese schwierige Wandstelle hochsteigen? Die gesamte Versorgung der Gipfelmannschaft ruht also auf unseren Schultern.

Sonnenaufgang am Welzenbach-Eisfeld. Ein wunderbares Erlebnis, doch damit beginnt auch der Stein- und Eisschlag, eine tödliche Gefahr für uns „Hochträger".

Ein Seilriß des 7-Millimeter-Seiles würde uns etwa 3000 Meter tief stürzen lassen, zwar nicht senkrecht, aber immerhin mit 60 bis 75 Grad Steilheit.

Während des zweiten Aufstieges spannen wir daher ein zusätzliches Sicherungsseil, um diese Gefahr auszuschalten. Wir lassen uns nämlich nicht nachsagen, wir hätten schlampig gearbeitet!

Wir benötigen unbedingt einen Ruhetag!

Unsere Körper sind ausgelaugt, nachdem wir zweimal hintereinander die ‚Matterhorn-Nordwand' durchstiegen haben.

Doch in der kommenden Nacht ziehen bzw. klettern wir bereits das dritte Mal mit unseren schweren ‚Wolken' zum Lager IV.

Unsere nächste Aufgabe ist die Versicherung der Merkl-Rinne. Sämtliche Lager waren mit Funkgeräten ausgerüstet. Ausgenommen Lager V.

Hermann, unsere beste Stütze, trug noch ein viertes Mal und schleppte auch zwei Sauerstoffflaschen zum Lager IV, für den äußersten Notfall. Höhenkoller? Lungenentzündung? Wer weiß es?"

Es wurde ernst. Reinhold und Günther Messner erkundeten am 25. Juni den Weg über das ausgesetzte Eisfeld bis zum Beginn der Merkl-Rinne, während Scholz und ich vom alten Lager IV noch einige Lasten heraufholten. Im übrigen wollten wir uns ausrasten.

Das Wetter war schön. Der Ausblick hier oben ließ uns ein Gefühl der Erhabenheit verspüren. Die Tap-Alpe mit dem Bach und den bunten Zelten schimmerte unendlich tief unter uns. Das Leben da unten schien uns schon unwirklich geworden zu sein, genauso wie die vielen Sechstausender in der Runde uns immer kleiner und unwesentlicher vorkamen, je höher wir auf unserem Berg standen. Umgekehrt wieder fühlten wir uns klein und schrumpelig, wenn wir über das Merkl-Eisfeld den Blick nach oben richteten. Es ist eben alles relativ.

Am nächsten Tag stiegen Peter und ich mit Lasten in dieses Eisfeld ein. Die Schneeverhältnisse waren ausgezeichnet. Der Hänge-

*ufstieg durch den Welzenbach-
uloir*

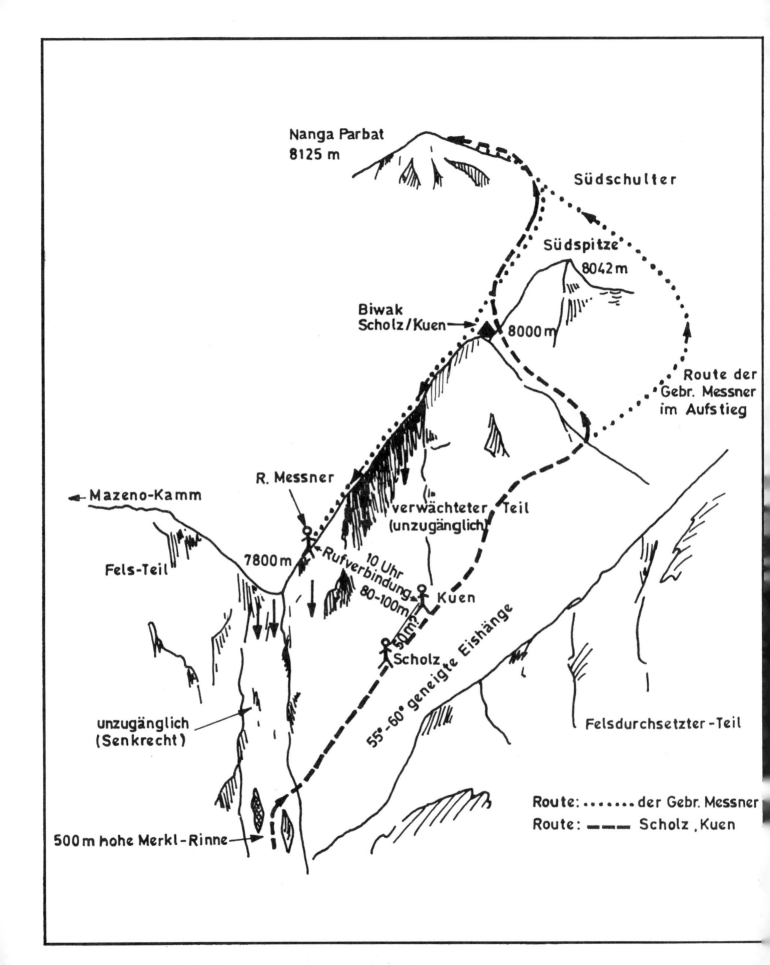

Nanga Parbat
8125 m

Südschulter

Südspitze
8042 m

Biwak
Scholz/Kuen   8000 m

Route der
Gebr. Messner
im Aufstieg

R. Messner

Mazeno-Kamm

verwächteter   Teil
(unzugänglich)

Fels-Teil   7800 m

Rufverbindung
10 Uhr
80-100m   Kuen

50m?

55°-60° geneigte Eishänge   Scholz

unzugänglich
(Senkrecht)

Felsdurchsetzter-Teil

500 m hohe Merkl-Rinne

Route: .... der Gebr. Messner
Route: — — — Scholz, Kuen

gletscher sah wie eine Mondlandschaft aus, unwirklich bizarr im frühen Morgenlicht mit seinen Pastellfarben und Schatten. Um 2.15 Uhr waren wir aufgebrochen. Nach vier Stunden hatten wir die Stelle für das Sturmlager V erreicht, und nach der anstrengendsten Arbeit, die wir beide bisher vollbracht hatten, stand um 11.20 Uhr das Zelt. In 7300 Meter Höhe hatten wir aus einem 50 bis 60 Grad geneigten Hang den fünf Quadratmeter großen Platz für das Zelt herausgehauen. Eine mörderische Tätigkeit! Noch viel brutaler aber war das Aufblasen der Luftmatratzen. Ich glaubte, den letzten Tropfen Lebenskraft aus der Lunge zu blasen. Viele Menschen versagen bei dieser Tätigkeit schon am Strand in Meereshöhe — wir standen auf 7300 Meter Höhe über dem Meeresboden! Aber nun war es soweit, und wir stiegen zum Lager IV ab, ohne Sicherung, jeder für sich frei weg, eine faszinierende, uns aber erregende Wolkenbildung über den gegenüberliegenden Bergen vor Augen. Wir glaubten, der Monsun mit seinen Folgen kündige sich an. Es waren die gleichen Vorzeichen, die wir vom Föhn bei uns daheim gewohnt waren.

Nun also standen wir unter Zeitdruck! Nach verschiedenen Änderungen stand auf Grund der körperlichen Leistungsfähigkeit und des allgemeinen Zustandes jedes einzelnen folgender Plan fest: Reinhold Messner, Peter Scholz und ich sollten in einer Seilschaft das letzte Viertel der Rupal-Wand durch die Merkl-Rinne bezwingen und über die Südschulter den Gipfel ersteigen. Vor dem Einstieg hätten, da nur drei Mann im Zelt auf Lager V Platz fanden, Reinhold mit Günther und Gerd Bauer etwa 200 Meter Sicherungsseil in der Rinne einzubauen — das Seil war am Vortag von Peter Scholz und mir im Zelt deponiert worden. Dann, nach unserem Einstieg, hatte die Mannschaft Mändl, Saler, Haim, Bauer, Günther Messner den Auftrag, die Merkl-Rinne mit weiteren 300 Meter Seil abzusichern und im Lager V beziehungsweise Lager IV unsere Rückkehr abzuwarten. Erst dann, und bei gutem Wetter, wäre es einer weiteren Seilschaft, bestehend aus den zu diesem Zeitpunkt sich vollkommen fit fühlenden Männern aus den beiden obersten Lagern, freigestellt worden, ebenfalls den Gipfelanstieg zu riskieren.

Am 26. Juni, es war ein Freitag, führte Reinhold Messner über das Funkgerät vom Lager IV mit Dr. Herrligkoffer ein Gespräch. Er äußerte seine Bedenken über die Wolkenbildung und fragte nach dem Wetterbericht. Dieser war noch nicht bekannt, die Radionachricht sollte aber mittels Leuchtzeichen in den späteren Abendstunden den Messners, die bald ins Lager V übersiedeln wollten, durchgegeben werden: rot = schlechtes Wetter, blau = gutes Wetter, rot und blau = fragliches Wetter. Dies wurde abgesprochen, weil von Lager V keine Sprechverbindung ins Basislager bestand.

Ich hörte Reinhold sprechen, Dr. Herrligkoffer aber nicht. Wenn das Wetter schlecht würde, dann wolle er, Reinhold, probieren, ob die Merkl-Rinne durchsteigbar wäre. Dann hätten wir zumindest die Wand zur Gänze hinter uns. — „Ich werde es allein versuchen", sagte er leise. Er wolle abends wieder im Lager V sein. Wir glaubten fest, er meine nur die Merkl-Rinne, das mußten wir schon deshalb annehmen, weil auf Grund der örtlichen Verhältnisse eine Rückkehr vom Gipfel ins Lager V noch am gleichen Tag als total unmöglich erschien. Es waren zu diesem Zeitpunkt die Schwierigkeiten der Merkl-Rinne unbekannt, niemand wußte, ob sie überhaupt zur Gänze durchsteigbar wäre.

So drehte sich unsere gemeinsame Unterhaltung nach Reinholds Gespräch mit Dr. Herrligkoffer nur um die Merkl-Rinne, und noch bevor er mit Bruder Günther und Gerd das Lager IV verließ, wiederholte er, bei schlechtem Wetter die Rinne erkunden zu wollen.

Ich muß diese Tatsache besonders betonen, weil später andere Behauptungen aufgestellt wurden, die wir, die einzigen örtlich Beteiligten, nicht bestätigen können. Am Abend wurde dann vom Basislager trotz guten Wetterberichtes irrtümlicherweise eine rote Rakete abgeschossen.

Reinhold mußte daher annehmen, der Wetterbericht sei schlecht gewesen. Nach seinem geäußerten Vorhaben würde er die Merkl-Rinne erkunden. Peter Scholz und ich waren überzeugt, am nächsten Abend die Brüder Messner mit Gerd Bauer im Lager V zu treffen.

Samstag, 27. Juni 1970, 82. Tag nach der Abreise von München. Bereits frühmorgens waren Werner, Hans und Gerd mit Nachschub eingetroffen, auch unser pakistanischer Träger „Sepp" war das erstemal bis zu uns vorgedrungen. Das bedeutete für ihn eine wirklich kolossale Leistung. Wir sprachen mit unseren Helfern noch einmal alles durch. Der roten Rakete vom vergangenen Abend schenkte keiner eine Bedeutung. Das Wetter war den ganzen Tag über passabel gewesen, allerdings stellten wir fest, daß die Nebelbänke aus den Niederungen täglich näherrückten. Heute früh waren sie schon bis 6500 Meter hoch gestiegen. Wir hatten große Angst, am nächsten Morgen im Lager V und in der Merkl-Rinne den Dampf einer Waschküche vorzufinden.

Um 16.30 Uhr brachen Peter Scholz und ich auf. Unser Gepäck würde liebenswerterweise unsere Hilfsmannschaft nachbringen, die um Mitternacht im Lager V eintreffen sollte. Unterwegs begegneten wir dem kranken Gerd Bauer. Er war allein. Sein Hals war stark entzündet, und Gerd schien fiebrig zu sein. Er erzählte, daß Reinhold bereits um 3 Uhr früh allein in die Rinne eingestiegen sei, er selbst hätte um 4 Uhr mit Günther begonnen, die erste Hälfte der Rinne zu versichern.

Als sich jedoch bald ein „Seilsalat" bildete, hätte Günther mit einem Fluch, der nach „Scheiße" und „Leck mich ...!" klang, das Seil hingeschmissen, wäre hinunter ins Zelt und bald im Alleingang Reinhold in die Merkl-Rinne nachgefolgt. Seitdem war Bauer den ganzen Tag allein und krank im Zelt gelegen. Gerd Bauer verließ uns und stieg nach unten. Peter und ich krochen in die Schlafsäcke. Das gesamte Gepäck der Brüder Messner lag im Zelt. Aber noch war kein Grund zur Beunruhigung, besonders Reinhold galt als extremer Alleingänger. Vielleicht biwakierten sie irgendwo oben in der Rinne und warteten ab, bis der Schnee im Laufe der Nacht gefroren und die Gefahr des Steinschlages herabgemindert war. Es ging ja erst auf 21 Uhr zu.

Um Mitternacht weckten uns die eben eingetroffenen Kameraden Haim, Mändl und Saler. Wir frühstückten aus der Thermosflasche, aßen ein paar Kekse, befestigten die Steigeisen an den Schuhen, dann gingen wir am 50-Meter-Seil los. Die Wünsche unserer Freunde begleiteten uns.

Werner Haim schrieb in sein Tagebuch:

„Die Nacht war mondhell und sehr frostig. Wir rüsteten zum Aufbruch. Die Strecke zwischen Lager III und IV hatten wir heute schon gemacht, jetzt, nach einigen Stunden Schlaf, stiegen wir mit den Lasten hinauf ins Lager V. Knapp vor unserem Abmarsch war Gerd Bauer überraschend von oben zurückgekommen. Er erzählte, daß der Auftrag, 200 Meter Seil als Sicherung auszubauen, nicht ausgeführt worden sei. Reinhold sei in die Rinne zur Erkundung eingestiegen; nach einem Seilsalat hätte Günther die Arbeit aufgegeben. Er wäre seinem Bruder nachgeeilt.

Gerd Bauer blieb im Lager IV. Er war leicht erkrankt. Mit der Ausrüstung von Kuen und Scholz und mit weiteren 200 Meter Sicherungsseil stiegen wir auf. An diesem Tag überwanden wir mehr als 1300 Höhenmeter!

Gegen 23.30 Uhr erreichten wir das Ziel und weckten Felix und Peter. Die Brüder Messner waren noch nicht zurück. Wir wünschten Felix und Peter bei ihrem Abmarsch viel Glück. Wir versichern die Rinne ab und gehen euch entgegen. Dann krochen wir für einige Stunden ins Zelt, wo wir die Rucksäcke der Brüder Messner sahen. Aber Kuen und Scholz waren jetzt nach oben unterwegs. So dachten wir uns nichts dabei."

Peter und ich stiegen also in der Merkl-Rinne aufwärts. Langsam, aber sicher. Beide am Seil. Der Schnee war nicht ideal. Zu pulverig, oft mehlig und die Felsen überzuckernd. Ja, die Felsen waren es vor allem, die Schwierigkeiten bereiteten. Sie unterbrechen mit meterhohen Stufen die Rinne, die mit einer Neigung von 50 bis 60 Grad zum Grat zielt. Besonders links werden die Schroffen immer abweisender und sind nach unten geschichtet.

16

Das Licht war schlecht, der Großteil des Aufstieges lag im Schatten, nur vereinzelte Stellen schimmerten im Mondlicht. Wir hatten eine Taschenlampe bei uns. Manchmal sahen wir Spuren von Reinhold und Günther. Wo die beiden nur waren? Mir war klar, daß sie den Gipfel erstiegen hatten. Sie waren fast 24 Stunden vor uns aufgestiegen. Was mich bedrückte, war die Tatsache, daß sie weder Seil noch Biwakausrüstung und Verpflegung bei sich hatten.

Das lag alles unten im Zelt.

Plötzlich merkte ich, daß wir uns verstiegen hatten und nicht mehr weiterkamen. Wir waren 80 bis 100 Meter zu hoch, mußten wieder zurück, um über einen Umweg eine Rampe zu erreichen, über die es weiterging. Im Anschluß daran querten wir einen kritischen Schneehang von einer Neigung zwischen 60 und 70 Grad. Erst in der Rinnenmitte konnten wir auf gut begehbarem Schnee wieder sicherer Höhe gewinnen. Bald gab es eine nicht angenehme Steigeisenkletterei im vereisten Fels, die Peter schwer zu schaffen machte, vor allem, weil sich seine Eisen ständig lösten. Er hatte sie beim Abmarsch schlecht befestigt — nun kostete diese Schlamperei Zeit und Kraft. Peter mußte seine Eisen richten, während ich sicherte.

Dann glaubte ich Hilferufe zu hören. Das war mir schon weiter unten passiert. Ich horchte angespannt nach oben, fragte Peter, ob er auch die Rufe gehört hätte. Er verneinte.

Wahrscheinlich wäre es nur das Pfeifen des Windes gewesen. Oder Einbildung. Das Rauschen des Blutes in den Ohren ... Aber ich hörte die Rufe noch öfters ...

Wir stiegen weiter, brachten die Felskletterei gut hinter uns, bis wir feststellten, daß der oberste Teil der Merkl-Rinne nicht zu bewältigen war. Vor allem an der linken Seite bricht der Fels fast senkrecht ab. Außerdem war sie von einer Wächte überdacht. Also querten wir nach rechts in eine Schneeflanke hinaus und näherten uns etwa 100 bis 150 Meter unter dem Grat über sehr steile, aber gut tragende Schneefelder dem Ausstieg aus der Wand.

Ich hörte Stimmen, undeutlich, kein Wort verständlich, aber es waren menschliche Stimmen. Dann sah ich eine Gestalt über mir, sie tauchte zeitweise am Grat zwischen der Merkl-Scharte und Südspitze auf, winkte, schien zu rufen. Ich verstand nichts, der Wind blies zu scharf über den Grat, vielleicht pochte mir das Blut zu stark in den Ohren. Ich winkte zurück und stieg höher hinauf. Auch ich rief. Und wurde wahrscheinlich auch nicht verstanden. Als ich der Gestalt auf dem Grat etwa bis auf 100 Meter nahe gekommen war, erkannte ich sie. Es war Reinhold Messner! Ich blieb stehen. Peter Scholz, am Seil hinter mir, bastelte wieder an seinen Steigeisen. Reinhold rief mir zu, es klang wie „Hallo!" Dann verstand ich: „Der Aufstieg links um die Südschulter ist leichter und kürzer!" Ich dachte an die Hilferufe und rief daher zu Reinhold hinauf: „Ist alles in Ordnung?"

Er antwortete: „Ja! Es ist alles in Ordnung."

Der Wind pfiff über den Grat, das Gespräch wickelte sich über eine Entfernung von 80 bis 100 Metern ab. Es wäre unmöglich gewesen, diese Entfernung von uns aus zu überwinden. Der Grat war gegen meinen Standort überwächtet. In 7900 Meter Höhe eine solche Stelle zu überwinden bedeutet Selbstmord. Wer hier stürzt, findet Tausende Meter keinen Halt mehr.

Der einzige Weg auf den Grat führt an der Südspitze vorbei. Links herum wäre er kürzer, hatte Reinhold gerufen, und bei ihnen wäre alles in Ordnung! Und: „Wir kommen zu euch zurück, auf einem anderen Weg . . ."

„Laß das!" rief ich zurück. Aber Reinhold winkte, zeigte nach Westen in die Diamir-Flanke, rief ein Wort, das nach „Servus!" klang und bückte sich. Es sah aus, als hebe er einen schweren Rucksack auf die Schultern. Er machte noch eine schupfende Bewegung, als wolle er die Last besser auf die Schultern legen.

Es war kein Wort nach Hilfe erklungen, kein Wort nach einem Seil, kein Wort, daß Günther krank wäre! Wir mußten annehmen, bei den Messners wäre wirklich alles in Ordnung. Warum aber die Hilferufe?

Reinhold Messner schrieb in seinem Buch „Die rote Rakete": „Felix schaut wieder herauf. Reinhold ruft nochmals und deutet mit der Hand nach Westen, nach der Diamir-Seite. Er steckt die Reepschnur in die Tasche, nimmt die Handschuhe auf und geht zur Scharte. — Was hätte ich sonst tun können? Felix geht zum Gipfel. Was hätte ich sonst tun können — was . . .?" fragt er.

An anderer Stelle schreibt er: „Ihr könnt auch von uns aus zum Gipfel gehen, direkter, links um die Südschulter herum, dort, wo wir abgestiegen sind. Das geht schneller. Rechts um die Südschulter herum braucht ihr dreimal so lang. Damit hoffte ich, das Seil zu bekommen."

Aber es fiel kein Wort wegen des Seiles! Wir hätten geholfen, wären links um die Südspitze aufgestiegen und von dort zu Reinhold und Günther gegangen. Peter und mir diese Handlung auch nur in Gedanken nicht zuzumuten, wäre einfach ungeheuerlich. Wir hätten vielleicht fünf Stunden gebraucht, aber wir wären mit kompletter Ausrüstung dort gewesen.

Jeder von uns hatte einen Rucksack mit wohlüberlegten Dingen bei sich gehabt: Biwaksack, Luftkissen, Wollhandschuhe, Eisschrauben, Stahlhaken, Knotenbänder, Eisbeil, Karabiner, Klettergürtel, Reepschnur, Leichtsteigeisen, PRC-Rettungsdecke, Perlonschnur, Essen für drei Tage, Sonnenschutzcreme, Verbandzeug.

Wir hätten nicht nur helfen können! — Wir hätten geholfen! Aber Reinhold zeigte gegen die Diamir-Seite, rief ein Grußwort, bückte sich, als wolle er etwas aufheben, und verschwand hinter dem Grat!

Wir rasteten. Rund zehn Stunden waren wir schon unterwegs. Ich finde die Leistung Günther Messners außerordentlich: Er hat, wie wir später erfuhren, die Merkl-Rinne im Alleingang in vier Stunden durchstiegen, mit dieser Anstrengung vielleicht aber den Grundstein für seinen raschen körperlichen Verfall gelegt . . .

Es begann zu graupeln, dann zu schneien.

Wir stapften zur Südspitze empor, als ein starkes Gewitter über uns hereinbrach. Mir war nicht sonderlich wohl, während der Rast hatte ich Traubenzucker gegessen, der mir nicht bekam. Ich war einem Schwächeanfall nahe; angesichts des Gipfels wollte ich nicht aufgeben. So nahm ich eine Pervitin-Tablette und wurde bald wieder fit.

Vielleicht darf ich hier einige Worte über das Pervitin einflechten. Ich kenne die verschiedenen Auffassungen. Meine ist, daß vor einem totalen Kräfteverfall und im Augenblick einer Gefahr das Einnehmen einer Tablette besser ist, als sich gehen zu lassen. Nur sollte man wissen, daß die Wirkung auf wenige Stunden beschränkt ist und man sich vor Wiederholung ernsthaft wehren muß. Es darf zu keiner Dopingsucht kommen. Ich selbst habe während des ganzen Aufenthaltes in der Wand und während des Auf- und Abstieges zum und vom Gipfel nur diese eine Tablette geschluckt. Peter Scholz hat überhaupt verzichtet, obwohl er manchmal dem Ende der Kräfte nahe war.

Vom Grat blickten wir in die Flanke gegen die Merkl-Scharte hinab, horchten, aber wir sahen nichts und hörten keine Stimmen. Reinhold und Günther blieben vom Augenblick an, als Reinhold einen Abschied zuwinkte, für uns verschwunden. Wir waren beide überzeugt, daß sie auf der Diamir-Seite zum Westsattel und über den Kinshofer-Weg ins obere Rupal-Tal zu steigen versuchten. Dies mußten wir auf Grund der Worte Reinholds annehmen: „Wir kommen zu euch zurück, auf einem anderen Weg!" Der Abstieg ins Diamir-Tal war die entfernteste Möglichkeit. Sie bedeutete aber die Überschreitung des Nanga Parbat von Südosten nach Nordwesten über zwei bisher noch unbezwungene Wände. Wenn Reinhold keinen anderen Ausweg sehen sollte, dann würde er — seiner ganzen Wesensart nach — das Unwahrscheinliche, das von allen als unmöglich Angesehene, wählen.

Wir sahen keine Möglichkeit, zu helfen. Eine Suche auf 8000 Meter Höhe ins Ungewisse ist vollkommen sinnlos. Die Messners waren im Abstieg, Reinhold hatte es zugerufen und die Richtung angedeutet. Inzwischen waren viele Stunden vergangen.

Bild rechts:
Gipfelfoto des Nanga Parbat; Hintergrund Silberzacken und Silbersattel

Doppelbild umseitig:
Westliche Zinne (rechts), Große Zinne (Mitte), Kleine Zinne (links)

Wir querten über die vereisten Felsen des Südgipfelaufbaues zu einem breiten Schneerücken und nahmen die letzte Hürde im Einzelgang. Und das war nun etwas vom Schwierigsten. Bekanntlich verringert sich mit zunehmender Höhe der Luftdruck; infolgedessen wird zuwenig Sauerstoff durch die Lungenbläschen gepreßt, und das Blut bekommt nicht mehr das, was es braucht. Viele Menschen spüren diese Mangelerscheinungen bereits ab 3000 Meter Höhe, die meisten werden bei 5500 Meter krank: Kopfschmerzen, Müdigkeit, Atemnot. Nur die wenigsten schaffen noch die Höhe von 8000 Meter ohne Sauerstoffgeräte; ab 8500 Meter glaubte man in den dreißiger Jahren bei der Erstürmung des Mount Everest eine „unsichtbare Schranke" vor sich zu haben.

Jedenfalls gilt die Grenze von 7600 Metern als Todeszone. Wer sich hier bewegt, dessen Körper baut nur noch ab, trotz Rast bildet er keine neuen Kraftreserven mehr.

Da ging es also diesen lächerlichen letzten Hang hinauf. Sechs Schritte, sechs mühselige, langsame Schritte. Aus! Die Füße tun nicht mehr mit, die Lungen rasseln, das Herz pumpert fast durch den Anorak.

Das Ende. Hinbeugen auf dem Eispickel. Stehen, schnaufen. Dann wird der Kopf wieder klar, und plötzlich lacht man. Einfach zu blöd, dieses Theater! Noch fünf Minuten, dann stehst du auf dem Gipfel!

Los! Sechs Schritte. Aus! Du schaffst es nicht, nie!

Wieder schnaufen. Der Schmerz im letzten Muskel läßt nach, der Körper entspannt sich, es geht wieder.

Aber wieder nur sechs Schritte ... Wenn es Sünden gibt, wenn es Buße gibt, ich habe sie hier verbüßt. Peter noch mehr!

Er schaffte nur drei bis vier Schritte. Endlich kamen die letzten sechs Meter, und dann stand ich auf dem Gipfel dieses verfluchten, heißersehnten, geliebten Nanga Parbat. Deutsch heißt er: „Nackter Berg." Jetzt aber, in diesem Augenblick, hatte er für mich ein Festkleid an. Und ganz oben auf seiner höchsten Stelle rammte ich meinen Eispickel in sein Haupt, und die daran befestigten Wimpel von Pakistan und vom Land Tirol flatterten im Höhenwind. Einen Augenblick lang war mir sehr feierlich zumute. Als ich nach Nordosten blickte, erschauerte ich: Der Silberzacken ragte wie eine drohende Pyramide in die Wolkenfetzen, und rechts von ihm krümmte sich der Silbersattel wie eine offene Sichel zum Ostgrat. Mir fielen die Versuche früherer Expeditionen über diese Route ein und die Namen meiner Landsleute, ohne deren Erfahrungen wir nun nicht schwierigere Routen aussuchen und begehen könnten: Aschenbrenner, Schneider, Harrer, Aufschneiter, Rebitsch, Rainer, Buhl — um nur einige zu nennen.

Die Namen aller Expeditionsteilnehmer stehen in der Chronik

ld links:
ber das Silberplateau war H. Buhl
fgestiegen

dieses „Schicksalsberges der Deutschen", wie er seit Jahrzehnten genannt wird. Man wird mir ein gewisses Gefühl des Stolzes nicht verweigern und übelnehmen: Nach den Brüdern Reinhold und Günther Messner war es mir vergönnt, mit Peter Scholz einen Tag später diesen Berg über die schwierigste und höchste Eis- und Felswand der Erde erstmals bestiegen zu haben.

Mein Hochgefühl war bald einem geschäftigen Treiben gewichen. Fotografieren, herumstampfen, Motive und neue Ausblicke suchen, wieder fotografieren und angespanntes Schauen in Richtung Karakorum! Ich suchte Gipfel, die ich dem Namen nach kannte, ich ärgerte mich, daß überall Wolken und Nebelfetzen hingen und die klare Fernsicht verhinderten. Ich wollte unbedingt den zweithöchsten Berg der Erde, den K 2, sehen — ich glaube aber, daß ich mir letzten Endes nur einbildete, ihn gesehen zu haben.

Dann fand ich einen Filzklumpen, stieß ihn mit den Füßen vor mich hin und ahnte nicht, daß es total gefrorene Wollhandschuhe von Reinhold Messner gewesen sein hätten können, die er, wie er später erzählte, nicht mehr anziehen und daher den Himalaja-Göttern als Beweis des Gipfelsieges zurücklassen konnte. Dann wieder drehte ich mich um, sah zu, wie sich Peter abmühte, die letzten 20 Meter zu überwinden, blickte weiter hinüber zur Südspitze, überlegte, wo wir die kommende Nacht am besten verbringen würden — ich schaute wieder dem Zug der auf- und abbrauenden Schneewolken zu und hoffte inbrünstig, das Wetter möge so bleiben, wie es gerade war, und die Nacht solle nicht zu frostig werden: Uns stand ein Biwak auf 8000 Meter Höhe bevor.

Wie gesagt, mein Hochgefühl war bald einer sehr realistischen Tätigkeit gewichen. Und als Peter es endlich auch geschafft hatte, drückten wir uns nur wortlos die Hände. Was sollten wir uns auch sagen — wir hatten alles gemeinsam erlebt, und jedes Wort wäre nur eine Banalität gegenüber allem gewesen, was hinter, aber auch noch vor uns lag.

So schauten wir noch eine halbe Stunde in die Runde, ließen uns von einzelnen Sonnenstrahlen belecken, genossen eine großartige Wolkenstimmung über dem Meer der Gipfel rundum. Dann stiegen wir, von einem eisigen Wind begleitet, um 18 Uhr über den Firnhang ab und hinüber zur Südspitze.

Unten in der Mulde schlugen wir im Schutze eines großen Felsens das Biwak auf. Wir zogen nur die Außenschuhe aus und steckten sie in den Biwaksack zu unseren Füßen. Die große Gefahr für alle Menschen, die in solche Höhen vordringen, sind nicht nur der Mangel an Sauerstoff mit seinen Folgeerscheinungen, sondern auch die Erfrierungen. Wenn man die Literatur der Bezwingung der Sieben- und Achttausender durchliest, dann erfährt man immer wieder von schwersten Erfrierungen mit Amputationsfolgen. Man braucht nicht einmal so hoch zu steigen — ich selbst hatte nach dem Durchsteigen der Eiger-Nordwand zum Ausheilen der mir damals zugezogenen Frostschäden an den Zehen sechs Wochen lang in der Hautklinik zubringen müssen.

Ich war also seit damals gewitzigt; seitdem gilt bei solchen Unternehmen eine meiner größten Sorgen dem Schutz der Füße.

Unsere Expeditionsschuhe bestanden aus drei Teilen: dem Innenschuh aus Filz, dem Mittel- und dem Außenschuh aus Leder. Den nackten Fuß hatten wir mit einer PRC-Folie umwickelt, waren so in den Wollsocken geschlüpft, den wir wieder mit einer Folie umwickelt hatten. Mit diesem dreifachen Wärmeschutz sind wir dann in den dreifachen Schuh gestiegen. Zur Abdichtung gegen eindringenden Schnee waren Nylongamaschen vorgesehen.

Ich glaube, daß diese Art des Fußschutzes derzeit die maximalsten Sicherheiten bietet. Peter Scholz und ich kamen jedenfalls ohne irgendeinen Frostschaden zurück.

Diese Nacht zählt zu meinen härtesten Biwaknächten — aber ich möchte sie trotzdem nicht missen. Geschlafen habe ich wenig, es war mehr ein Dahindösen, ein Zustand zwischen Wachsein und Abpoltern ins Nichts. Ich lag auf der Kante, die das Denken mit dem Träumen ineinanderfließen läßt; immer wieder von der Kälte wachgerüttelt, erhielt ich vom Verstand Befehle, die Zehen zu bewegen, die PRC-Rettungsdecke fester um die Füße zu wickeln — dann wieder rollten wie im Zeitlupentempo einzelne Bilder der letzten 24 Stunden vor dem inneren Auge ab, verschwammen, gingen ineinander zu einer einzigen Großaufnahme: zur eis- und felsstrotzenden gigantischen Wand mit einem zu den Sternen reichenden Gipfel, auf dem der Tiroler Wimpel mit dem roten Adler flatterte ... Ich schrak auf: Es wurde Tag. Es wurde ein traumschöner Tag mit blauem Himmel über uns, mit sonnigen Wolkenbänken unter uns, mit grünschimmernden Almwiesen und silbern glänzenden Bachläufen ganz unten im Talgrund und mit einzelnen Windstößen waagrecht ins Gesicht. Aber wie er auch sonst ausgesehen hätte, dieser Tag — Hauptsache war, es wurde Tag!

Der Abstieg ging wieder über stark verschneite und teilweise eisige Felsen und war nur mittels Steigeisen zu überwinden. Als wir in das oberste Schneefeld der Rupal-Wand kamen, schauderte ich manchmal beim Blick in die Tiefe, und ich mußte meinem geschwächten Körper die letzte Willenskraft aufzwingen, damit die Füße sicher trugen und der Oberkörper mit dem Gesäß die richtige Neigung und Schwerpunktbildung zum Hang einnahm.

Immer wieder schoß mir der Gedanke durch den Kopf, daß unsere Expedition „Sigi-Löw-Gedächtnisexpedition" hieß, dem Namen des Mannes zu Ehren, der am 23. Juni 1962 nach gemeinsamem Gipfelsieg mit Toni Kinshofer und Anderl Mannhardt (vom Diamir-Tal über die Bazhin-Scharte) im Abstieg total geschwächt, mit angefrorenen Füßen, ohne Eispickel (er hatte ihn während des Aufstieges beim Sturz durch eine Schneebrücke verloren), unangeseilt und als letzter gehend, durch einen Schwächeanfall den Halt verloren und mit einem Schrei wie ein grauer Schatten durch eine mehrere hundert Meter lange Eisrinne gesaust war. Er hatte sich eine klaffende Kopfwunde und innere Verletzungen zugezogen. Seinen Kameraden war es unmöglich gewesen, ihn von 7500 Meter Höhe ins nächste Lager abzutransportieren. So starb er in den Armen des zurückgebliebenen Toni Kinshofer, während Mannhardt, ohne Rücksicht auf eigene Sicherheit, versucht hatte, von unten Hilfe zu holen. Diese konnte nur mehr Kinshofer zugute kommen, der 56 Stunden nach dem Aufbruch zum Gipfel mit dem aufsteigenden Rettungstrupp zusammengetroffen war. Seine Füße waren nicht mehr zu retten gewesen. Das geschah im Juni vor acht Jahren. Im Abstieg nach dem Gipfelsieg über eine neue Route. Jetzt war wieder Juni. Und wir befanden uns im Abstieg nach dem Gipfelsieg über eine neue Route. Auch wir querten ein Eisfeld in einer Höhe von 7900 Metern. Auch wir waren geschwächt, aber nicht am Ende der Kräfte. Ich fühlte mich besser, als Peter es zu sein schien. Er machte mir einen sehr müden Eindruck.

Ich forderte ihn auf, eine Pervitin-Tablette zu nehmen. „Du hängst in den Standplätzen wie ein nasser Fetzen!" Aber er war dazu nicht zu bewegen.

Gegen 9 Uhr erreichten wir den Rastplatz vom Aufstieg. Dort hatte das Gespräch mit Reinhold stattgefunden. Wir legten wieder eine Stunde Rast ein, ließen die Blicke in die Tiefe und Ferne wandern.

Wie eine niedliche Spitze leuchtete zu unserer Rechten der über 7000 Meter hohe Toshe-Peak aus einigen Wolken herüber. Dann sagte einer zwei Worte: „Die Messners . . ."

Graue Schatten zogen über das Eisfeld herauf. Ich dachte an den schnellen Aufstieg beider, an das Biwak ohne Ausrüstung, an den Abstieg ohne Seil ins Unbekannte, an die fehlende Verpflegung, an den Schwächezustand. Ich dachte an Sigi Löw, dem zum ehrenden Gedenken dieses Unternehmen gestartet worden war.

Ich sagte: „Peter, wir müssen uns zusammenreißen. Nach vier Seillängen steigen wir in die Rinne ein. Es wird warm. Zu unserem Zustand kommen die objektiven Gefahren: der Steinschlag, die Eisbrocken. Komm, gehn wir's an . . ." Das war etwa um 10 Uhr.

Im unteren Teil der Merkl-Rinne war ich oft minutenlang in einem Trancezustand. Plötzlich sah ich Hunderte kleine Männchen zum Lager V aufsteigen. Es waren Japaner. Sie wollten über unseren Aufstieg den Gipfel stürmen. Unseren Gipfel! Meinen Gipfel! Ich rief Peter Scholz zu: „Da kommen die Japaner! Siehst du sie?" „Du spinnst!" sagte Peter; „du bist verrückt!" Und dann sah ich wieder klar. Um 15 Uhr hatten wir die sonnenpralle und zu dieser Zeit todbringende Merkl-Rinne hinter uns und standen vor dem vom Neuschnee eingedrückten und mutterseelenallein auf uns wartenden Zelt, das wir vor 39 Stunden verlassen hatten. Vor fünfzig Stunden war Reinhold aufgebrochen, vor etwa 52 Stunden Günther. Wo waren sie?

Von nun an ging alles verhältnismäßig schnell und wie im Rausch vor sich. Nach einstündiger Rast im Lager V, das wegen seiner platzmäßigen Beschränktheit absichtlich für eine kurze Erholungspause der Gipfelmannschaft ohne Besatzung gelassen worden war, stiegen Peter und ich ohne Sicherung zum Lager IV ab. Manchmal setzten wir uns auch einfach auf den Hosenboden und rutschten ein Stück ab. Unsere Kameraden hatten eine Reepschnur als Sicherung gespannt. Ich war oft minutenlang in einem Trancezustand. Der aufsteigende Nebel verwirrte mich in meinem geschwächten Zustand. Dann hörte ich Stimmen. Ich rief: „Hallo, boys!" Und ich hörte: „Da kommt der Felix! Felix! Hallo, Felix!" Ich erwachte aus der Müdigkeit und stand im Lager IV vor Werner Haim, Gerd Mändl, Hans Saler und Gerd Bauer . . .

Werner Haim schrieb in sein Tagebuch:

„Das Wetter ist schön, und wir steigen in die Merkl-Rinne. Unter uns die zahlreichen Sechstausender. Von unserer Höhe sehen sie den schneebedeckten Voralpenbergen im Frühjahr zum Verwechseln ähnlich. Ungefähr 300 Meter haben wir mit größter Anstrengung versichert . . . Wir befinden uns im mittleren Teil der Rinne, wo diese einen Rechtsverlauf nimmt und nach rechts verlassen wird. Wir hören Stimmen. Gerd ruft: ‚Die Messners kommen!' Ich sage: ‚Das ist der Felix und der Peter!'

Graupeln. Lawinen. Wir kehren ins Lager V zurück. Dort sind nur drei Schlafplätze, die wollen wir den Gipfelmannschaften überlassen. Auch unsere Verpflegung lassen wir zurück. Wir steigen ins Lager IV ab. Die Sicht wird sehr schlecht. Es setzt Schneetreiben ein. Wir hören Stimmen. Da taucht aus dem Nebel Felix auf. Wir überhäufen ihn mit Fragen. Er berichtet von der Gipfelbesteigung.

Und die Messners?

Er berichtet vom Zusammentreffen mit Reinhold, von der Absicht, über einen anderen Weg abzusteigen.

Welch Unternehmen! Ohne Lager! Ohne Verpflegung! Ohne Kameraden! Ob das gutgehen kann? Wir hoffen, daß sie trotzdem bald auf dieser Seite auftauchen. Wir können nichts unternehmen . . .

‚Solange das Schicksal der Messners nicht geklärt ist', heißt es im Funkbefehl, ‚besteht generelles Aufstiegsverbot.' "

Natürlich habe ich vom Lager IV sofort über das Funksprechgerät mit dem Expeditionsleiter gesprochen und ihm Bericht erstattet. Wir interessierten ihn nicht, es ging nur um Reinhold und Günther. Dr. Herrligkoffer war sehr erregt. Er fragte immer wieder nach Details, vor allem, ob die Brüder über den Westgrat abgestiegen wären. Ich konnte nur sagen, was ich tatsächlich wußte.

„Wann kannst du im Basislager sein?" — „Morgen. Im Laufe des morgigen Tages. Ich muß schlafen . . ."

Aber so schnell konnte ich doch nicht einschlafen. Jetzt, da wir sozusagen wieder „festen Boden" unter den Füßen hatten, die Kameraden über uns wachten und uns Sicherheit gaben, uns mit kleinen Aufmerksamkeiten verwöhnten, jetzt, da heiße Getränke Tropfen für Tropfen spürbar die Kehle hinunterrannen und die Lebensgeister mobilisierten, die Fragen und Antworten hin und her gingen, jetzt also lebten wir auf und genossen die Schönheit des Lebens. Wenn es auch nur ein Leben in engen Zelten auf einer Eiswand in 6600 Meter Höhe war — es war schön, in einem Schlafsack auf einer Luftmatratze zu liegen, den Phöbuskocher brennen zu sehen, die Stimmen der Freunde zu hören, kribbelnde Wärme zu spüren — es war alles so schön. Alles andere war so weit weg, so unglaublich, so unwirklich, schon jenseits der allgemein erkennbaren Grenze des Bewußtseins. Es war ein erregender Traum. War es ein Traum?

Ich versank in bleiernen Schlaf ohne Bilder . . .

Am nächsten Morgen weckten uns die Freunde gegen 9 Uhr zum bereits fertigen Frühstück; nach einer guten Stunde begannen wir mit dem Abstieg ins Tal. In jedem Lager wurden wir mit offenen Armen empfangen. Wunschessen standen bereit. Und immer wieder die Fragen nach Reinhold und Günther!

Das gleiche Bild im Basislager. Dr. Herrligkoffer stand die Sorge direkt im Gesicht. Er hatte Leute ins obere Rupal-Tal geschickt. Michl Anderl führte sie. Mit starken Ferngläsern suchten sie den möglichen Abstieg von Westgrat ins Rupal-Tal ab.

Über den pakistanischen Verbindungsoffizier waren Sofortmaßnahmen bei den örtlichen Behörden eingeleitet worden, ebenso sollte ein Hubschrauber bereitgestellt werden . . . Die Pakistani versprachen, alles zu tun.

Ich nahm dies alles nur am Rande meines Bewußtseins wahr, denn erst jetzt kam die körperliche Reaktion nach der Leistung in den vergangenen Tagen.

Ich schrieb in mein Tagebuch:

2. 7. 1970   Im Basislager werden bereits die ersten Zelte abgebaut. Die Träger erhalten Hunza-Medaillen und ihren Sold. Wir bekommen die Flugtickets mit Reiseziel München. Heute werden die Lasten für den Abtransport durch das Tal vergeben. Fast 200 Träger kreisen das Lager ein — sie wollen einen Job. Peter und ich werden mit Blumenkränzen behängt. Dann werden in gedrückter Stimmung die Fahnen eingeholt.

Abends verschlechtert sich das Wetter.

3. 7. 1970   5 Uhr Tagwache. Abbau der Zelte. Um 6 Uhr Abmarsch. Der Nanga Parbat zeigt sich noch einmal kurz und gespenstisch, dann ist der Vorhang zu. Um 13 Uhr sind wir in Rampur. Dort warten 15 Jeeps auf unsere Lasten. Die abenteuerliche, tollkühne Fahrt beginnt. Ich sitze wieder in einem Jeep mit abgefahrenen Reifen und einer kaputten Handbremse. Um 17 Uhr werden wir freundlichst, mit Trommel und Bläsermusik begleitet, von den Obersten dieses Tales empfangen. Dann setzten wir die Höllenfahrt fort, die Hängebrücken müßten vor Einbruch der Nacht passiert sein. Während der Fahrt nach Gilgit kommt eine Nachricht zu uns: Irgendwo in dieser Gegend wäre Reinhold Messner! Um 23.15 Uhr sind wir beim Rasthaus in Gilgit. Kaum dort angekommen, bringt Karl in einem Jeep den völlig erschöpften Reinhold. Er ist allein. Hat fürchterliche Erfrierungen an Händen und Füßen. Günther ist tot.

Am nächsten Tag saßen wir auf der Terrasse vor dem Rasthaus, wohin Reinhold auf seinen Wunsch gebettet worden war. Er hatte sich schon erstaunlich erholt und begann langsam zu erzählen: Er war in der Merkl-Rinne gut vorwärtsgekommen, hatte die gleichen Schwierigkeiten, Umgehungen und den Ausstieg gefunden, die Peter und ich 24 Stunden später erlebten. Als er auf der in die Schneefelder führenden Rampe verschnaufte und nach unten sah, erschrak er: Günther war im Aufstieg. Reinhold wartete. „Es gab keinen Zweifel darüber, daß wir nun zu zweit weiterstiegen." Sie ließen die Südspitze links liegen und querten rechts davon auf den Grat hinauf. „Links herum ist es leichter und kürzer", hatte später bei unserem Treffen Reinhold mir zugeschrien. Sie hatten den Gipfel erreicht, waren müde, fotografierten, schauten. Als Reinhold seine Norwegerhandschuhe überstreifen wollte, waren sie so hartgefroren, „daß ich sie nicht mehr über die beiden anderen Paare überstreifen konnte. Da ich noch ein Paar in Reserve hatte, legte ich die beiden Klumpen auf die ersten Steine westlich der Gipfelkippe und legte einige Steine darauf. Ein Steinmann. Ich wußte an diesem Abend noch nicht, daß diese Handschuhe der einzige Beweis unserer Gipfelbesteigung sein würden . . .", schrieb er später.

(Ich schrieb in diesem Bericht über meinen Aufenthalt auf dem Gipfel: „Dann fand ich einen Filzklumpen . . . und ahnte nicht, daß es total gefrorene Handschuhe von Reinhold gewesen sein konnten . . .")

Dann stiegen sie ab, umgingen den Südgipfel rechts, sie gingen nicht den alten Weg zurück. Günther war sehr schlecht beisammen und wollte nicht mehr den steilen Schneehang queren, der südlich des Grates in die Merkl-Rinne führt. Reinhold gab nach, und beide stapften auf der Nordseite des Grates in Richtung Merkl-Scharte, in deren Nähe sie ein Freibiwak ohne Biwaksack bezogen. Günthers Zustand verschlechterte sich, er phantasierte. Da begann Reinhold um 6 Uhr früh vom Grat aus um Hilfe zu rufen, etwa bis 8 Uhr.

Ich hatte mich also doch nicht getäuscht, es war weder der Wind noch das Rauschen in den Ohren gewesen.

Als Reinhold mich und Peter sah, glaubte er, wir wären wegen ihm und Günther aufgestiegen. Er nahm Rufverbindung auf, verstand aber nicht alle meine Worte. Später schrieb er:

„Er verstand mich nicht, und ich verstand nicht alle seine Worte. Als mir klar wurde, daß sie beide zum Gipfel wollten, schlug ich ihnen vor, zu uns aufzusteigen und dann über unseren Abstiegsweg weiter zum Gipfel zu gehen. Es wäre dies viel schneller gewesen. Als mich Felix fragte, ob alles in Ordnung wäre, bejahte ich. Felix begann über unsere Spuren, die hier noch deutlich zu erkennen waren, nach rechts zu steigen. Ich deutete ihm an, daß wir in diesem Fall drüben absteigen müßten, und ging zu Günther zurück . . ."

So hat er später das Treffen geschildert. Er hatte mir aber nichts über Günthers Zustand zugerufen . . .

Er gab zu, daß der Aufstieg zu ihm sehr gefährlich und schwierig war, viel schwieriger als der Weg über das Schneefeld zwischen Südgipfel und Grat, linksherum, nicht rechtsherum.

Viel später — es war schon daheim — sagte er: „Bei dieser Höhe, im Wind, über hundert Meter hinweg sind Mißverständnisse möglich, durchaus. Felix hatte mich nicht verstanden . . ."

Dann erzählte Reinhold, daß Günther zum Abstieg über die Diamir-Seite gedrängt hätte. „Ein zweites Biwak überstünde er nicht . . . Hilfe von Felix und Peter war frühestens am nächsten Vormittag zu erwarten . . ."

Ich habe schon gesagt, daß wir an diesem Tag in etwa fünf Stunden, also spätestens um 15 Uhr, bei den Messners hätten sein können, wenn Reinhold deutlich zu verstehen gegeben hätte, daß er uns brauchte und dort oben warte. Linksherum auf dem Grat und nordseitig wären wir zu ihm gekommen. Aber Reinhold stieg mit Günther bereits eine Stunde nach unserer Rufverbindung drüben ab. Da rasteten wir gerade im Schneefeld auf der Südseite.

Der Abstieg über die Diamir-Seite mußte nach Reinholds Erzählung fürchterlich gewesen sein. Wir erlebten auf der Terrasse des Rasthauses in Gilgit jede Phase mit. „Im Winter", hat er später geschrieben, „hatten wir den Nanga genauestens studiert, nun war es angenehm, die Bazhin-Mulde auf den ersten Blick zu erkennen. Ein Bild von der Mummery-Route hatte ich im Kopf, wie ich tausend andere Wände und Linien im Kopf habe. Der Versuch war 1895 gewesen. Das mußte uns auch ohne technische Hilfsmittel gelingen."

Sie haben den Versuch gewagt, obwohl sie nicht einmal die in den Alpen notwendige Ausrüstung mithatten, und davon erzählte jetzt Reinhold; vom zweiten mörderischen Freibiwak, vom gelungenen Abstieg, vom nachfolgenden Günther, von seinem, Reinholds Zeitvorsprung unten auf dem flacheren Gletscherplateau mit den offenen Spalten. Er erzählte, daß er einen Lawinenkegel linksherum querte, in der Hoffnung, Günther würde den gleichen Weg einschlagen.

Aber Günther kam nicht — er mußte den Weg rechts vom Lawinenkegel über einen toten Gletscher eingeschlagen haben. Weiter unten mußten sie sich treffen ... aber Günther kam nicht. Er kommt nie wieder. Reinhold fand auf der Suche nach ihm nur die Brocken einer Eislawine, das vermutliche Grab seines Bruders.

Der weitere Weg des total erschöpften Reinhold mit seinen erfrorenen Gliedmaßen durch das Diamir-Tal in Richtung Gilgit glich einem Kreuzweg, er war nur durch die Hilfe von Hirten, Bauern und einem Offizier möglich gewesen.

Nun saßen wir also auf dieser Terrasse, waren glücklich, Reinhold wieder bei uns zu haben. Und wir waren traurig, weil Günther nicht mehr kam und der Nanga Parbat wieder ein Opfer in seinem Eise zurückhielt.

Der Schluß ist bald erzählt: Wir warteten, wie üblich, auf eine Maschine nach Rawalpindi, nachdem vor zwei Tagen Reinhold mit Dr. Herrligkoffer, Alice von Hobe, Max v. Kienlin und Werner Haim ausgeflogen und er von Werner bis zur Klinik nach Innsbruck begleitet worden war. Aber nach drei weiteren Tagen landeten auch wir in Rawalpindi, und noch am selben Abend startete unsere Kursmaschine in Richtung Heimat. Wir hatten es plötzlich alle sehr eilig.

Es war ein Donnerstag, der 9. Juli 1970, und der 94. Tag nach unserer Abreise von München, als wir dort wieder landeten. Noch abends fuhr ich weiter nach Tirol. Als ich zum vierten Stock emporstieg, in dem meine Wohnung liegt, hatte ich plötzlich das Gefühl, als wäre ich nie weggewesen, als hätte ich nur einen großen, erregenden Traum erlebt, der drei Monate gedauert hatte.

Erfahrungsaustausch, zwischenmenschliche Beziehungen und persönliche Opfer-
bereitschaft der Rettungsmänner stärken die Schlagkraft der betreffenden Organi-
sationen und aller damit befaßten Institutionen. Es liegt aber auch beim Berg-
steiger, mit Vernunft, handwerklichem Können und Liebe zum Leben an das
Abenteuer Berg heranzugehen.

Retter aus der Luft

Wenn Toni Hiebeler seinem Buch über die Eiger-Nordwand den Untertitel gab: „Der Tod klettert mit", dann kann man mit Fug und Recht behaupten, daß der Tod bei jeder Tour paßt, ob der Bergsteiger einen Fehler macht, leichtsinnig wird, ihn zum Handeln auffordert — oder wenn Wetterstürze, Eis- und Steinlawinen seine Gehilfen sind. Bergsteigen ist genauso gefährlich wie Autofahren, hier wie dort sind Menschen unzulänglich, hier wie dort versagt das Material, der morsche Felsen oder die Steuerung.

Ich bin kein Bergrettungsmann, aber ich bin der Meinung, daß jeder Bergsteiger vor den Leuten des Grünen Kreuzes nicht nur Hochachtung haben, sondern durch Aneignen bestimmter Fähigkeiten sie auch unterstützen sollte. Irgendeinmal und irgendwo kommt ganz bestimmt die Stunde, in der auf einem Gletscher, am Fuß einer Wand, auf einem Grat oder in einem Kar ein hilfeheischender Mensch auf den Samariter wartet.

Dann kommt es nicht nur auf Erste Hilfe, sondern oft auch auf schnelle Bergung an. Beides soll fachgerecht getan werden. Das oberste Gebot heißt: „Erstens nicht schaden!" Mit anderen Worten, man soll dem Verletzten durch die Erste Hilfe infolge falscher Handlungsweise nicht noch mehr Schaden zufügen, als er bereits erlitten hat.

Ein klarer Kopf und Besonnenheit müssen die Lage beurteilen: „Was muß ich sofort unternehmen, um richtig zu handeln?"

Manchmal — und leider zu oft — kommt jede Hilfe zu spät. Dann bleibt nur mehr die traurige Pflicht, die meistens nicht sehr schönen Leichenteile ins Tal zur Beerdigung abzutransportieren.

Die Bergrettungsmänner sind hervorragende Alpinisten, sie sind mit allen zu einer Bergung — beispielsweise aus einer Wand — notwendigen Geräten ausgerüstet, wie etwa mit dem Stahlseilgerät, mit dessen Hilfe ein Mann von oben senkrecht abfährt und den Verletzten nach oben holt, wenn ein Abtransport nach unten wegen zu großer Höhe unmöglich ist.

Bei Schwerverletzten ist nach der Bergung der Transport bis zum nächsten Wagenhalteplatz und ins Krankenhaus das größte Problem.

Meist handelt es sich dabei um einen Wettlauf mit dem Tod, besonders bei inneren Verletzungen.

Hier spielt das Flugzeug eine enorme Rolle. Bekannt sind die Rettungsflüge des Gletscherfliegers Geiger in der Schweiz geworden, aber auch in Österreich wurden schon seit vielen Jahren vom Innenministerium Flugzeuge zur Verfügung gestellt, und die Rettungsflüge der Gendarmeriepiloten Bodem und Neumayer gehen in die Hunderte.

Seit jüngster Zeit wurde in dieser Richtung wieder ein Schritt weitergetan: Der Verletzte wird von einem Hubschrauber mittels einer Seilwinde bereits aus schwierigstem Gelände geholt, und der wartende Tod ist um eine seiner vielen Chancen ärmer geworden. Voraussetzung für eine solche Aktion ist allerdings Flugwetter; bei Nebel, Schneesturm oder sternloser Nacht ist der Pilot meist nicht in der Lage zu fliegen oder wird selbst ein Opfer der Wetterunbilden, wie es zum Beispiel vor einigen Jahren einem Hubschrauber bei einer Rettungsaktion aus lawinengefährdetem Gebiet im Sellraintal wegen urplötzlich hereinbrechender Schneewolken nicht mehr gelang, aus dem Schneegestöber zu entrinnen, dabei die Orientierung verlor und mit dem Rotor einen Hang streifte. Er stürzte ab; Besatzung und Passagiere hatten aber das Glück, mit dem bloßen Schrecken davonzukommen. Nur eine Dame war unglücklich — sie vermißte ihre Tasche mit einer für den Abend notwendigen Schachtel.

„Herr Doktor", sagte sie zu dem leitenden Arzt der zur Unfallstelle aufgestiegenen Rettungsmannschaft, „lassen Sie die Gegend nach meiner Tasche absuchen, ich brauche unbedingt meine Pille!"

„Welche Pille?"

„Die Pille! Ich möchte nach diesem Unglück kein zweites erleben!"

Aber das hat mit Bergrettung nichts mehr zu tun ...

Dr. Elmar Jenny war vor wenigen Jahren mit einem Hubschrauberpiloten des Bundesheeres, Hauptmann Hanns Prader, und dem

Nestor der Österreichischen Bergrettung, Prof. Wastl Mariner, bei einer Flugrettungsvorführung in der Schweiz. Tief beeindruckt kamen sie zurück und überlegten, wie man es selbst, was man besser, was man noch schneller machen könnte, um ein Leben zu retten. Aus den Überlegungen ging man an das Probieren, aus dem Probieren entwickelte sich die Praxis, und aus der Praxis entstanden Erfahrungswerte und schriftliche, gültige Anweisungen.

Die ersten Trainingsflüge wurden im Gebiet der Zimba durchgeführt. Wir waren alle erprobte Alpinisten, trotzdem mußten wir uns an das Abseilmanöver vom Hubschrauber auf einen messerscharfen Grat oder auf eine kleine Felskanzel gewöhnen.

Im Hubschrauber ist eine Winde eingebaut — wir verwenden die Alouette III —, das Seil ist 25 Meter lang und kann im Falle einer Verwicklung abgesprengt werden. Zum Auf- und Abseilen des Flugretters oder eines Leichtverletzten werden planmäßige Brust-Sitzgurte, behelfsmäßig auch nur ein Brustgeschirr mit verbundener Sitzschlinge verwendet. Selbstverständlich muß vor dem Einhängen ins Stahlseil des Hubschraubers die Selbstsicherung des Verletzten gelöst werden. Der Abtransport eines Schwerverletzten geschieht bis zum nächsten Hubschrauber-Landeplatz im Tragsack oder im Horizontalnetz außenbords.

Als erster wird nach der ersten Hilfeleistung der Arzt an Bord geholt — er soll auf dem Zwischenlandeplatz weitere notwendige ärztliche Maßnahmen treffen, z. B. Anlegen einer Infusion. Der Flugretter wird meist später abgeholt. Zwecks Verständigung zwischen Piloten und Retter werden Funkgeräte oder Handzeichen verwendet.

Mit welchen Schwierigkeiten auch eine Rettung mittels Hubschrauber vor sich gehen kann, wie eine Zusammenarbeit zwischen Berg- und Luftpersonal aussieht und wie trotzdem alle Anstrengungen umsonst sein können, mag ein Bericht des Tiroler Flugrettungsarztes Obstlt. Dr. Elmar Jenny anläßlich der Rettungsaktion unseres Freundes Karl Binder vor Augen führen, den er in der Zeitschrift „Jugend im Alpenverein" (Heft 4, Juli 1971) veröffentlicht hat:

„Mehrere Seilschaften haben den Gipfel des Olperers bestiegen und sind in den frühen Nachmittagsstunden im Abstieg über den Südostgrat. Gegen 15 Uhr rutscht der als Letzter gehende Führer einer Seilschaft auf dem vereisten Grat aus und stürzt zirka 20 Meter in die steile Nordflanke ab. Er wird von seinen Seilkameraden gehalten.

Vom Grat zum Abgestürzten besteht keine Sichtverbindung, auf Rufe gibt er keine Antwort. Der verantwortliche Führer nimmt daher eine schwere Verletzung mit Bewußtlosigkeit des Verunglückten an. Während die Bergung auf dem Grat mittels Flaschenzug vom anwesenden qualifizierten Alpinpersonal vorbereitet wird, steigen sofort zwei Leute mit dem Auftrag ab, vom nächsten Schutzhaus aus einen Rettungshubschrauber und alpinerfahrenen Arzt anzufordern.

16.15 Uhr — der Notruf erreicht mich in der Kaserne. Einzelheiten über die Unfallsituation kann ich am Telefon nicht erfahren. Uns muß es genügen, zu wissen, daß sich ein Kamerad in Bergnot befindet. Rasch und präzise laufen die oft geübten Vorbereitungen ab: Anruf beim Hubschrauberstützpunkt Schwaz, Verladen des uns notwendig erscheinenden Alpin- und Sanitätsgerätes und in Begleitung von zwei Heeresbergführern rasende Fahrt zum Innsbrucker Flughafen, den wir gegen 17 Uhr erreichen. Dort ist inzwischen die angeforderte Alouette III mit Pilot und Kopilot gelandet. Inzwischen zieht im Süden — im Bereiche unserer Anflugsroute — ein schweres Gewitter auf, und noch vor dem Abflug erreicht uns der Gewitterregen am Flughafen. Kurze Besprechung. Ergebnis: Wegen der Höhe des Einsatzgebietes und der damit verbundenen Leistungsverminderung des Hubschraubers bleibt ein Bergführer als Reserve am Flughafen zurück. Aufgrund der drängenden Zeit entschließen wir uns, eine Windenbergung in die schwebende Maschine zu versuchen.

Wir schnallen uns mit den Gurten fest.

Der Pilot wählt den kürzesten Weg zum Einsatzgebiet — und der führt mitten durch die Gewitterfront. Blitze, Regenböen, Fallwinde lassen uns immer wieder den Atem anhalten. Dazwischen legen wir uns ein taktisches Konzept zurecht: Der Pilot muß einen von uns beiden — den Bergführer oder den Arzt — auf dem Riepensattel, 3058 Meter, absetzen. Von dieser hochalpinen Basis kann er uns nur mehr einzeln zur Unfallstelle bringen. Wir beschließen: Sollte der Verunglückte bereits auf den Grat geborgen sein, steige ich am Windenseil als erster zur sofortigen ärztlichen Betreuung aus dem schwebenden Hubschrauber aus; hängt der Abgestürzte noch in der Wand, wird der Bergführer der erste sein, um — ausgeruht — die letzte Phase der Bergung auf den Grat möglichst zu beschleunigen. In diesem Fall soll ich in einem zweiten Anflug auf dem Grat abgesetzt werden.

Um 17.45 Uhr fliegen wir wenige Meter an der Olperer-Nordwand vorbei und sehen den Abgestürzten leblos zirka zehn Meter unter dem Grat hängen. Ich steige also auf dem Riepensattel aus der Maschine, die sich dann sofort in mehreren Schleifen hochwindet, bis sie zirka 20 Meter über dem Grat steht. Angespannt beobachte ich, wie sich die Maschine, von Sturmböen geschüttelt, in Bergeposition begibt. Langsam schwebt der Bergführer am Windenseil zum Grat hinunter, und nach Minuten, die mir wie eine Ewigkeit vorkommen, gelingt es ihm, sich am Fels festzukrallen

Bild rechts:
*Verletztentransport im Horizont‹
netz (Wilder Kaiser)*

Bild umseitig:
*Abseilmanöver des Flugrettun‹
arztes, vom Überwachungsh‹
schrauber aus fotografiert (Ziml
Gebiet)*

und — von seinen Kameraden gehalten — vom Windenseil zu lösen. Im Sturzflug rast die Maschine dem Riepensattel zu, um mich zu holen. In wenigen Minuten wurde inzwischen der Abgestürzte vollends auf den Grat gezogen, und noch während der Startvorbereitungen erreicht mich von dort ein Funkspruch: ‚Arzt nicht nötig — Abgestürzter tot.'

Erschütternd für uns — aber nun geht es um das Leben der Kameraden auf dem Grat. Das Gewitter tobt mit voller Wucht um diesen Dreitausender, den Schicksalsberg eines unserer liebsten Kameraden. In aller Eile steigen die Seilschaften über den Grat ab. Der Hubschrauber steigt ohne mich auf, um den Toten mit der Winde zu bergen. Vom zurückgebliebenen Bergführer im Ese-Bergetuch verschnürt, schwebt die Last langsam zur Luke der Maschine empor. Minuten später landet der Hubschrauber bei mir, und es wird zur traurigen Gewißheit: Offener Trümmerbruch eines Unterschenkels, Strangulationstod durch eine lose Seilschlinge, die sich beim Absturz unglückseligerweise um den Hals des Kameraden gelegt hat.

Als letzter wird der abgesetzte Bergführer — ebenfalls mit der Seilwinde — vom Grat geholt. Ein letzter gefährlicher Zwischenfall: Beim Ergreifen des Windenseiles trifft den Bergführer ein fürchterlicher elektrischer Schlag, hervorgerufen durch statische Elektrizität, mit welcher das Windenseil bei dem Gewitter aufgeladen worden war. Knapp am Absturz vorbei!

Auf dem Riepensattel: Mit fünf Personen vollgeladene Maschine, kurze Gewichtsberechnung und Beratung der Piloten. Die letzten Seilschaften sind aus dem Grat ausgestiegen und beginnen den Abstieg über ungefährliches Gelände.

Mitten im Gewitter gelingt der Start mit überschwerer Last. Auf Umwegen, von einem Wolkenloch zum anderen bangend, finden unsere erfahrenen Piloten den Weg.

Um 19.12 Uhr landen wir am Flughafen Innsbruck.

Die hochalpine Hubschrauber-Windenbergung unter schwierigsten Verhältnissen liegt hinter uns — das Schicksal hat unseren Einsatz nicht belohnt."

Wie dramatisch eine mit Flugzeugen, konservativen und improvisierten Methoden durchgeführte Rettungsaktion vor sich geht und zu einem Wettlauf mit dem Tod werden kann, schildert mein langjähriger Freund und Seilgefährte Werner Haim.

Vorausgeschickt werden muß die klare Erkenntnis, daß hier die örtlichen Stellen keine Ahnung von einer Bergrettung im herkömmlichen Sinne hatten und der Hubschrauberpilot weder Gebirgserfahrung noch ein entsprechendes Gerät für eine Windenbergung besaß; ansonsten wäre dieser Aufwand keinesfalls notwendig gewesen.

...ld links:
...ste ärztliche Versorgung eines
...hwerverletzten in einer Wand-
...sche vor weiterer Bergung aus der
...and (V) mittels Stahlseilgerät im
...einernen Meer

„Am 5. September stürzte Dr. Judmair, ein Innsbrucker Arzt, auf dem Mount Kenia kurz unterhalb des Hauptgipfels zirka 15 Meter tief ab und zog sich beim Sturz einen offenen Bruch des linken Unterschenkels zu. Er war mit seinem Kameraden Dr. Ölz allein, und dieser hatte keine Möglichkeit einer Rettung. Nach dem Abstieg über die 600 Meter hohe Wand des Mount Kenia versuchte er, eine Rettungsmannschaft auf die Beine zu bringen. Rundfunk und Presse wurden in Kenia eingesetzt. Der dort ansässige „Mountain Club" versuchte den Aufstieg. 70 Kadetten einer Polizeischule wurden ebenfalls abkommandiert. Es vergingen Tage und Nächte!

Gerd Judmair lag immer noch mutterseelenallein auf einer Höhe von 5100 Metern. Erst am dritten Tag gelang es Dr. Ölz, mit einem Seilpartner den Abgestürzten zu erreichen. Sie fanden ihn bewußtlos vor. Es schneite und stürmte.

Der Vater von Dr. Judmair, inzwischen von der Presse informiert, war ebenfalls in Kenia eingetroffen. Er mußte leider feststellen, daß eine Rettung seines Sohnes durch die Keniaten nicht möglich war, obwohl sie alle ihre Kraft einsetzten. Von der aufgestiegenen Mannschaft erfuhr er, daß sein Sohn lebte. Aber es war höchste Zeit. Er entschloß sich, eine Rettung aus Österreich herbeizuholen.

Der Wettlauf mit dem Tod begann:

Gerd lag bereits fünf Tage im Schneesturm schwerverletzt auf auf dem Mount Kenia.

Bei einem Bergungsversuch war ein Hubschrauber, der einzige in Kenia, abgestürzt. Der Pilot, Jim Hastings, ein junger Amerikaner, war tot!

Mit fünf Kameraden, W. Larcher, H. Bergmann, Dr. R. Margreiter, K. Pittracher und W. Spitzenstätter, flog ich am 10. September 1970 von München über Frankfurt—Entebbe (Uganda) nach Nairobi. Unser Fluggepäck wog zirka 250 Kilo und bestand ausschließlich aus Bergrettungsgerät.

In Nairobi erwartete uns bereits eine Cessna der Polizei, die uns nach Nanyuku, einem Feldflugplatz, brachte. Nachdem wir vorher noch einige Runden um den Mount Kenia geflogen und den Verletzten entdeckt hatten, landeten wir auf einer Wiese. Mit dem Landrover ging es zunächst einige Stunden durch den Urwald, und wir erreichten eine Höhe von 3500 Metern. Dort erwarteten uns die Neger der Kadettenschule, und sofort wurde mit dem Verteilen der Lasten begonnen.

Jede Stunde war kostbar. Wir mußten zirka 30 Kilometer durch Sumpfgebiet aufsteigen und waren daher auch sofort durchnäßt.

Endlich, es war bereits Mitternacht, erreichten wir die Kamy Hut, eine Aluminium-Biwakschachtel auf 4100 Meter Höhe. Müde und tropfnaß legten wir uns für einige Stunden ins Notlager.

Ein Funkspruch vom Gipfel trieb uns Samstag früh schnellstens zum Einstieg: ‚Mit Gerd Judmair steht es äußerst schlecht!‘

Es war ja bereits der siebente Tag, den er ohne Hilfe in dieser Höhe verbringen mußte.

Wir waren nur mehr zu viert. Walter, Horst, Kurt und ich. Raimund und ‚Spitz‘ waren zurückgeblieben, da Spitz erkrankt war. Larcher und ich kletterten voran, Kurt und Horst folgten dichtauf. An den schwierigen Kletterstellen fixierten wir Seile.

Es begann wieder zu schneien. Wir kamen im Sturm nur mit äußerster Kraft und sehr langsam vorwärts.

Die Höhe von 5000 Meter machte uns nicht besonders viel aus, wir waren ja erst vor kurzem auf Expedition gewesen und noch sehr gut akklimatisiert.

Der Aufstieg erfolgte über die Firmin-Route und weist teilweise den Schwierigkeitsgrad V auf. Um 14 Uhr erreichte ich Gerd Judmair.

Er empfing mich mit den Worten:

‚Mander, wenn ihr mich heut nit hinunterbringts, dann seid’s umsunscht kemmen!‘

Eine Schlucht zwischen dem Firmin Tower und dem Grat trennte uns. Wir konnten also mit dem Abtransport nicht gleich beginnen. Kurz entschlossen spannte ich das Kletterseil als Tragseil. Walter verankerte es drüben am Firmin Tower und ich knapp oberhalb des Verletzten. Es dauerte keine halbe Stunde, und der Verunglückte war mit dieser behelfsmäßigen Seilbahn hinübertransportiert. Im überschlagenden Einsatz seilten wir Gerd bei Nebel und Schneefall die 600 Meter hohe Wand ab. Spitz und Raimund kamen uns sehr zu Hilfe, sie hatten nämlich im unteren Teil der Wand bereits mehrere Seilverankerungen aufgebaut.

Es wurde dunkel, die tropische Nacht brach schnell herein. Gott sei Dank wurde es wieder schön, und der Mond unterstützte uns. Trotz größter Steinschlaggefahr transportierten wir den Verletzten bis mitten in die Nacht hinein zum Wandfuß.

Unser heutiges Ziel, die Kamy Hut, erreichten wir endlich um ein Uhr nachts, erschöpft und doch glücklich über den Erfolg! Dr. Margreiter konnte jetzt endlich den Verletzten besser versorgen, und er tat sein Bestes.

Gerd wurde mit der Gebirgstrage von den Negern am nächsten Tag zirka 30 Kilometer durch den Sumpf bis zu den Autos am Rande des Urwaldes getragen. Es regnete nachmittag wieder in Strömen.

Die Eingeborenen und die Engländer sowie die Polizei haben ein tadelloses Beispiel von Bergkameradschaft geboten.

Ungefähr eine Gehstunde vor dem Autoparkplatz kurvte ein Flugzeug und warf uns einen Zettel mit folgenden Worten ab:

‚Haltet durch, es ist nicht mehr weit. Ganz Kenia betet für euch!'
Und dies in deutscher Sprache!!!

Dr. Judmair ist wieder in Innsbruck. Diesmal haben wir den Wettlauf mit dem Tod gewonnen, aber wie oft ist der Erfolg auf der anderen Seite?

Nach der Bergung wurden wir vom ‚Mountain Club Kenia' eingeladen. Wir erhielten das Klubabzeichen, und es war die Rede davon, die Keniaten im Rettungsdienst auszubilden."

Soweit der Bericht Werners.

Nach anfänglichen Schwierigkeiten hat sich eine enge Verbindung zwischen österreichischen und keniatischen Bergrettungsstellen entwickelt. So wie zwischen Berg- und Flugrettung in Österreich eine enge Verbindung hergestellt wurde — alles zum Wohle der Bergsteiger.

Erfahrungsaustausch, zwischenmenschliche Beziehungen und persönliche Opferbereitschaft der Rettungsmänner stärken die Schlagkraft der betreffenden Organisationen und aller damit befaßten Institutionen. Es liegt aber auch beim Bergsteiger, mit Vernunft, handwerklichem Können und Liebe zum Leben an das Abenteuer Berg heranzugehen.

Literaturverzeichnis

Alpenverein, Österreichischer, Cordillera Huayhuash Peru, Verlag Tiroler
    Graphik

Alpenverein-Jahrbücher, diverse

Alpenverein-Schi- und Kletterführer, diverse, Bergverlag, Rudolf Rother,
    München

Bonatti, Walter, Berge — meine Berge, Albert-Müller-Verlag

Frison-Roche, Roger, Der Montblanc und seine sieben Täler, Andreas-Zettner-
    Verlag

Harrer, Heinrich, Die weiße Spinne, Verlag Ullstein

Herrligkoffer, K. M., Kampf und Sieg, Spectrum-Verlag

Hiebeler, Toni, Eigerwand, Wilhelm-Limpert-Verlag

Hiebeler, Toni, Dunkle Wand am Matterhorn, Wilhelm-Limpert-Verlag

Klier, Heinrich, Abenteuer Schnee, Bergverlag Rother

Leitgeb, Josef, Vita Somnium Breve, Karl-Alber-Verlag

Maestri, Cesare, Kletterschule, Albert-Müller-Verlag

Messner, Reinhold, Die rote Rakete am Nanga Parbat, Nymphenburger Ver-
    lagshandlung

Rébuffat, Gaston, Zwischen Himmel und Erde, Nymphenburger Verlagshand-
    lung

Werkszeitung der Swarowski-Werke, Wattens

Fotonachweis:
Felix KUEN 45, Jürgen WINKLER 6, D. Institut f. Auslandsforschung 2,
Dr. SENFT 2, MilKdo TIROL 2, MAURER 1, BÄCK 1.

Kartenskizzen:
Gerhard BEILER

Die Kartenskizze der Cordillera Huayhuash wurde nach einer Vorlage von
Dipl.-Ing. Fritz EBSTER gezeichnet.